JUAA選書 ⋯⋯ 18
［大学基準協会監修］

大学における 教学マネジメント2.0

やらされ仕事から脱し、 学びの充実のための営みへ

大森 不二雄 編著

OHMORI, Fujio

東信堂

はしがき

大森 不二雄

いわゆる質的転換答申 (中央教育審議会 2012) が「教学マネジメント」という言葉を用いた 2012 年から 12 年が経過した。つまり、十二支が一回りしたわけである。普及には十分な歳月とも言える。それでは、**教学マネジメントは、教員の授業や学生の学習にインパクトの及ぶものになっているのか。**これが本書の出発点となった問いである。

まずは、この問いに答えるため、**大学基準協会**が調査主体となり、大学事務局を通じて**教員のアンケート調査及びインタビュー調査並びに学生のインタビュー調査**が行われた (大学基準協会 2023)。こうした調査の主体及び方法ゆえに、教員回答者は教育改善に意欲的な者に偏っている可能性があり、学生回答者は明らかに学習や学生生活に意欲的に取り組んでいる学生たちであった。

にもかかわらず、**調査結果は、教学マネジメント政策が大学教育の現場に浸透しているとは言い難いことを示唆**するものとなった。教員アンケート調査結果 (回答者 1,721 人。うち、学部長 16%、学科長 18%、一般教員 66%。) によれば、「教学マネジメント指針」について、「聞いたことがあるがよく知らない」(36%)と「聞いたことがない」(14%) を合わせると 5 割に達する。回答者における学部長・学科長の比重が高いにもかかわらずである。また、学生インタビュー調査からは、意欲的に学ぶ学生であっても DP を知らないことが多い、すなわち、学生に全く届いていない実態が垣間見えたのである。政策用語としての「教学マネジメント」は、「内部質保証」と共にすっかり定着した感があるが、現場の認知度との落差は大きいことが明らかになった。

問題は、政策の認知度にとどまらない。それ以上に問題なのは、教学マネジメントへの関与経験のある教員がそれをどう評価しているかである。**学部**

教務委員長の役職経験は、教学マネジメント政策の認知度を高めるが、その経験が政策への評価を下げる傾向も、同アンケート調査結果から明らかになった。教員インタビュー調査においては、次のような声も寄せられた。「非常に形式主義なんですね。AP、DPにしたってですね。その言葉で書けと言われれば、さらさらと書いてしまうんですけれども、それが本当に教育学的な意味で学習者にとって、まあ、成果は学習者に反映されなきゃはっきり言って意味がないわけで、その検証っていうのはきちんとされているのかどうか」。率直に述べよう。少なからぬ大学や学部等において、**ディプロマ・ポリシー（DP）等の作成・改訂が関係教職員にとって形式的・受動的に対応する業務あるいは単なる作業になっている**傾向は否定できないであろう。他方、関連業務に携わった経験のない教員においては、教学マネジメント政策の認知度そのものが低いのである。

　本書の第1部においては、以上のような調査の企画及び結果の分析に従事した研究メンバー（大学基準協会大学評価研究所「教学マネジメントに関する調査研究部会」調査研究員）が、担当した調査結果の分析・考察を解説するとともに、これらを総合した知見に基づく提言を行っている。順序としては、提言を先に第1章として示した上で、その基になっている調査結果を第2章から第4章にかけて紹介している。

　第1章は、教学マネジメントが、大学の現場では文部科学省や評価機関に求められた「業務」として「対応」される傾向など、政策言説とはかけ離れた姿に形骸化している現状を直視し、**教学マネジメントが大学教育の現場に届き、教員の授業や学生の学習にインパクトを及ぼすようにするため、「教学マネジメント2.0」へのアップグレードを提言する**ものである。学習成果が生み出される場は、各教員による個々の授業実践及び学生の学習活動にほかならないからである。「教学マネジメント2.0」の基本理念として「授業・学習にインパクトの及ぶ教学マネジメント」を掲げ、下位理念として「学部等をオーナーとする教学マネジメント」「画一的な同調性から多様な創造性への転換」「教学マネジメントへの学生の参画」を挙げる。

　アンケート調査を扱った第2章及びインタビュー調査を扱った第4章につ

いては、調査の概要及び結果のごく一部を上述の通り紹介した。第 3 章は、学習成果の可視化の視点からアンケート調査結果を分析したものであるが、加えて、**山形大学における「基盤力テスト」による学習成果の可視化の事例**、我が国では希少かつ貴重な直接評価による組織的取組の知見を紹介している。

　第 1 部第 5 章は、調査結果や提言を踏まえつつ、筆者が副学長等として教学マネジメントに関わった実務経験に基づき、地に足の着いた議論を展開している。同章から抜粋する次の文は、本書の伝えたい最重要のメッセージと言っても過言ではない。「大学内の組織体制として求められる教学マネジメントの体制整備より、学生の学びの実態の充実こそ目的であるということを原点に返って確認する必要があるのではないか。学生の**学びの充実が目的であり、教学マネジメントは手段である**という関係の順番を今一度心に刻むことが望まれる」。

　第 1 部を締め括る第 6 章は、大学基準協会において調査研究の事務局を取り仕切った担当課長が、調査結果に基づく**提言に対する大学基準協会としての応答**を、個人的見解を交えつつ、率直かつ掘り下げて表明している。現状の批判的分析とそれに基づく大胆な提言に対し、認証評価機関の地位を有する大学団体がどのような見解を示しているか、読者としても興味あるところではないだろうか。断片的に予告すれば、**「形式主義」や「完璧主義」を結果する「構造的な問題」として、国や同協会等の責任にも言及する**。

　本書の第 2 部は、教学マネジメントの具体策及び実践事例を紹介するものである。その第 1 章は、教学マネジメント 2.0 の実現のための具体策として、編者が特に急務であると考える、**分野ごとの教育専門性を持った人材の育成・配置・活用による各学問分野の教育研究 (DBER) と実践の普及を提案**している。海外の先進事例を参照し、日本の文脈での具体的な導入方法を示している。

　第 2 部第 2 章は、教学マネジメント 2.0 に向けた先駆的な実践事例である。茨城大学では、IR 担当がデータ分析（DP 達成度）を現場教員に共有してもらい、組織的一体感を醸成しつつ、自律的に改善活動を進めてもらった結果、DP 達成度は着実に上昇を続けたという。次の知見は示唆に富む。「教育改善のゴールはない。……正直に言えば、**ある程度『楽なもの』にしなければ日常的**

な営みにすることは不可能であろう。……教育改善は大学が行うものではなく、**現場の教員らが『改善しよう』と思ってもらえない限り、それは続かない**」。

第2部第3章は、筆者が中間管理職として教学マネジメントに携わった経験について、飾らぬ筆致でコミカルに綴った異色の読み物と言えよう。編者としては「**ここまで書いていいの？**」と言いたくなるエピソードであるが、**多くの読者が「あるある」と頷ける**ものが含まれているのではなかろうか。

第2部第4章は、京都文教大学において COC 事業を起点として外部評価を全学の内部質保証につなげた取組について、学長自ら解説いただいたものである。**地元経済界・自治体・学外有識者等を巻き込んだ教学マネジメント**の取組事例とも言えよう。

第2部第5章は、淑徳大学において、情報の積極的開示と共有化等コミュニケーション重視の教学マネジメントにより、ボトムアップ志向の教育改革に取り組まれた事例である。「**大学としての一定の方向性**」と「**学部・学科が自主的に教育改革に臨むこと**」を両立するのがコミュニケーションだという。

最後の第2部第6章は、桐蔭横浜大学において、学部ごとに専門資格取得に向けて注力されてきた学部依存型ガバナンスから、資格取得以外の学びと成長をも可視化し支援する大学総出の「学び」システムへと転換した改革事例である。「**『学部か全学か』という二項対立ではなく、学部も全学も、学生の学びと成長の前ではどちらも歯車の一部に過ぎない**」。「本書を通じた課題意識のとおり、**学部や個々の教員のレベルにおける教学マネジメントへの意識変容なくして大学教育の質保証は実現しない。**」などと、改革の趣旨を解説する。

本書の各章に共通するのは、教学マネジメントについて、「**上に政策あれば下に対策あり**」という「**大人の対応**」すなわち形式的な遵守でよしとするのではなく、学生の学びの充実につなげたいという「**本気**」ではないかと考える。教職員、大学執行部、政策立案者のレベルを問わず、あるいは、広く大学に関心を有する方々など、一人でも多くの読者にこの「本気」が伝わることを願うものである。

2024 年 1 月

参考文献

大学基準協会 2023,『教学マネジメントに関する調査研究報告書～大学の現場の実態分析と教員・学生に届く実質化の提言～』, 2024.1.3 閲覧, <https://www.juaa.or.jp/upload/files/research/laboratory/%E6%95%99%E5%AD%A6%E3%83%9E%E3%83%8D%E3%82%B8%E3%83%A1%E3%83%B3%E3%83%88%E3%81%AB%E9%96%A2%E3%81%99%E3%82%8B%E8%AA%BF%E6%9F%BB%E7%A0%94%E7%A9%B6%E5%A0%B1%E5%91%8A%E6%9B%B8%EF%BC%880417%E5%8D%B0%E5%88%B7%E4%BC%9A%E7%A4%BE%E7%B4%8D%E5%93%81%EF%BC%89%E5%85%AC%E9%96%8B%E7%94%A8.pdf >

中央教育審議会 2012,『新たな未来を築くための大学教育の質的転換に向けて～生涯学び続け、主体的に考える力を育成する大学へ～（答申）』, 2024.1.3 閲覧, <https://www.mext.go.jp/b_menu/shingi/chukyo/chukyo0/toushin/1325047.htm>

目次／大学における教学マネジメント 2.0

——やらされ仕事から脱し、学びの充実のための営みへ——

はしがき ……………………………………………… 大森 不二雄　i

第1部　教学マネジメント 2.0 の提言と根拠としての現場の実態 ……………… 3

第1章　教学マネジメントのアップグレード ……… **大森 不二雄**　4
——授業・学習にインパクトの及ぶ取組への転換——

1. はじめに ……………………………………………………… 4
2. 現行の教学マネジメントをめぐる課題：政策と現場の乖離 … 6
 2.1 教学マネジメントは教員・学生に届いていない　6
 2.2 形式的遵守や受動的業務となっている実態　6
 2.3 学習成果の可視化をめぐる課題　7
3. 授業・学習に届く教学マネジメント 2.0 へのアップグレード　8
4. 教学マネジメント 2.0 の理念：教育・学習の現場が動く取組　9
 4.1 授業・学習にインパクトの及ぶ教学マネジメント　9
 4.2 学部等をオーナーとする教学マネジメント　9
 4.3 画一的な同調性から多様な創造性への転換：分野特性等を踏まえる　11
 4.4 教学マネジメントへの学生の参画　12
5. 教学マネジメント 2.0 の実現：アップグレードのための方策　13
 5.1 教学マネジメント 2.0 への転換を促進する認証評価及び国の政策　13
 5.2 教育評価業務の簡素化・効率化　14
 5.3 大学執行部・部局長等・教職員間の率直で透明性の高いコミュニケーション　15
 5.4 教学マネジメントに関する FD の実施　15
 5.5 教学マネジメントへの学生参画の方策　15
 5.6 分野ごとの特性を踏まえた教学マネジメントの推進　16
 5.7 分野ごとの教育専門性を持った人材の育成・配置・活用　17
 おわりに ………………………………………………… 17

第2章　教学マネジメント政策に対する大学教員の認識

　　　　　　　　　　　　　　　　　　　　　　　　　両角 亜希子　19

　1．問題関心 ……………………………………………………………… 19

　2．明らかにしたい問い ………………………………………………… 19

　3．方法・データ ………………………………………………………… 20

　4．教学マネジメント政策に対する教員の評価と認知度 ………… 21

　5．4類型と教員の教育行動 …………………………………………… 23

　6．4類型の規定要因分析 ……………………………………………… 26

　　分析1：全サンプルで仮説①〜④の検証　27

　　分析2：一般教員のみで仮説①〜⑤の検証　29

　7．まとめ ………………………………………………………………… 33

第3章　アンケート調査から見えた学習成果の可視化の諸相

　　　　　　　　　　　　　　　　　　　　　　　　　安田 淳一郎　35

　はじめに ………………………………………………………………… 35

　1．回答データのクロス分析 …………………………………………… 36

　　1.1（分析1）　設置形態別にみた共通テストの利用度　36

　　1.2（分析2）　分野別にみた共通テストの利用度　37

　　1.3（分析3）　共通テストの利用度とその有用性に係わる認識の関係　38

　　1.4（分析4）　分野別にみた可視化推進に有効な方法　40

　2．自由回答の分析 ……………………………………………………… 41

　　2.1学習成果の可視化の限界について　41

　　2.2可視化可能な学習成果に着目することへの懸念　47

　3．小括 …………………………………………………………………… 48

　4．山形大学における学習成果の可視化 …………………………… 49

　　4.1基盤力テストの概要　49

　　4.2基盤力テストによる学習成果の可視化の一例　50

　　4.3山形大学における学習成果の可視化の現状と課題　52

　5．おわりに ……………………………………………………………… 54

第4章 現場の声が伝えること ……………………… 森 朋子 56
　——インタビュー調査で見えてきた教学マネジメントの実態——
　1. 教学マネジメントに携わる現場の声を伝える意義 …………… 56
　2. インタビュー調査の目的 …………………………………… 57
　3. 調査対象と調査枠組み ……………………………………… 58
　4. 教員に関する分析結果 ……………………………………… 59
　　4.1 教学マネジメントは役に立っているか　59
　　4.2 DP に向かって組織的に教育がなされているか　61
　　4.3 大学教育の改革・改善に関して、何を思うのか　64
　5. 学生に関する分析 …………………………………………… 65
　　5.1 所属する学部（・学科）のディプロマポリシーを知っているか　65
　　5.2 DP にあるような能力は、授業や大学生活の中のどこで育成されて
　　　いるのか　66
　　5.3 DP に掲げてある知識や汎用的能力の育成のために、授業が体系的に
　　　組まれているか　68
　　5.4 大学教育全般への要望　69
　6. 本調査では何が明らかになったのか ……………………… 71
　7. 今後の教学マネジメントに思うこと ……………………… 72

第5章 教学マネジメントの現場における多元的現実
　　　　　………………………………………… 藤村正之 75
　1. 大学のあるエピソードから——「ガクチカ」 ………………… 75
　2. 課題の所在と比喩的視点の設定 …………………………… 76
　　2.1 課題の所在　76
　　2.2 高等教育関連組織の配置への比喩的視点　77
　3. 教学改革の波の中にある大学内の各立場からの視点 ……… 81
　　3.1 一般教員から見て　81
　　3.2 学部長から見て　84
　　3.3 学長・大学執行部から見て　85
　　3.4 担当職員から見て　86
　4. 大学内の実情のデータとして——本調査研究部会のアンケート
　　調査の主な項目 ……………………………………………… 88

4.1 調査の概況と数値を読む視点　88

4.2 主な集計結果と背景の考察　90

5. 教学マネジメント活動の背景として取り組みうること ……… 93

5.1 原点に返っての目的と手段の確認　94

5.2 教員各自・教員組織の教育改善の実践者・学習者たる自己認識　95

5.3 新学習指導要領による入学者への備え　96

5.4 改革の1丁目1番地としての教員各自の授業改善　97

6. 大学関係者が心にとめおくべきこと …………………………… 98

6.1 Teaching から Learning へ──教員のコンテンツから学生の
コンピテンシーへ　98

6.2「124単位取ればいい」から DP 習得のマインドへ　99

7. むすびにかえて …………………………………………………100

第6章　「教学マネジメント 2.0」と大学団体 …………… **松坂顕範**　103
　　　　──ある模索──

はじめに …………………………………………………………………103

1. なぜ「教学マネジメント」の調査研究だったのか？ ……………104

2. 認証評価第4期の大学評価 …………………………………………104

3. 「教学マネジメント 2.0」にどう応えるか？ ………………………106

3.1「簡素で実効性のある評価」のために　106

3.2「学部等をオーナーとする」ために──トップダウンかボトム
アップか？──　110

3.3「学部等をオーナーとする」ために──ボトムの強化──　117

3.4「学部等をオーナーとする」ために──コミュニケーションと
構造的問題──　118

3.5「大学教育の改善・改革への学生参画」のために　123

おわりに …………………………………………………………………125

第2部　教学マネジメントの具体策及び実践事例　129

第1章　各学問分野の教育研究(DBER)と実践の普及　大森 不二雄　130
　　──エビデンスに基づく変革を担う教育専門家を各学部に──

1. はじめに：教学マネジメント 2.0 には各分野の教育専門家が
　必要 ……………………………………………………130
2. DBER（分野別教育方法研究）とは何か ………………………130
3. 海外における DBER 専門家など教育専門教員 ………………133
　3.1 米国における DBER 専門家　133
　3.2 英国における教育専門教員　134
4. 日本における現状と課題 ……………………………………136
　4.1 日本では DBER の導入そのものが課題　136
　4.2 日本における教授法の憂慮すべき状況　136
　4.3 学習者視点からの教授法と学習成果　138
　4.4 教授法の変革のための課題：組織的な取組と DBER 専門家の育成　139
5. 国際比較の視点からの課題の考察 …………………………142
6. 課題克服の具体策：組織的取組と専門家育成の一体的モデル　144
　6.1「科学教育イニシアチブ」（SEI）と SEI 方式の普及　145
　6.2 日本でも SEI 方式は可能か？　147
　6.3 日本における SEI 方式の導入のための具体的提案　149
　6.4 SEI 方式の導入には資金が必要　152
おわりに：DBER 人材の育成・活用で教育力と研究力の強化が
　可能に ……………………………………………………152

第2章　教学マネジメント 2.0 に向けた現場における知見としての
　茨城大学の実践事例 ……………………… 嶋田敏行　158

1. はじめに …………………………………………………158
2. 教育の内部質保証が進まない理由として考えていること ……158
3. 授業・学習にインパクトを与えた教学マネジメントの実践事例　160
　3.1 ディプロマ・ポリシーの工夫　160
　3.2 DP 達成度の変化　162

   3.3 ディプロマ・ポリシーの測定結果　164

   3.4 なぜ上がったのか？学習成果は？　166

   3.5 学生の「振り返り」を教育改善に活用　168

  4.　まとめ（2.0 に向けて）……………………………170

第3章　総合教育部長、地雷を踏む　……………………… **鈴木久男**　172
     ──教育改革の現場から──

  1.　晴天の霹靂 ………………………………………………172

  2.　学術研究から教育研究へ ………………………………172

  3.　理学部における GPA 等による卒業判定基準の導入の検討 …174

  4.　苦労が仇となった卒業要件化担当の任命 ……………175

  5.　無理ぎりぎりの計画──それは教育改善の一つの手法 ……175

  6.　総合教育部長の役割 ……………………………………176

  7.　教学マネジメント──それは教学経営 ………………177

  8.　GPA による卒業判定基準計画の滑り止めを作る ………178

  9.　教育改善のための情報収集 ……………………………180

 10.　総合教育部長の心得 ……………………………………181

 11.　総合教育部での移行順位決定での問題点 ……………182

 12.　入試関係業務のための情報収集 ………………………182

 13.　成績評価制度の調査から学んだこと …………………183

   13.1 日本の GPA 制度　183

   13.2 アメリカでの GPA 制度　184

   13.3 アメリカの大学における成績インフレーション　184

   13.4 現在のアメリカの大学での GPA による卒業要件の役割　185

   13.5 D 判定と F 判定の役割　186

 14.　新 GPA 案による国際的な単位互換システム構築問題と進級
     振り分けの問題の解決へ ………………………………188

 15.　執行部との交渉と新 GPA 移行案の作成 ………………188

 16.　部局との交渉開始 ………………………………………189

 17.　部局との調整のポイント ………………………………190

 18.　各グレードの学習成果の質と相対評価との矛盾点 ……191

19. 高精度 GPA の施行とその効果 ……………………………………… 192
20. 教育改善の方向性について考える ……………………………… 192
21. 総合教育部長再び地雷を踏む ……………………………………… 194
22. 理学部単独での留学生特別プログラムの差別化戦略へ ……195
23. 地雷を踏んで学んだこと ………………………………………… 196

第4章　内部質保証のための外部評価の効果と課題 … 森　正美　198
　　　　── 京都文教大学における協働的実践の摸索 ──

はじめに ………………………………………………………………………198
1. 京都文教大学の概要 …………………………………………………199
2. 外部評価制度の設計 …………………………………………………199
　2.1 COC 事業で求められたこと　200
　2.2 委員会の設置と外部評価委員の選定　200
　2.3 委員会開催に向けての準備　201
3. COC（COC+）事業における外部評価の実施と工夫 …………203
　3.1 外部評価委員の内部への接続　203
　3.2 委員会開催方式の工夫　204
　3.3 外部評価を事業改善に生かすサイクル　205
4. 自己点検・評価システムの充実と外部評価の存在意義 ………206
　4.1 個人レベルの活動計画と自己点検・評価　206
　4.2 部局レベルおよび部局横断的な自己点検・評価　207
　4.3 特定領域の外部評価の工夫　208
おわりに ……………………………………………………………………209

第5章　淑徳大学における「ボトムアップ志向」の
　　　　教育改革 ……………………………………荒木俊博・下山昭夫　211
　　　　── コミュニケーション重視の教学マネジメント ──

1. はじめに ── 本学の特徴・現況と本章の主題 ── ……………211
2. 教育改革への理解を深める …………………………………………212
　2.1 教育改革の必要性の共有化　212
　2.2 組織的・計画的な FD・SD　213

xiv

2.3 情報の積極的開示と共有化　214

3. 質保証システムの確立に向けて …………………………215
　3.1 方法としての自己点検・評価、成果指標　215
　3.2 主体的・自律的な取組を促す自己点検・評価　216
　3.3 成果指標の位置づけと機能　219

4. 学修成果の可視化への取組 …………………………219
　4.1 ルーブリックの作成　219
　4.2 アセスメントプランの見直し　221
　4.3 三つの方針の見直しと基本型の学位プログラムの検討　221

5. 終わりに――これからの課題―― …………………………222

第6章　「学び」をマネジメントする大学総出の教学

　　マネジメント　……………………………… 河本達毅　223
　　　　――桐蔭横浜大学の事例――

1. 組織改革 …………………………223
　1.1 学部依存型ガバナンスからの転換　223
　1.2 二項対立からの脱却　224

2. マネジメントすべき教学とは何か：大学総出の「学び」システム　225
　2.1「教学」の定義、「学びと成長」の可視化　225
　2.2 学位プログラムの改革　227

3. 教学 IR を活用したセーフティネット　…………………………229
　3.1 共通プログラム MAST を起点とした学習支援体制　229
　3.2 初年次全員面談の実施　231

4. 終わりに …………………………232

あとがき　…………………………… 大森不二雄　235
索　引　…………………………239
執筆者一覧　…………………………242

大学における教学マネジメント 2.0
——やらされ仕事から脱し、学びの充実のための営みへ——

第1部　教学マネジメント2.0の提言と根拠としての現場の実態

第1章　教学マネジメントのアップグレード　　　　　　　　　大森 不二雄
　　　　──授業・学習にインパクトの及ぶ取組への転換──

第2章　教学マネジメント政策に対する大学教員の認識　　　両角 亜希子

第3章　アンケート調査から見えた学習成果の可視化の諸相　安田 淳一郎

第4章　現場の声が伝えること　　　　　　　　　　　　　　　森　　朋子
　　　　──インタビュー調査で見えてきた教学マネジメントの実態──

第5章　教学マネジメントの現場における多元的現実　　　　藤村正之

第6章　「教学マネジメント2.0」と大学団体　　　　　　　　松坂顕範
　　　　──ある模索──

第1章　教学マネジメントのアップグレード
──授業・学習にインパクトの及ぶ取組への転換──

大森 不二雄

1. はじめに

　中央教育審議会（中教審）による 2008 年の答申「学士課程教育の構築に向けて」（いわゆる「学士課程答申」）は、「3 つの方針（ポリシー）」の明示を求め、参考指針として「学士力」を示すなど、教育プログラムレベルに踏み込んだ改革を迫った。また、受動的な受講から能動的な学修への質的転換を掲げ、そのための要件として学生の学修時間の増加・確保を求めた 2012 年の中教審答申「新たな未来を築くための大学教育の質的転換に向けて」（以下、「質的転換答申」という。）は、プログラムレベルから授業レベルへと政策の焦点が更に下降するものであった。両答申及び 2018 年の「2040 年に向けた高等教育のグランドデザイン」（いわゆる「グランドデザイン答申」）を含め、一連の中教審答申において、「教学マネジメント」は、これと密接に関わる「内部質保証」と共に、強調され続けてきた（学士課程答申では「教学経営」と呼ばれていた。）（大森 2023）。

　また、2020 年に中教審大学分科会が取りまとめた「教学マネジメント指針」は、これらの答申等における考え方や方策を体系的に整理し直したものであるが、教学マネジメントについて、「大学がその教育目的を達成するために行う管理運営」との定義を明示し、「大学の内部質保証の確立にも密接に関わる重要な営みである」と述べ、両概念（教学マネジメントと内部質保証）の密接な結び付きを強調している。両概念は、近年の大学教育改革の鍵概念となっていると言えよう（大森 2023）。

　ところが、大学教育の現場を担う教員の間で教学マネジメントに関する理

解が進んでいるとは言えないことが、大学基準協会大学評価研究所による「教学マネジメントに関する調査研究」(大学基準協会 2023) によって明らかになった。これは、「教学マネジメント指針」も「多くの大学では学内でも個々の教職員まで教学マネジメントという考え方が浸透しているとは言い難い」(中央教育審議会大学分科会 2020, p.4) と率直に認めている課題を実証したものと言える。また、教学マネジメント指針が冒頭の段落において、「学生自身が目標を明確に意識しつつ主体的に学修に取り組むこと、その成果を自ら適切に評価し、さらに必要な学びに踏み出していく自律的な学修者となることが求められている。」(中央教育審議会大学分科会 2020, p.1) と述べる通り、学習者本位の教育を実現する上で、自律的な学習者としての学生自身が DP 等を意識しながら学ぶことは、極めて重要である。ところが、現実には、学生の DP 認知度は甚だ心もとないことも、上記調査研究が明らかにしている。

　ここで、上記調査研究の概要を説明しておきたい。大学基準協会大学評価研究所が 6 名の調査研究員から成る「教学マネジメントに関する調査研究部会」(部会長は筆者) を設置し、アンケート調査及びインタビュー調査を実施の上で、調査結果を分析・考察するとともに、更に一歩踏み込んだ解釈を加えて部会としての提言をも行った報告書 (大学基準協会 2023) を取りまとめた。アンケート調査は、任意に抽出した 560 大学の 3,360 名の学部担当常勤教員を対象に行われた。また、インタビュー調査は、アンケート調査対象から 6 大学 6 学部を選び、それぞれ 1 ～ 3 名の教員に対して半構造化インタビュー形式で実施された。なお、インタビュー調査は、学生に対しても行われた (各大学 1 名)。

　本章は、同調査研究から浮かび上がった課題を直視し、どこに問題があるかを探った上で、課題克服のために必要な教学マネジメントの在り方の転換、いわば「教学マネジメント 2.0」へのアップグレードとその具体策を提言するものである。本章の内容は、基本的には同調査研究の報告書中の提言 (大学基準協会 2023, pp.42-50) に拠っており、これに適宜、加筆と再構成を含む修正を施すことにより、できるだけ多くの読者に理解いただけるよう読み易くしたものである。なお、本章で言及するアンケート調査及びインタビュー調査

とは同調査研究におけるものである。

2. 現行の教学マネジメントをめぐる課題：政策と現場の乖離

　本節では、大学基準協会 (2023) の調査結果から浮かび上がった課題を以下の通り整理する。

2.1 教学マネジメントは教員・学生に届いていない

　大学基準協会 (2023) による「教学マネジメントに関する調査研究」における教員アンケート調査の結果によれば、「教学マネジメント指針」について、「聞いたことがあるがよく知らない」(36%) と「聞いたことがない」(14%) を合わせると 5 割にも達する。学部長・学科長の比重が高いにもかかわらずである。しかも、大学基準協会が調査主体であり、大学事務局から教員へ調査票を配布してもらう方法を採ったことから、教育改善に意欲的な教員に回答者が偏っている可能性もある。それでも、この数字である。教学マネジメント政策が大学教育の現場を担う教員に十分届いているとは言い難い。

　それでは、学生はどうか。上記調査研究における学生インタビュー調査からは、教学マネジメントの考え方が学生には全く届いていないと思われる現実が窺えた。すなわち、学習や学生生活に意欲的に取り組んでいる学生ですら、DP を知らないことが多い実態が垣間見えた。このことは、学習成果と学位授与 (大学卒業) との関係を認識していない学生が多いことを示唆する。そして、DP が学生に届いていないということは、大卒者を雇用する企業等を含む社会が果たして DP を認知・評価しているだろうか、DP が大卒者の学習成果の保証として社会的信用に値するものになっているのか、との疑問につながる。また、教員インタビュー調査からは、教育の質の保証が高校生に届くメッセージとして機能していない現状を指摘する声もあった。

2.2 形式的遵守や受動的業務となっている実態

　それでは、教学マネジメントが大学教育の現場に何も影響を及ぼしていないのかといえば、そうではない。

　上記調査研究のインタビュー調査で寄せられた教員の生の声をここに引用する。「（DP も）作れって言われたから作ってるわけですけども、大学全体のからほぼ変更がないわけですね。なので、はいはいと言って作ったとしか言いようがないです」。「非常に形式主義なんですね。AP、DP にしたってですね。その言葉で書けと言われれば、さらさらと書いてしまうんですけれども、それが本当に教育学的な意味で学習者にとって、まあ、成果は学習者に反映されなきゃはっきり言って意味がないわけで、その検証っていうのはきちんとされているのかどうか」。

　こうした声から窺える実態は、大学が文部科学省や評価機関に求められた「業務」として「対応」する傾向である。この意味では、教学マネジメントは、確かに大学教育の現場に影響を及ぼしている。だが、それは必ずしも望ましい影響とは言えない。換言すれば、教学マネジメントは、大学の現場では、政策言説とはかけ離れた姿に形骸化している状況すら見られるわけである。

　アンケート調査結果からも、教育改善への実効性に疑問を感じている教員が少なくないことが分かっている。少なからぬ大学や学部等において、ディプロマポリシー（DP）等の作成・改訂が関係教職員にとって形式的・受動的に対応する業務あるいは単なる作業になっている傾向は否定できないであろう。こうした実態ゆえであろうか、学部教務委員長や全学共通科目の調整役職等の経験が、教学マネジメント政策の認知度を高めるものの、教育改善への実効性に対する評価を下げる傾向が、同調査結果から明らかになった。教学マネジメントは、これに取り組む教員が意義を感じるような在り方への転換、すなわち、実質化が課題となっているのである。

2.3 学習成果の可視化をめぐる課題

　大学基準協会（2023）のアンケート調査によると、直接評価に基づく組織的な教育改善の事例は拡がりを見せていない。また、一部の大学では可視化のための手法が極度に不足している可能性も窺えた。全体として、可視化を教育改善に活かす方法論や体制が確立していない状況が示唆された。このほか、学習ポートフォリオの運用に当たって、若手教員に負担が重くのしかかって

いる実態も垣間見えた。

3. 授業・学習に届く教学マネジメント 2.0 へのアップグレード

　本節では、前節で述べた課題を克服するため、「教学マネジメント 2.0」へのアップグレードが必要であることを論じる。アップグレードの方向性は、一言で言えば、学生の学習成果に直接結び付く教授・学習過程にプラスのインパクトをもたらすような在り方への転換である。これは、教学マネジメントの「実質化」と捉えることもできる。

　「実質化」というからには、本章の提言は、現行の教学マネジメントを全否定するものではない。むしろ、近年の教学マネジメント及び内部質保証に関する政策の基本的な考え方の上に立つものである。その基本的考え方とは、整理・要約すれば、学部・学科等によるカリキュラムに関し、学生が卒業後の社会で求められる知識・能力等を期待される学習成果として特定し、そうした学習成果を生み出せるよう、教育課程、教授・学習活動、成績評価等を見直し、必要な修正・改善を加え、学位プログラムとして構築し直すこと、教授・学習活動においては学習時間の増加や能動的学習への転換を重視すること、学位プログラムの設計・実施・評価・改善の PDCA サイクルを不断に機能させること、以上のような全体として首尾一貫したロジックに貫かれた教育改善・改革の仕組みとプロセスである。

　このような教学マネジメント及び内部質保証に関する基本的考え方は、間違っていないが、残念ながら、現状では、教員や学生に届いておらず、授業や学習にプラスのインパクトを及ぼしていない。すなわち、実質化していないのである。今や、教学マネジメントは、アップグレードを必要としている。なぜなら、教学マネジメントの概念は、中教審による 2008 年の「学士課程答申」以来の一連の答申及び 2020 年の「教学マネジメント指針」など、およそ 15 年にわたって強調され続けてきたにもかかわらず、依然として実質化しているとは言い難いままだからである。

　実質化のためには、すなわち、教員の授業や学生の学習に届くようにするには、現行の教学マネジメントの問題点を直視し是正する理念、並びに、新

たな理念を実現するための方策を必要とする。

　次節では理念、次々節では方策について、順次、提言する。

4.　教学マネジメント 2.0 の理念：教育・学習の現場が動く取組

　本節では、前節で予告した「教学マネジメント 2.0」の理念を明らかにする。まず教学マネジメント 2.0 の基本理念を提示し、その後、これをブレイクダウンした 3 つの下位理念について述べる。

4.1 授業・学習にインパクトの及ぶ教学マネジメント

　大学基準協会 (2023) のアンケートとインタビューの両調査結果から、現状の教学マネジメントの取組について、教育改善への実効性に疑問を感じている教員が少なくないことが明らかになった。

　このような課題を克服する教学マネジメント 2.0 の基本理念は、授業・学習にインパクトの及ぶ教学マネジメントである。これこそが、実質化した教学マネジメントの姿である。学習者本位の大学教育への変革を実現するため、教育の現場、すなわち、教員の授業や学生の学習にインパクトの及ぶ教学マネジメントの在り方を目指すべきである。学習成果が生み出される場は、各教員による個々の授業実践及び学生の学習活動にほかならないからである。

　以下、この基本理念をブレイクダウンした 3 つの下位理念について論じていく。

4.2 学部等をオーナーとする教学マネジメント

　この下位理念は、既に拙文 (大森 2023) において提唱したものであるが、全学的な教学マネジメントを強調する政策言説と異なるゆえ、本章でも十分な説明を要するであろう。

　「教学マネジメント」という言葉が登場した質的転換答申 (中央教育審議会 2012) において、この用語は 11 回出てくるが、なんとそのうち 9 回は「全学的な教学マネジメント」と表現されている。高等教育政策が「教学マネジメント」を「全学的」なものと捉えていたことは、その出自において明らかであ

る。「教学経営」という言葉を用いた学士課程答申及び質的転換答申からは、「学部・学科等の縦割りの教学経営」（中央教育審議会 2008, p.1）から「全学的な教学マネジメント」へ転換すべきとの課題認識が看取できる。これは、従来の大学教育が概して学部・学科任せの傾向にあったため、大学全体としての組織的な教育改善の取組が弱かった、という問題意識によるものと言えよう。この問題意識自体は、正鵠を得ていた面もある（大森 2023, pp.87-88）。

　しかし、大学基準協会大学評価研究所（2023）のアンケート調査及びインタビュー調査が明らかにした大学の現場の実態は、教学マネジメントが教員・学生に届く取組となっておらず、形式的遵守や受動的業務として大学執行部や一部教職員によって対応されている姿である。このままで良いはずはない。

　国も現場に届いていないとの課題認識がないわけではない。本章の冒頭近くでも引用した通り、教学マネジメント指針も、「多くの大学では学内でも個々の教職員まで教学マネジメントという考え方が浸透しているとは言い難い」（中央教育審議会大学分科会 2020, p.4）と認めている。にもかかわらず、政策が推奨してきたのは、あくまで「全学的な教学マネジメント」である。教学マネジメント指針は、「学長のリーダーシップと学長補佐体制の確立等」との小見出しの下に、「学長が強力なリーダーシップを発揮し、全学的な視点の下で教職員一人一人の意欲と能力を最大限引き出していく必要がある」と述べる。まるで学長が各教員を直接リードしていくかのようなイメージである（大森 2023, p.88）。

　「3つの方針（ポリシー）」の明示を求め、参考指針として「学士力」を示すとともに、「教学経営」概念を打ち出した学士課程答申（2008年）から既に15年、「教学マネジメント」という用語に改めて徹底を図った質的転換答申（2012年）から数えても11年が経過したにもかかわらず、大学教育の現場への普及が思うに任せないことには相応の理由がある。このままの路線を続けても袋小路だと知るべき時である。

　多くの大学において学士課程教育プログラムを担う主体が学部・学科等であるという現実に照らせば、全学レベルのみならず、学部・学科等のレベルにおいても、「教学マネジメント」の確立が必要であることは論を俟たない

であろう。また、大学教育改革が、国の政策レベルや全学のポリシー・レベルにとどまらず、教育実践にインパクトをもたらし、実質化するためには、できるだけ多くの教員が改革の取組へのオーナーシップを共有する必要がある。この点からも、学部・学科等レベルの教学マネジメントの重要性への認識が必要である（大森 2022; 2023）。

　教学マネジメントが大学教育の現場に届き、教員の授業や学生の学習にインパクトを及ぼすようにするためには、学部等を迂回するかのように、ひたすら全学的な教学マネジメントのみを強調するのではなく、学部等が変革の主体となる新たな教学マネジメントを目指す必要がある。授業・学習にインパクトの及ぶ教学マネジメントに転換するためには、教育の現場に近い学部・学科等が主体性を持って取り組むことが不可欠であり、このため、学部等をオーナーとする教学マネジメントを確立するのである。

　ただし、単純に学部等に任せておけばよいと論じるものではない。こうした変革は、逆説的ではあるが、学部任せで自然に実現するものではなく、大学執行部の役割は重要である。学部等を前向きな変革へといざなう環境づくりに大学執行部の役割がある。大学執行部には、そのような組織風土を学内に醸成する責任がある。大学執行部によるリーダーシップに求められる重要な使命の一つは、変革志向の前向きかつ協働的な組織文化を学内に醸成することである。ただし、例えば小規模大学など大学の規模や歴史等の特性から、大学執行部と学部・学科等の距離が極めて近い場合、上述のようにあえて両者の役割を分けて考える必要がなく、全学的取組と学部・学科等の取組の一体性が期待できる場合もあると考えられる。

4.3 画一的な同調性から多様な創造性への転換：分野特性等を踏まえる

　教学マネジメントが、大学の現場レベルでは形式的遵守や受動的業務として対応されている実態の一因として、大学や分野を問わない基準・方針や画一的な雛型等への準拠を求められているとの受け止めがあると考えられる。

　また、大学基準協会（2023）のアンケート調査結果で明らかになり、インタビュー調査結果も整合する重要な知見として、学部・学科等教育組織単位で

見ると、分野ごとに教学マネジメントの取組に濃淡があり、教学マネジメント政策に関する教員の認知度や評価の分野間の差が大きいことが挙げられる。これらは、分野ごとの特性や現状を踏まえない一律の政策の限界を示すものと解釈すべきであろう。事実、アンケート調査結果では、学部・学科レベルの教学マネジメントの取組によって教員の認知度や評価が共に高まる傾向が見られた。

　今後、教学マネジメントが教員や学生に届き、現場の授業や学習にインパクトが及ぶ変革に繋がるためには、各大学のミッションや学部・学科等の専門分野の特性を考慮に入れた多様で創造的な取組を推進できる在り方とすべきである。例えば、学習成果の可視化についても、可視化の限界を踏まえつつ、分野ごとの取組を進めることが効果的である。

　国や大学執行部による支援の在り方は、画一的な基準等への同調性を促すのではなく、学習者本位の大学教育への変革に向けて、大学や分野ごとの個性・特色を活かし、学部・学科等や教職員の新たな試みへのチャレンジを後押しするような前向き志向と柔軟性が重要である。

　換言すれば、今後、日本の大学教育において、また各大学が学内において、涵養すべき質の文化は、減点主義ではなく、加点主義を基本とすべきである。

4.4 教学マネジメントへの学生の参画

　教学マネジメント指針が冒頭の段落において、「学生自身が目標を明確に意識しつつ主体的に学修に取り組むこと、その成果を自ら適切に評価し、さらに必要な学びに踏み出していく自律的な学修者となることが求められている。」(中央教育審議会大学分科会 2020, p.1) と述べる通り、学習者本位の教育を実現する上で、自律的な学習者としての学生自身が DP 等を意識しながら学ぶことは、極めて重要である。

　ところが、現実には、学生の DP 認知度は甚だ心もとない。大学基準協会 (2023) の学生インタビュー調査からは、学習や学生生活に意欲的な学生ですら、DP を知らないことが多く、学習成果と学位授与との関係を認識していない学生が多いことが示唆された。学生に DP 等を周知し、その意義を理解

してもらう必要がある。また、可視化された学習成果についても、学生自身が活用できるようにすることが重要である。

　他方、大学側のポリシーを認識していなくても、知識を活用する能力の育成を求め、アクティブラーニングなど学習者本位の授業を求めている学生が少なくないことも、学生インタビュー調査結果から明らかになった。大学は彼らの期待に応えなければならない。

　DP 等や可視化された学習成果を通じた学生とのコミュニケーションは、これまで我が国において盛んとは言えなかった大学教育の改善・改革への学生の参画の重要な一歩ともなろう。学生参画の重要性について特筆すべき点として、カリキュラムにおける様々な授業の学習経験の全体像を実体験で把握しているのは学生だけであることが挙げられる。たとえ教務委員長等の役職者といえども、他教員の担当する授業の内容・方法に関する情報は限られている。したがって、教学マネジメントにおける学生とのコミュニケーションは、双方向である必要がある。これにより、DP 等や可視化された学習成果を学生自身が活用できるようにするのみならず、学生の声を教育の改善・改革に活かすのである。

5.　教学マネジメント 2.0 の実現：アップグレードのための方策

　本節では、前節で論じた教学マネジメント 2.0 の理念を実現するための方策を提案する。

5.1 教学マネジメント 2.0 への転換を促進する認証評価及び国の政策

　前節で述べた教学マネジメント 2.0 の理念、すなわち、授業・学習にインパクトの及ぶ教学マネジメント、学部等をオーナーとする教学マネジメント、画一的な同調性から多様な創造性への転換、並びに、教学マネジメントへの学生の参画を実現する上で、認証評価の果たすべき役割は大きいと考えられる。認証評価機関及び国は、教学マネジメント 2.0 への転換を促進する認証評価の在り方を検討すべきである。各大学の内部質保証システムが機能しているかどうかを確認する考え方は、今後とも維持すべきものと考えるが、そ

の上で教学マネジメント2.0への転換を図ることは矛盾なく可能と考える。

　このような認証評価の在り方を実現する上で、国による認証評価制度の運用は極めて重要である。国には、教学マネジメント2.0を後押しする政策を期待したい。

　なお、認証評価とは異なるものであるが、ある種の教育評価とも言える私立大学等改革総合支援事業において、内部組織・運営を点数化し合計点で評価するマイクロ・マネジメントが、各大学の画一的な同調サイクルをもたらしているのではないか。また、年度ごとに相当の業務負担を生むとともに、点数を上げるために導入した仕組みの機能の実質化が二の次になっていないか。制度や評価の在り方を一考することも必要ではないかと考える。

5.2 教育評価業務の簡素化・効率化

　大学基準協会(2023)のアンケート調査結果によると、教育評価業務の負担感が重いと感じている教員が少なくない。インタビュー調査においても、教学マネジメント政策への対応業務の負担感が語られている。両調査結果から、多くの大学において教育改善のための負担の現状はやはり深刻で、負担軽減の方向性を追求すべきことが示唆される。

　上記5.1とも関連するが、認証評価機関や国は、認証評価等の評価業務が形式主義的な完璧主義に陥っていないかといった観点から徹底的に見直し、簡素で実効性のある評価の在り方へ改革に取り組むべきである。例えば、大量の情報・データの提示やもっともらしい作文とポンチ絵よりも、内部質保証システムに基づく教育改善の具体的事例を求めることに重点を置くことも一案である。

　その際、大学ポートレートの充実強化を含め、既存の情報・データの活用による負担軽減にも積極的に取り組むべきであろう。

　また、大学自身も可能な範囲で評価業務を簡素化し、負担軽減を図る自助努力が必要であろう。例えば、学務情報システムと学習管理システム等のシステム連携、学務データと学生調査結果等のデータ連携等により、教員・職員の手作業を縮減することは、その一例である。

5.3 大学執行部・部局長等・教職員間の率直で透明性の高いコミュニケーション

　組織的課題も無視できない。大学基準協会 (2023) のアンケート調査結果から、大学執行部によるコミュニケーションが左右する面が窺える。執行部による国の政策に関する情報提供は、教学マネジメント政策に関する教員の認知度を高め、執行部の対話的な姿勢は、教学マネジメント政策に対する教員の評価を高める傾向が見られた。この面で、多くの大学において、執行部の取組状況は、十分とは言えず、改善の余地も大きいと考えられる。学部のDP に汎用的能力等が記載されていない大学もあり、3 つのポリシーに基づく学習成果の保証の意義が十分浸透していない大学もあると見られる。

　大学執行部や部局長等は、DP 等の基本的考え方や意義をまず自ら十分に理解した上で、教職員に説き続けることが必要である。その際、一方通行ではなく双方向のコミュニケーションが大切であり、全学レベル及び学部・学科等のレベルで、教学マネジメントについて徹底的に話し合う機会を設けるべきである。

5.4 教学マネジメントに関する FD の実施

　大学基準協会 (2023) のアンケート調査結果によれば、教学マネジメント指針について、「聞いたことがあるがよく知らない」と「聞いたことがない」を合わせると 5 割に達することが分かった。また、アンケートとインタビューの両調査からの共通する知見として、役職経験や年齢による差は大きく、特に若手教員や非役職教員は、DP 等の考え方や意義を理解する機会が不十分な可能性がある。

　各大学及び各学部・学科等において、若手教員や非役職教員を含む全構成員向けに、DP 等を浸透させ、その考え方や意義を理解してもらう FD を実施する必要がある。

5.5 教学マネジメントへの学生参画の方策

　教学マネジメントへの学生参画の具体策は、学部・学科等及び全学教育実

施組織など教育組織単位で実施し、学生との懇談・意見交換会等により、双方向で話し合うなど、形式的ではなく実質的なものでなければならない。

　学生に DP 等を周知し、その意義を理解してもらうためには、周知方策のみならず、DP 等の内容自体が、学生にとって理解可能かつ意義を実感できるものでなければならない。また、可視化された学習成果を学生自身が活用できるようにするに当たっては、学生にどのようにフィードバックすれば、学生の成長を促すことができるのかを検討し、工夫することが必要である。例えば、学習ポートフォリオの運用に当たり、学生自身がポートフォリオを通じて自己調整学習に取り組めるよう支援する方式に改めれば、担当教員の負担軽減にもつながる。

　教学マネジメントへの学生の参画として、DP 等や可視化された学習成果を通じた学生とのコミュニケーションは、双方向である必要があり、学生アンケートにとどまらず、学生との懇談・意見交換会等により、真摯かつ継続的に学生の声を聴取し、カリキュラム改革や個々の授業の内容・方法の改善に活かしていくことが重要である。特に、一般教員が学生の学習への前向きな期待・希望(例えば、調査結果に表れたアクティブラーニングへの希望)を直接受け止め、積極的に応えるようになる機会とすべきである。

5.6 分野ごとの特性を踏まえた教学マネジメントの推進

　学習成果向上に効果的な教授法については、大学教育の一般論にとどまらず、学問分野ごとに開発・実践に取り組むことにより、学習成果のエビデンスに基づき、分野ごとの教育の質保証を切り拓くことが可能となる。この面で、学部・学科等をオーナーとする教学マネジメントに期待される役割は、極めて大きい。ただし、各大学における限られた資源に鑑み、全国的な分野別の取組の推進による支援が重要である。こうした分野別の取組を財政面等で支援する国の役割も決定的に重要である。

　学習成果の可視化についても、各分野の特性を踏まえた可視化の手法の検討・実践を進めるとともに、カリキュラム改革や授業改善に活かす組織体制や学内制度を整備することが適切である。

5.7 分野ごとの教育専門性を持った人材の育成・配置・活用

　本章で提唱した諸方策を効果的に実施するには、全学レベルのみならず、学部・学科等のレベルにおいても、学習者本位の教育への変革の熱心な推進者が不可欠であり、そうした人材には当該分野の教育に関する専門性が必要である。すなわち、学部等が主体となる変革の担い手として、分野ごとの教育専門性を持った人材の育成・配置・活用は、急務である。また、そうした人材が活躍するには、部局長等の全面的バックアップが必須要件となる。

　国においては、このような目的のために、分野ごとの教育専門家の育成・配置・活用の在り方を検討し、財政措置を含めた具体策を講じるべきである。

　分野ごとの教育専門家については、第2部第1章において詳述する。

おわりに

　教学マネジメントや内部質保証は、政策主導の基準等への同調性を促すだけのコンプライアンス（規範遵守）ではなく、学問の自由と大学の自治に支えられた創造的で自律的な変革により、学生の学習成果を高めていく教育イノベーションを促進するものでなければならない。そのためには、大学執行部、学部等、一人一人の教職員、いずれの階層も、自律的で多様であると同時に、イノベーティブな気風がみなぎる存在へと活性化しなければならない（大森 2017; 2023）。

　教育に関する教員の自律性は、相互不干渉の個人的営みという従来型の在り方ではなく、緊密な協力と相互支援を伴う真の同僚制と一体のものでなければならない。創造的で前向きかつ協働的な組織文化を醸成することは、大学執行部及び学部等におけるリーダーシップに求められる重要な使命である（大森 2023）。

　そして、大学教育に関する全ての取組、あらゆる努力の方向性は、学生の学習成果に向けて統合されている。これが目指すべき教学マネジメント 2.0 の姿である。学生一人一人のため、また、日本と世界の未来を拓く人材育成のため、教学マネジメントのアップグレードを願ってやまない。

参考文献

大森不二雄 2017,「内部質保証の効果的運用のための道標」早田幸政・工藤潤編『内部質保証システムと認証評価の新段階：大学基準協会「内部質保証ハンドブック」を読み解く』エイデル研究所, pp.90-110.

大森不二雄 2022,「日本の学士課程教育改革の陥穽：参照軸としてのイギリス」米澤彰純・嶋内佐絵・吉田文編『学士課程教育のグローバル・スタディーズ：国際的視野への転換を展望する』明石書店, pp.193-215.

大森不二雄 2023,「学部をオーナーとする教学マネジメントと質保証システムの提案：教員の授業や学生の学修にインパクトの及ぶ変革に向けて」堀井祐介・工藤潤・入澤充編『認証評価の近未来を覗く：大学教育の質保証と達成度評価』エイデル研究所, pp.84-96.

大学基準協会 2023,『教学マネジメントに関する調査研究報告書〜大学の現場の実態分析と教員・学生に届く実質化の提言〜』, 2023.11.26 閲覧,<https://www.juaa.or.jp/upload/files/research/laboratory/%E6%95%99%E5%AD%A6%E3%83%9E%E3%83%8D%E3%82%B8%E3%83%A1%E3%83%B3%E3%83%88%E3%81%AB%E9%96%A2%E3%81%99%E3%82%8B%E8%AA%BF%E6%9F%BB%E7%A0%94%E7%A9%B6%E5%A0%B1%E5%91%8A%E6%9B%B8%EF%BC%880417%E5%8D%B0%E5%88%B7%E4%BC%9A%E7%A4%BE%E7%B4%8D%E5%93%81%EF%BC%89%E5%85%AC%E9%96%8B%E7%94%A8.pdf>

中央教育審議会 2008,『学士課程教育の構築に向けて（答申）』, 2023.12.10 閲覧, <https://www.mext.go.jp/b_menu/shingi/chukyo/chukyo0/toushin/1217067.htm>

中央教育審議会 2012,『新たな未来を築くための大学教育の質的転換に向けて〜生涯学び続け、主体的に考える力を育成する大学へ〜（答申）』, 2023.11.26 閲覧, <https://www.mext.go.jp/b_menu/shingi/chukyo/chukyo0/toushin/1325047.htm>

中央教育審議会大学分科会 2020,『教学マネジメント指針』, 2023.11.26 閲覧, <https://www.mext.go.jp/content/20200206-mxt_daigakuc03-000004749_001r.pdf>

第2章　教学マネジメント政策に対する
大学教員の認識

両角 亜希子

1. 問題関心

　大学教育をさらに向上させることが、各大学の教学目標のみならず、政策としても推進されるようになっている。2008 年の「学士課程教育の構築に向けて (答申)」がそのひとつの契機であったが、その後も様々な答申や議論が出されてきた。2020 年には「教学マネジメント指針」もまとめられた。国レベルでの教学マネジメント推進は単に方針を掲げるだけでなく、様々な補助金要件の中に入ることにより、各大学の教育のあり方に大きな影響を与えているといえよう。しかしながら、果たして一連の政策の推進によって大学教育は良くなっているのであろうか。大学教育の現場においても、自発的で日常的な改善・工夫は積み重ねられているが、そうした現場の改善努力と政策が示す方向性は合致しているのであろうか。EBPM (Evidence Based Policy Making)、証拠に基づく政策立案の重要性が指摘されているが、こうした教学マネジメント政策の検証は十分に行われてきたとは言い難い。そこで本章では、全国の大学教員へのアンケート調査から、教学マネジメント政策が教員にどのように受け止められ、評価をなされているのかを明らかにする。それにより、より良い形での教育改善を進めるために、何が課題で、どのような方策が有効なのかを検討するための基礎資料としたい。

2. 明らかにしたい問い

　以上の問題関心から、本研究では、以下の 3 つの研究課題を明らかにする。
　第一は、教学マネジメント政策に対する教員の認識の解明である。そもそ

も教学マネジメント政策をどの程度、認知しているのか、またそれをどのように評価しているのか。第二は、そうした教学マネジメント政策の認識は、各教員の教育行動にどのように影響を与えているのか。第三に、教学マネジメント政策への認識の違いが何によって生じているのかを明らかにすることである。以上の 3 つの観点から、教学マネジメント政策が教員にどのようなインパクトを与えているのか、現在の教学マネジメント政策がどのような課題を抱えているのかを考察し、今後の望ましいあり方について考えたい。

3.　方法・データ

　こうした問いを明らかにするために常勤の大学教員へのアンケート調査を 2022 年 5 〜 6 月に実施した。単純無作為抽出により任意に抽出した大学から、さらに対象学部を抽出して実施し、560 学部に対し、各学部 6 名、合計 3,360 名分の調査票を郵送した。対象の学部事務担当者宛に 6 票の調査票や依頼状を送付し、6 名のうち、1 名は学部長、1 名は学科長、残りの 4 名は一般教員（年齢、性別、役職で偏りなく配布）という構成で協力を依頼した。調査対象 3,360 名のうち、1,721 名の教員に回答を寄せてもらった（回答率 51 %）。郵送による返信のほかウェブでの回答も受け付け、回収率の詳細は以下のとおりである（**表 1-2-1**）。郵送回答 672 票 ウェブ回答 1,049 票であった。なお、実際の回収数は 1,861 票であったが、研究参加への同意にチェックを入れたうえで調査票に回答していないものを無効とした。

　回答者の内訳は、学部長が 278 名（16 %）、学科長が 310 名（18 %）、一般教員 1,133 名（66 %）であった。以下の議論では、回答者全体の割合を提示しているが、学部長、学科長の割合が高く、必ずしも一般教員の平均的な姿でない点にはご留意いただきたい。

表 1-2-1　設置形態別の回収状況

	合計	国立	公立	私立	無回答
対象学部	560	81	59	420	-
対象者数（対象学部数×配付教員数 6 名）	3,360	486	354	2,520	-
回収数	1,721	262	180	1,277	2
回収率	51 %	54 %	51 %	51 %	-

4. 教学マネジメント政策に対する教員の評価と認知度

　図 1-2-1 には、教学マネジメント政策への評価を示した。「教育評価のための業務負担の大きさ」は回答者の 8 割以上が感じている。教学マネジメント政策の目的は、言うまでもなく現場の教育改善であるが、それに対する評価は割れている。肯定回答の割合に着目すると、「認証評価が役に立っている」と回答した教員は 61%、「教員の創意工夫を活かせるものになっている」と回答した教員は 56%、「補助金で教育改善が進んだ」と回答した教員は 50% である。図は省略するが、立場により回答傾向に差がみられた。「認証評価が役立っている」への肯定回答は、学部長 68%、その他 60%、「教員の創意工夫を活かせる」は学部長 72%、その他 53%、「教育改善が進んだ」は、学部長 58%、その他 48% と大きな開きがみられた。業務負担の認識については学部長とそれ以外の教員で差がみられなかった。

　図 1-2-2 には国の教学マネジメント政策の教員の認知度を示した。具体的には、日本学術会議の分野別参照基準の場合と文部科学省の教学マネジ

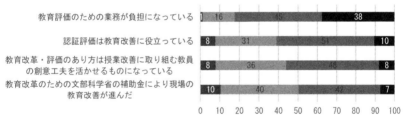

図 1-2-1　教学マネジメント政策への評価（単位：%）

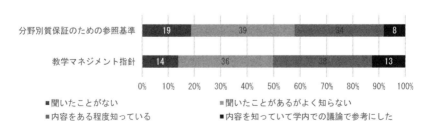

図 1-2-2　国の教学マネジメント政策の認知度

メント指針について尋ねたところ、後者の方が若干、認知度は高いものの、教学マネジメント政策自体があまり知られていないことがわかった。教学マネジメント指針について「内容を知っていて学内の議論で参考にした」は13％、「内容をある程度知っている」38％、「聞いたことがあるがよく知らない」36％、「聞いたことがない」14％であった。現在、学部長であるかどうかによっても大きく異なっており、知らない（聞いたことがない＋聞いたことがあるがよく知らない）割合は、「教学マネジメント指針」の場合は、学部長で28％だがそれ以外では54％、参照基準の場合は、学部長で39％だがそれ以外では62％となっている。一連の政策がそもそも現場の教員に十分に届いていない。

　教学マネジメント政策の認知度と評価は互いに関連しており、認知度・活用度が高まるほど、補助金による教育改善が進んだと評価する傾向がある。たとえば、「教育改善のための文部科学省の補助金により現場の教育改革が進んだ」[1]と「教学マネジメント指針」の認知度の二変数の相関係数は0.201と一定の関連が見られた。しかしながら、認知度を高めるだけで教育改善が進む、という単純な関係とは考えにくく、両者の組み合わせのマトリクスを作成し、全体％を示した（**図1-2-3**）。「A 知っていて評価」は全体の29％、「B 知っていて評価せず」は21％、「C 知らないが評価」は21％、「D 知らず評価もせず」が29％という分布になっている。それぞれの類型に2-3割の教員が分布した。学部長などの役職者であるほど、教学マネジメント政策の認知度が高いことは容易に想像できるため、現在、学部長であるかどうかでクロス分析をしたのが**表1-2-2**である。現在、学部長であるにもかかわらず、「教学マネジメント指針」を知らないケースが3割あったことには少々驚いたが、一般教員と比べれば、学部長である場合は政策の認知度は高くなっている。他方で、教学政策への評価は割れており、認知度が高まったから、評価が高まる関係にないのは学部長も一般教員も同様である。学部長以外の一般教員だけに着目すると、「A 知っていて評価」は26％、「B 知っていて評価せず」は20％、「C

1　教育改善のための文部科学省の補助金と教学マネジメント政策は同一でない課題はあるものの、教学マネジメント政策の評価の代理変数とする上で大きな課題はないと判断して、この変数を用いた。

		現場の教育改善進んだ		
		評価せず	評価	合計
メ教 ン学 トマ 指ネ 針ジ	知らない	28.9%	20.8%	49.7%
	知ってる	21.4%	28.9%	50.3%
	合計	50.3%	49.7%	100.0%

4類型

D 知らず評価せず	C 知らないが評価
B 知って評価せず	A 知っていて評価

図 1-2-3　政策の認知度と評価の 4 類型

表 1-2-2　4 類型と現在の役職

	A知ってい て評価	B知って評 価せず	C知らない が評価	D知らず評価 せず	
学部長	42%	30%	16%	12%	100%
それ以外	26%	20%	22%	32%	100%
合計	29%	21%	21%	29%	100%

知らないが評価」は 22％、「D 知らず評価もせず」が 32％とやはり 4 つに比較的、均等に分布していることがわかる。本調査は、認証評価機関である大学基準協会が調査主体であり、事務局から教員に調査票を配布してもらう方式を採用したために、教学マネジメント政策の認知度や教育改善に意欲的な教員に回答者が偏っている可能性が考えられる。認知度や評価については少し割り引いて考えるのが実態に違い姿ではないか。

5.　4 類型と教員の教育行動

　さて、教学マネジメント政策の認知度と評価は、各教員の教育行動にどのように関係しているのであろうか。4 類型と「自身の授業の質を向上させるためにやっていること」、「自分の授業で学生に身につけてほしい能力」の関係をクロス表で確認してみた（**表 1-2-3**、**表 1-2-4**）。自分自身の授業実践と政策の推進する方向性が合致しているから、教学マネジメント政策への認知や評価が高まるという関係も考えられるし、教学マネジメント政策を認知することで自身の授業実践に影響を与えるという関係性も考えられる。このような因果関係まではわからないが、両者がどの程度に結び付いているのかを確認することにする。クロス分析のカイ 2 乗検定は、表 1-2-3 の「幅広い教養」は 5％水準で有意で、それ以外はすべて 0.1％水準で有意であり、類型によっ

表1-2-3　類型別の「授業の質を向上させるための工夫」

授業外学習の確保を意識して授業設計する

	あてはまらない	あまりあてはまらない	あてはまる	よくあてはまる	合計
A知っていて評価	0%	9%	51%	40%	100%
B知って評価せず	1%	15%	53%	32%	100%
C知らないが評価	3%	16%	55%	26%	100%
D知らず評価せず	4%	22%	52%	22%	100%
	2%	15%	52%	30%	100%

アクティブラーニングをできるだけ導入する

	あてはまらない	あまりあてはまらない	あてはまる	よくあてはまる	合計
A知っていて評価	1%	11%	44%	45%	100%
B知って評価せず	2%	20%	47%	31%	100%
C知らないが評価	3%	21%	49%	28%	100%
D知らず評価せず	5%	21%	48%	26%	100%
	3%	18%	47%	33%	100%

学生の声を聞いて活かすようにしている

	あてはまらない	あまりあてはまらない	あてはまる	よくあてはまる	合計
A知っていて評価		1%	47%	52%	100%
B知って評価せず	1%	4%	56%	40%	100%
C知らないが評価		4%	57%	39%	100%
D知らず評価せず	0%	7%	60%	33%	100%
	0%	4%	55%	41%	100%

ディプロマポリシーを意識して授業設計する

	あてはまらない	あまりあてはまらない	あてはまる	よくあてはまる	合計
A知っていて評価		6%	57%	37%	100%
B知って評価せず	1%	17%	64%	18%	100%
C知らないが評価	2%	17%	67%	15%	100%
D知らず評価せず	5%	32%	52%	11%	100%
	2%	18%	59%	21%	100%

て大きな違いがあるように見える。たとえば、表1-2-3 を見ると、教学マネジメント政策への認知度と評価が高い教員ほど、授業外学習を意識して授業を設計し、アクティブラーニングを導入し、学生の声を聞いて活かし、ディプロマポリシーを意識した授業設計をしているという関係が確認できる。また、表1-2-4 では、教学マネジメント政策への認知度と評価が高い教員ほど、専門分野の知識・理解、幅広い教養、社会で役立つ汎用的能力を身につけてほしいと考えているという関係が確認できる。

　しかしながら、果たして教学マネジメント政策への認知度と評価と個々の教員の教育実践はこれほど単純に結びついているのであろうか、という疑問

表 1-2-4　類型別の「自分の授業で学生に身につけてほしい能力」

専門分野の知識・理解

	ほとんど重視しない	あまり重視しない	重視	とても重視	合計
A知っていて評価	0%	2%	32%	66%	100%
B知って評価せず	0%	6%	36%	58%	100%
C知らないが評価	0%	2%	38%	60%	100%
D知らず評価せず	0%	5%	46%	48%	100%
	0%	4%	38%	58%	100%

幅広い教養

	ほとんど重視しない	あまり重視しない	重視	とても重視	合計
A知っていて評価	0%	8%	54%	38%	100%
B知って評価せず	1%	10%	51%	37%	100%
C知らないが評価	2%	10%	58%	30%	100%
D知らず評価せず	1%	12%	54%	32%	100%
	1%	10%	54%	35%	100%

社会で役立つ汎用的な能力

	ほとんど重視しない	あまり重視しない	重視	とても重視	合計
A知っていて評価	0%	3%	40%	57%	100%
B知って評価せず	1%	9%	49%	41%	100%
C知らないが評価	1%	7%	45%	46%	100%
D知らず評価せず	1%	12%	49%	38%	100%
	1%	8%	46%	46%	100%

が直ちに浮かび上がる。そこで 8 分野（人文科学、社会科学、理学、工学、農学、医療健康、教育、その他）に分けて、同様の分析を行い（8 × 7 ＝ 56 パターンのクロス分析を行い）、カイ 2 乗値だけを示したのが**表 1-2-5** である。5 ％水準で有意な結果であったもののみに網掛けをつけている。この表からわかることは、類型と教員自身の授業実践との関係は分野によって大きく異なるということである。社会科学、医療健康などの教員の間では、授業の質を向上させるための工夫と政策の認知度と評価の関係がみられるものの、たとえば理学の教員ではそうした統計的な関係はほぼみられない。授業の質を向上させるための取組のうち、教員の専門分野を問わず、政策の認知度・評価との関係が比較的みられたのは、「ディプロマ・ポリシーを意識して授業設計をする」という変数のみであった。ディプロマ・ポリシーは学位プログラム毎に作成されるため、どの分野でも、教学マネジメント政策の認知度や評価が上がることでそれを意識するようになるのであろうが、授業外学習、アクティブラーニング、学生の声を活かすなどは、学問分野の性質によって必ずしも授業の

表 1-2-5　専門分野別クロス分析のピアソンのカイ 2 乗値

	ケース数	授業の質を向上させるため工夫				授業で学生に身につけてほしい能力		
		授業外学習の確保を意識して授業設計する	アクティブラーニングをできるだけ導入する	学生の声を聞いて活かすようにしている	ディプロマポリシーを意識して授業設計する	専門分野の知識・理解	幅広い教養	社会で役立つ汎用的な能力
人文社会	267	0.114	0.115	0.019	0.001	0.346	0.697	0.044
社会科学	368	0.024	0.001	0.012	0.000	0.017	0.505	0.041
理学	63	0.623	0.190	0.857	0.097	0.291	0.611	0.014
工学	175	0.077	0.045	0.141	0.000	0.348	0.289	0.043
農学	89	0.361	0.444	0.202	0.002	0.067	0.194	0.247
医療健康	452	0.002	0.010	0.066	0.000	0.007	0.186	0.002
教育	160	0.010	0.169	0.619	0.032	0.121	0.267	0.213
その他	129	0.128	0.169	0.678	0.003	0.028	0.295	0.116

(注) 5% 水準以下のものに網掛

質を向上させるものではないと考えられている。授業で学生に身につけてほしい能力についても、たとえば、「社会で役立つ汎用的な能力」と類型 (政策の認知度と評価) の関係がみられたのは、人文、社会、理学、工学、医療のみで、農学、教育などでは確認できなかった。つまり、専門分野によって、教学マネジメント政策と自身の教育実践とのつながり方が異なることが明らかになった。

6.　4 類型の規定要因分析

　続いて、どのような要因によって、この類型に分かれているのかを検討する。教学マネジメント政策の認知度・評価の違いに、どのような要因が影響を与えるのかについては、以下の仮説が考えられる。

① 　属性の違い、特に分野による違いがあるのではないか。プログラムの体系性や 3 ポリシーの考え方になじみやすい分野とそうではない分野で評価が分かれるのではないか。分野以外には教員の年齢、所属大学の設置形態の影響なども大きいと考えられる。

② 　役職上、教学マネジメント政策について考える機会が多い教員ほど、学科・学部という組織単位の授業改善への関心が高く、また認知度も高くなるため、A「知っていて評価」が増えるのではないか。

③ 　学部・学科での日常的な取組の違いが、影響を与えているのではな

いか。

④　政策を評価するかどうかには一定の条件があるのではないか。すなわち、政策への対応の負担が重くなりすぎると、政策を評価しない方向に働くのではないか。また、本人の仕事の重視度やそのギャップ観により、政策への評価は異なっているのではないか。とくに研究時間の短さや会議時間の長さは政策への不満につながっているのではないか。

⑤　執行部のかかわり方の違いが、一般教員の認知度・政策評価に影響を与えているのではないか。

　クロス分析でも一つずつの変数の関係性を確認し、おおむね仮説通りの関係がみられそうなことを確認したが、ここでは紙幅の都合もあるので、多変量解析の結果のみを示す。仮説①〜④は役職を問わずにみられる関係であると考えられるため、まず、仮説①〜④について全サンプルで多項ロジスティック分析を行い、次に、学部長以外の一般教員に対象を限定して、仮説①〜⑤の検証を同じく多項ロジスティック分析で行うことにした。

分析１：全サンプルで仮説①〜④の検証

　分析結果は**表 1-2-6** で、基準としたのは「D 知らず評価もせず」のカテゴリーである。

　仮説①の属性について、年齢、設置形態、分野のいずれも影響が確認できた。年齢では、40 歳代に比べて、50 歳代になると、「A 知っていて評価」「B 知って評価せず」のいずれもが増えている。年齢が高いほど様々な役職を経験し、教学マネジメント政策に対する認知度は確実に高まっているが、評価するかどうかは割れているということである。設置形態は私立を基準とした場合に、国立大学で「A 知っていて評価」が少ないこと、国立と公立で「C 知らないが評価」が少ないことがわかる。分野の違いも大きい。医療健康系を基準としたが、社会科学では「A 知っていて評価」「C 知らないが評価」のいずれも少ない。つまり社会科学系の教員は教学マネジメント政策を評価しない傾向がある。理学の教員は「A 知っていて評価」がかなり少なく、工学の教員は「B

知って評価せず」が少ない。

　仮説②の経験についてはここでは学部長経験について確認する。現在のみ
ならず過去の学部長経験も含めて、学部長経験の有無のダミー変数を投入し
た。学部長を経験すると、「A 知っていて評価」は一般教員の 2.7 倍、「B 知っ
て評価せず」は 2.6 倍となり、教学マネジメント政策の認知度は確実に高ま
るが、それを評価するかどうかは割れている。

　仮説③の学部・学科の日常的な取組については、2 変数を投入した。一つは、
「学部・学科での教学マネジメントの取組」で、問 2 で尋ねた 8 変数（「成績評
価に関し、大学や学部・学科で設定したルール・ガイドラインがある」「教員相互の
授業参観を行っている」「順次性のある体系的カリキュラムを編成している」「学部長
等のシラバスチェックがある」「学習成果の測定を目的とした共通テスト（外部業者や
学内で開発したテスト）が利用されている」「教育改善に対する学内予算の措置がある」
「教員採用や昇任の際に教育能力を重視している」「教員が協力して教育改善を進める
話し合いの機会が設けられている」）の合成変数[2]を投入した。いま一つの変数は、
「授業等の調整・対話」であり、学科・コースでの取組 3 変数（「プログラムが
提供する授業と授業の関係について、教員が学生につながりを教えている」「学部や
学科・コースの共通科目の場合、授業の内容や方法を教員間で調整している」「各自
が担当する専門科目の場合、授業の内容や方法を教員間で調整している」）の合成変
数[3]を投入した。いずれの変数についても、「A 知っていて評価」「B 知って評
価せず」「C 知らないが評価」が増えており、学部・学科の日常的な取組が教
学マネジメント政策の認知度や評価に影響を与えていることがわかる。教学

2　よくあてはまる＝ 4、あてはまる＝ 3、あまりあてはまらない＝ 2、あてはまらない＝ 1 で、
それぞれの問いに回答してもらった。従って合成変数の最小値は 8、最大値は 32 である。問
2 の変数をすべて投入し、因子分析（最尤法、プロマックス回転）をしたところ、一つの因子
のみが抽出された。つまり、ここで取り上げた取組を行っている傾向にある学部・学科では
どの取組も比較的行っているし、そうでない場合はいずれの取組もあまり取り組んでいない
と考え、単純に合成変数を作成し、投入した。

3　十分実施している＝ 4、ある程度実施している＝ 3、あまり実施されていない＝ 2、ほとん
ど実施されていない＝ 1 で、それぞれの問いに回答してもらった。従って合成変数の最小値
は 3、最大値は 12 である。問 11 についても、注 2 と同様に、因子分析（最尤法、プロマック
ス回転）をしたが、一つの因子が抽出されたため、ここでは単純に合成変数を作成して投入した。

表1-2-6　分析1の結果

		A知っていて評価			B知って評価せず			C知らないが評価		
		B	オッズ比	有意水準	B	オッズ比	有意水準	B	オッズ比	有意水準
	切片	-7.075		***	-5.082		***	-2.866		***
年齢（基準：40歳代）	20-30歳代	-0.150	0.861		-0.229	0.795		0.354	1.425	
	50歳代	0.509	1.663	**	0.570	1.768	**	-0.075	0.928	
	60歳以上	0.474	1.607	*	0.348	1.416		-0.049	0.953	
設置形態（基準：私立）	国立	-0.804	0.448	**	-0.063	0.939		-0.520	0.595	*
	公立	-0.493	0.611		0.180	1.197		-0.708	0.493	**
分野（基準：医療系）	人文社会	-0.372	0.689		-0.080	0.923		-0.440	0.644	
	社会科学	-0.661	0.516	**	-0.146	0.864		-0.641	0.527	**
	理学	-1.338	0.262	**	-0.784	0.456		-0.164	0.848	
	工学	-0.321	0.725		-0.705	0.494	*	-0.260	0.771	
	農学	-0.477	0.621		-0.522	0.593		0.005	1.005	
	教育	0.125	1.134		0.445	1.560		-0.625	0.535	
	その他	-0.655	0.519	*	-0.463	0.629		-0.433	0.649	
経験	学部長経験	0.980	2.665	***	0.938	2.555	***	0.497	1.643	*
学部学科の取組み	教学マネジメントの取組み	0.215	1.240	***	0.055	1.056	**	0.135	1.144	***
	授業等に関する調整・対話	0.397	1.487	***	0.327	1.387	***	0.115	1.122	*
条件	教育評価の業務が負担	-0.482	0.617	***	0.102	1.107		-0.317	0.728	**
	研究時間ギャップ	0.010	1.010		0.009	1.009		0.000	1.000	
	学内会議時間ギャップ	0.011	1.011		0.011	1.011		-0.004	0.996	

Cox と Snell	0.294
Nagelkerke	0.314
McFadden	0.127
モデル適合度	P=0.000
N	1676

(注) *** 0.1%水準、** 1%水準、* 5%水準で有意
基準＝「D 知らず、評価せず」

マネジメント政策の認知度は高まっても、評価が高まるかどうかは分かれている。

　仮説④について、「教育評価のための業務が負担」であると感じると、「A知っていて評価」と「C知らないが評価」が減る。すなわち、教学マネジメント政策を評価しないという関係が明確にみられた。時間使用の理想と現実のギャップ（ここでは研究時間と学内会議時間を投入）については、平均値の差の検定をした際には違いがみられたが、その他の諸条件を統制した多項ロジスティック分析では特に影響は見られなかった。

分析2：一般教員のみで仮説①〜⑤の検証

　次に、一般教員のみ（現在、学部長でない教員）に限定した上で、さらなる仮説を検証するため、多項ロジスティック分析を行った（**表1-2-7**）。基準としたのは同じく「D 知らず評価もせず」のカテゴリーである。

　仮説①の属性の影響については、分析1と同様に、年齢、設置形態、専門分野を投入した。年齢については、より傾向が明確にみられ、40歳代と比べて50歳代の教員では「B 知って評価せず」が1.5倍多い。設置形態についてもより明確な傾向がみられ、私立に比べて、国立、公立で、「A 知ってい

て評価」「C知らないが評価」が少ない。すなわち、知っているかどうかにかかわらず、教学マネジメント政策を評価しない教員が国公立で多いことがわかる。分野についても分析1よりも明確な傾向がみられる。医療健康を基準とした場合に、人文科学、社会科学の教員は、「A知っていて評価」「C知らないが評価」が少ない、すなわち、教学マネジメント政策を評価しない教員が多い。人文科学よりも社会科学の教員でその傾向はより顕著に確認できる。また、分析1と同様に、理学の教員は「A知っていて評価」が少ない。また教育分野の教員で「C知らないが評価」が少ない。

　仮説②の経験については、分析2では学部長以外の一般教員を対象としているため、より詳細な役職や科目担当の経験も含めて確認することにした。具体的には、全学共通科目の授業担当、全学の学務・教務委員の経験、学部の学務・教務委員長、共通科目のコーディネーターの役職の経験、学科長の経験について過去も含めて経験があるかどうかのダミー変数を投入した。全学共通科目の授業担当、全学の学務・教務委員の経験については、「A知っていて評価」「B知って評価せず」のいずれも増加させていた。全学共通科目の授業担当を経験した教員は、経験していない教員より「A知っていて評価」は1.6倍、「B知って評価せず」は1.7倍であり、全学の学務・教務委員の経験の場合は、「A知っていて評価」は2.1倍、「B知って評価せず」は1.6倍になっていた。つまり、教学マネジメント政策の認知度は確実に高くなっているが、それを評価するかどうかについては大きく二分化している。学部の学務・教務委員長については、「B知って評価せず」のみが増加していた。それに対して学科長は何の影響も確認できなかった。ここで影響の違いが確認できた経験、すなわち、全学共通科目の授業担当、全学の学務・教務委員の経験、学部の学務・教務委員長は、対外的な役割を果たすというよりむしろ内部の調整に主に関わる役職で、その苦労の大きさが表れているのではないか。とりわけ、学部の学務・教務委員長を経験することは「B知って評価せず」だけを増加させていた。一般教員のみを対象として分析した場合、現在、学部の学務・教務委員長をしている場合は会議が多く、それが研究時間の減少にもつながっていた。実際の「学内の会議（連絡や資料作成を含む）に費やす時間」

は、学部の学務・教務委員長が 30 時間、それ以外の教員は 21 時間、実際の「研究に費やす時間」は学部の学務・教務委員長が 12 時間、それ以外の教員は 17 時間であった。こうした業務量の多さと学内調整の困難さが、「B 知って評価せず」のみを増やす結果につながったと考えられる。

　仮説③の学部・学科の取組についても、分析 1 よりも明確な結果が確認された。学部・学科での教学マネジメントの取組は、「A 知っていて評価」「C 知らないが評価」を増やしていた。つまり、学部・学科で日常的に教学マネジメントの取組が行われることで教学マネジメント政策の評価を高めていた。教学マネジメント政策自体はよく知らなくても、様々な教育改善のための補助金等を通じて、教育改善が進みつつあることを感じていた。それに対して、学科・コース等で授業の内容や方法について互いに調整することは、「A 知っていて評価」「B 知って評価せず」を増やしていた。つまり、教学マネジメント政策の認知度を高めることにはつながっているが、それを評価するかどうかは分かれていた。後者についてはやや意外な結果であったが、その調整の負担度合の違いがあるのかもしれない。

　仮説④の条件については、分析 1 で有意であった「教育評価のための業務が負担」のみを投入した。結果も同じで、「A 知っていて評価」「C 知らないが評価」が減る、つまり教学マネジメント政策への評価が下がる傾向が確認できた。

　仮説⑤の執行部の姿勢については、「国の教育政策の内容を大学執行部が一般教員に直接に伝えている」努力を行っている場合は、「A 知っていて評価」「B 知って評価せず」が増える、すなわち教学マネジメント政策の認知度を高める効果がみられることがわかる。他方、「大学執行部の対応には学部や教員と対話的な姿勢がみられる」については、「A 知っていて評価」「C 知らないが評価」が増える、すなわち補助金等で教育改善が進んできていると政策を評価する傾向があることが確認できた。「学部長は学部の声を反映しようと大学執行部とよく調整している」については特に影響は見られなかった。執行部が教員に国の政策内容を伝えると政策の認知度が上がり、執行部の対話的な姿勢は、教学マネジメント政策に対する教員の評価を高めている

表1-2-7　分析2の結果

		A知っていて評価			B知って評価せず			C知らないが評価		
		B	オッズ比	有意水準	B	オッズ比	有意水準	B	オッズ比	有意水準
	切片	-8.709		***	-6.515		***	-3.601		***
年齢（基準：40歳代）	20-30歳代	-0.015	0.985		-0.100	0.905		0.377	1.458	
	50歳代	0.396	1.485		0.401	1.493	*	-0.156	0.855	
	60歳以上	0.384	1.468		0.237	1.268		-0.068	0.935	
設置形態（基準：私立）	国立	-1.000	0.368	***	-0.246	0.782		-0.779	0.459	**
	公立	-0.870	0.419	**	-0.026	0.974		-0.826	0.438	**
分野（基準：医療健康）	人文社会	-0.585	0.557	*	-0.331	0.718		-0.609	0.544	*
	社会科学	-0.782	0.458	**	-0.258	0.772		-0.830	0.436	***
	理学	-1.508	0.221	**	-0.818	0.441		-0.436	0.646	
	工学	-0.491	0.612		-0.576	0.562		-0.507	0.602	
	農学	-0.726	0.484		-0.452	0.637		-0.157	0.855	
	教育	-0.021	0.980		0.435	1.544		-0.761	0.467	*
	その他	-0.786	0.455	*	-0.616	0.540		-0.646	0.524	
経験	全学共通科目の担当経験	0.457	1.580	*	0.551	1.736	**	-0.135	0.874	
	全学教務委員経験	0.719	2.053	***	0.476	1.610	**	0.330	1.391	
	学部の教務委員長経験	0.161	1.174		0.421	1.524	*	-0.064	0.938	
	共通科目の調整役職経験	0.078	1.081		0.307	1.359		-0.096	0.908	
	学科長経験	0.116	1.123		0.015	1.015		-0.048	0.953	
学部学科の取組み	教学マネジメントの取組み	0.147	1.159	***	0.036	1.036		0.095	1.099	***
	授業等に関する調整・対話	0.392	1.480	***	0.336	1.400	***	0.098	1.103	
条件	教育評価の業務が負担	-0.470	0.625	***	0.138	1.148		-0.240	0.787	*
執行部の姿勢	国の教育政策の内容を執行部が一般教員に直接に伝えている	0.634	1.886	***	0.500	1.648	***	0.183	1.201	
	大学執行部の対応には学部や教員と対話的な姿勢がみられる	0.277	1.319	*	0.099	1.105		0.323	1.382	**
	学部長は学部の声を反映しようと執行部とよく調整している	0.089	1.093		-0.185	0.831		0.145	1.156	
	Cox と Snell	0.343								
	Nagelkerke	0.366								
	McFadden	0.153								
	モデル適合度	P=0.000								
	N	1410								

（注）*** 0.1%水準、** 1%水準、* 5%水準で有意
基準＝「D 知らず、評価せず」

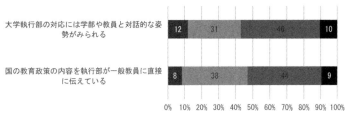

図1-2-4　執行部の姿勢

という執行部の働きかけが果たす役割が明らかになったことはきわめて興味深い。そして、現状はそうした執行部からの働きかけは十分に行われていない。現在、学部長をしていない一般教員のみについて、これらの状況を示したのが**図1-2-4**である。いずれの変数についても「よくあてはまる」との回答は1割程度であるし、「あてはまる」も含めた肯定回答は、国の政策内容を伝える取組では53%、対話的な姿勢は57%に過ぎない。現時点で取組が十分ではないということは教育改善に向けた執行部の役割は改善の余地も大

きいことを示している。以上の仮説①〜⑤はほぼ検証されたと言える。

7.　まとめ

　本章では、教学マネジメント政策に対する教員の認知度と評価という観点に着目して分析を行ってきたが、改めて明らかになった点をまとめておく。

　第一は、専門分野によって教学マネジメント政策に対する考え方が大きく異なる点である。分析課題2、3のいずれからもその点が示唆された。たとえば、分析課題2からは、各分野の特性が反映されたディプロマ・ポリシーを意識した授業設計に対しては、教学マネジメント政策は分野を問わず、一定の影響を与えていたが、授業外学習、アクティブラーニングなどは分野によってもその意味付けは異なっていた。分析課題3において、学部・学科での日常的な教学マネジメントの取組が、教育改善を実感させるうえで有効であったことも示唆的である。一律に全分野に一定の教育方法や考え方を押し付けるのではなく、それぞれの分野に即した内発的な議論と実践を高めていく方向で政策的な誘導やインセンティブが設計される必要がある。

　第二に、教育改善のための負担の大きさはきわめて深刻で、負担が大きすぎることが教育改善効果を感じられない要因になるという本末転倒の結果につながっている。負担をかけすぎずにどのように協力し、教育改善を高めるかを考えなければならない。

　第三に、教育改善への評価を高めている経験とそうではない経験に分かれている点である。学部長などの役職、学部の教務委員長などを経験することは、教学マネジメント政策の認知度は高めているものの、政策を評価するかどうかについては見解が分かれている。学部の教務委員長を経験することで、政策の認知度は高くなるが、同時に政策の評価も低くなっている。第二の論点とも深く関わるが、負担感を下げつつ、前向きにどのように組織的に教育を良くしていけるかを考え、実践していく必要がある。

　第四は、教育改善に向けた執行部の役割の大きさである。適切な情報を学部や教員に提供し、自発的に取り組んでもらうことが必要であるし、分野等の特性などをふまえた対話的な姿勢も重要である。しかしながら、現状では

必ずしも十分ではなく、工夫の余地が大きい。

　教学マネジメント政策は、補助金要件や認証評価等でも重視されており、その運用次第で、分野による違いを軽視して一律的な形で導入することやそのことによる現場への負担増につながりかねない。少なくとも今回の教員調査から改めてそうした懸念が浮かび上がった面もあり、こうした点を改善していくことが政策の面でも、各大学で推進していく上でも重要なのではないだろうか。

第3章　アンケート調査から見えた学習成果の可視化の諸相

安田 淳一郎

はじめに

　本章では、アンケート調査の質問項目のうち、学習成果の可視化に関する項目に焦点をあて、回答データのクロス分析(1.)、および自由回答の分析(2.)を行った結果を示す。また、分析結果から得られた示唆(3.)として、学習成果の可視化に関する教育政策が大学の教育現場にインパクトを与えるために必要と考えられる事項をまとめる。さらに、学習成果の可視化の事例(4.)として、山形大学が開発した「基盤力テスト」を取り上げ[1]、3.でまとめた示唆に関する、山形大学の現状と課題について考察する。本章の記述は、『教学マネジメントに関する調査研究報告書～大学の現場の実態分析と教員・学生に届く実質化の提言～』第3章「アンケート調査の分析2：アンケート調査の学習成果の可視化に関する分析」(pp.17-35)を下敷きに、これを整理し山形大学の事例、およびその考察を加えたものである。

　分析対象とした主なアンケート項目は、表1-3-1の通りである。分析結果を簡潔に表現するため、以下では各項目の略称(同表)を併用して表記する。これらの項目に加え、問1の属性情報の一部も分析に含めた。

　表1-3-1で挙げた質問文の回答形式は、「よくあてはまる」「あてはまる」「あまりあてはまらない」「あてはまらない」の中から一つを選択する形式であった。以下の分析では、「よくあてはまる」「あてはまる」を肯定的回答、「あま

1　著者(安田)は2023年9月30日まで山形大学に在職し、基盤力テストの開発・実施・分析・報告に係わる業務に従事していた。

表 1-3-1　本章で分析対象とした質問項目

項目番号	質問文	略称
2-5	学習成果の測定を目的とした共通テスト（外部業者や学内で開発したテスト）が利用されている	共通テスト＿利用度
2-8	教員が協力して教育改善を進める話し合いの機会が設けられている	教育改善＿話し合い
4-3	ポートフォリオ等の学生の学習進捗管理システムは有効な仕掛けである	ポートフォリオ＿有効性
4-5	学生の学習成果の可視化を推進すべきだ	可視化＿推進
4-6	学習成果の測定を目的とした共通テスト（外部業者や学内で開発したテスト）の活用は組織的な教育改善に役立つ	共通テスト＿有用性

りあてはまらない」「あてはまらない」を否定的回答と分類して集計し、分析結果を簡潔にまとめた。

1.　回答データのクロス分析

1.1（分析 1）　設置形態別にみた共通テストの利用度

　表 1-3-2 は、「1-e. 設置形態」と「2-5. 共通テスト＿利用度」のクロス分析の結果を示したものである。共通テストの利用度が高いと回答した教員の割合は、設置形態ごとに 23.7%（国立）、33.9%（公立）、53.9%（私立）であり、国公立大学に所属する教員よりも、私立大学に所属する教員の方が、所属学部での共通テストの利用度が高いと認識していることがわかる。その理由として、私立大学では外部業者が開発したジェネリックスキルテストの利用が多いこ

表 1-3-2　「1-e. 設置形態」と「2-5. 共通テスト＿利用度」のクロス分析結果

		学習成果の測定を目的とした共通テストが利用されている		
		肯定的（利用度 高）	否定的（利用度 低）	合計
設置形態	国立	62 (23.7%)	200 (76.3%)	262 (100%)
	公立	61 (33.9%)	119 (66.1%)	180 (100%)
	私立	687 (53.9%)	587 (46.1%)	1274 (100%)
	合計	810 (47.2%)	906 (52.8%)	1716 (100%)

とが影響している可能性がある。実際、上記の結果を「達成度評価のあり方に関するアンケート調査」（大学基準協会 2021, p.97）の設置形態別の分析結果と比較すると、「汎用的能力を測る学部のテスト（PROG 等）」の実施に関する分析結果との整合性が確認できる。

1.2（分析 2）　分野別にみた共通テストの利用度

表 1-3-3 は、「1-f. 所属学部の主な分野」と「2-5. 共通テスト＿利用度」のクロス分析の結果を示したものである。医歯薬看護・健康分野（以下、「医系」）の学部に所属する教員の 64.8% は共通テストの利用度が高いと認識しており、これは全分野の中で最も多い。その理由として、医学部・歯学部の学生を対象した国家試験の模試や、共用試験が実施されていることが挙げられる。また、それ以外の分野における共通テストの利用度は、人文（45.6%）、社会（46.7%）、教育（41.9%）に対して、理学（25.4%）、工学（32.0%）、農学（30.3%）であり、文系分野の学部に所属する教員は、医系分野を除く理系分野の学部に所属する教員と比べ、共通テストの利用度が高いと認識していることがわかる。その理由として、文系学部では、PROG 等の外部業者が開発したジェネリックスキルテストの利用が活発なことが影響している可能性がある。文系学部の

表 1-3-3　「1-f. 所属学部の主な分野」と「2-5. 共通テスト＿利用度」のクロス分析結果

		学習成果の測定を目的とした共通テストが利用されている		
		肯定的回答	否定的回答	合計
所属学部の主な分野	人文科学	125 (45.6%)	149 (54.4%)	274 (100%)
	社会科学	172 (46.7%)	196 (53.3%)	368 (100%)
	理学	16 (25.4%)	47 (74.6%)	63 (100%)
	工学	56 (32.0%)	119 (68.0%)	175 (100%)
	農学	27 (30.3%)	62 (69.7%)	89 (100%)
	医歯薬看護・健康	297 (64.8%)	161 (35.2%)	458 (100%)
	教育	67 (41.9%)	93 (58.1%)	160 (100%)
	その他	51 (39.2%)	79 (60.8%)	130 (100%)
	合計	811 (47.2%)	906 (52.8%)	1717 (100%)

教員が理系学部の教員と比べて共通テストの利用度が高いと認識している傾向は、「達成度評価のあり方に関するアンケート調査」（大学基準協会 2021, p.350）における「汎用的能力を測る学部のテスト（PROG 等）」の実施に関する大学類例別の分析結果と整合している。

1.3（分析 3）　共通テストの利用度とその有用性に係わる認識の関係

表 1-3-4　「2-5. 共通テスト _ 利用度」と「4-6. 共通テスト _ 有用性」のクロス分析結果

学習成果の測定を目的とした共通テストが利用されている	学習成果の測定を目的とした共通テストの活用は組織的な教育改善に役立つ		
	肯定的回答	否定的回答	合計
肯定的回答	607（75.0%）	202（25.0%）	809（100%）
否定的回答	325（35.8%）	582（64.2%）	907（100%）
合計	932（54.3%）	784（45.7%）	1716（100%）

　表 1-3-4 は、「2-5. 共通テスト _ 利用度」と「4-6. 共通テスト _ 有用性」のクロス分析の結果を示したものである。クロス表の ϕ 係数は 0.39（$p<0.1$）であり、所属学部で共通テストの利用度が高いと認識している教員は、共通テストの有用性が高いと認識している傾向があることがわかる。ただし、共通テストの利用度が高いと認識している教員の 25.0% は、共通テストの有用性が低いと認識しており、共通テストの利用方法によっては有用性を感じられない教員も一定数いることが推察される。一方で、共通テストの利用度が低いと認識している教員の 35.8% が、共通テストの有用性が高いと認識しており、これは他大学における共通テストの活用状況等を鑑みて、共通テストへの期待感を持っていることが窺える。

　上記の分析から、共通テストをどのように活用すれば、組織的な教育改善に結びつけられるのか、という課題が浮かび上がる。共通テストの結果を組織的な教育改善につなげるための条件として、たとえば、教員が協力して教育改善を進める話し合いの機会が設けられていることが挙げられよう。そこ

で、次の分析では、組織的な教育改善の要因を探索する試みとして「2-8. 教育改善＿話し合い」に着目する。共通テストの利用度が高いケースを分析対象とするため、「共通テスト＿利用度」に肯定的な回答データを抽出し、「教育改善＿話し合い」および「共通テスト＿有用性」に関する回答の割合を算出したものが**表 1-3-5** である。

表 1-3-5　「4-6. 共通テスト＿有用性」の要因を探索するクロス分析結果

教員が協力して教育改善を進める話し合いの機会が設けられている	学習成果の測定を目的とした共通テストの活用は組織的な教育改善に役立つ		
	肯定的回答	否定的回答	合計（共テ利用高）
肯定的回答	515（76.4%）	159（23.6%）	674（100%）
否定的回答	92（68.1%）	43（31.9%）	135（100%）
合計	607（75.0%）	202（25.0%）	809（100%）

　クロス表の ϕ 係数は 0.07（$p<0.5$）であり、所属学部で共通テストの利用度が高いと認識している教員は、教員が協力して教育改善を進める話し合いの機会が設けられている場合に、共通テストの有用性が高いと認識している傾向があることがわかる。ただし、カイ二乗検定の結果は 5% 水準で有意でありながら、ϕ 係数の値は小さいため、教員同士の話し合いの機会は一つの要因ではあるものの、他にも要因があることが推察される。共通テストをどのように活用すれば、組織的な教育改善に結びつけられるのかについては、今後の調査研究を通じて状況把握を深め、検討を重ねていくことが求められる。

　共通テストの有用性に関しては、分野によって教員の認識が異なることも想定される。次の分析では、その分野ごとの差異について見ていく。

1.4（分析 4）　分野別にみた可視化推進に有効な方法

表 1-3-6　「可視化 _ 推進」の方法に関する分野別クロス分析結果

		両方肯定	ポートフォリオ のみ肯定	共通テスト のみ肯定	両方否定	合計 （可視肯定）
		・ポートフォリオ等の学生の学習進捗管理システムは有効な仕掛けである ・学習成果の測定を目的とした共通テストの活用は組織的な教育改善に役立つ				
所属学部の主な分野	人文	94 (48.5%)	39 (20.1%)	25 (12.9%)	36 (18.6%)	194 (100%)
	社会	113 (41.5%)	57 (21.0%)	42 (15.4%)	60 (22.1%)	272 (100%)
	理学	17 (37.0%)	13 (28.3%)	7 (15.2%)	9 (19.6%)	46 (100%)
	工学	59 (45.0%)	30 (22.9%)	20 (15.3%)	22 (16.8%)	131 (100%)
	農学	21 (36.2%)	16 (27.6%)	6 (10.3%)	15 (25.9%)	58 (100%)
	医系	244 (60.5%)	34 (8.4%)	92 (22.8%)	33 (8.2%)	403 (100%)
	教育	54 (40.9%)	43 (32.6%)	19 (14.4%)	16 (12.1%)	132 (100%)
	他	46 (46.5%)	23 (23.2%)	11 (11.1%)	19 (19.2%)	99 (100%)
合計		648 (48.5%)	255 (19.1%)	222 (16.6%)	210 (15.7%)	1335 (100%)

　表 1-3-6 では、学習成果の可視化を推進すべきと認識している教員が、どのような可視化の手法が望ましいと考えているのかを分析するため、「可視化 _ 推進」に肯定的な回答データを抽出し、「ポートフォリオ _ 有効性」および「共通テスト _ 有用性」に関する回答の割合を分野別に算出した。なお、理学および農学分野では、分析対象となる回答数が少ないため、結果の不確かさについて注意が必要である。

　ポートフォリオおよび共通テストの両方に対して肯定的な回答の割合が高いのは、医系分野で 60.5% である。ポートフォリオに対して肯定的であるが、共通テストに対しては否定的な回答の割合が高いのは、教育分野で 32.6% である。共通テストに対して肯定的であるが、ポートフォリオに対しては否定的な回答の割合が高いのは、医系分野で 22.8% である。ポートフォリオおよび共通テストの両方に対して否定的な回答の割合が高いのは、農学分野で 25.9% である。

　医系分野で学習成果の可視化を推進すべきと認識している教員の内、共通テストの有用性が高いと認識している教員の割合は 83.3%（両方肯定の割合＋

共通テストのみ肯定の割合)に上る。この要因として、1.2(分析 2)でも述べたように、医系分野では国家試験の模試や、共用試験が実施されていることが挙げられる。教育分野で学習成果の可視化を推進すべきと認識している教員の内、ポートフォリオの有効性が高いと認識している教員の割合は 73.5%(両方肯定の割合＋ポートフォリオのみ肯定の割合)に上る。これは、教職課程の「教職実践演習」で、「履修カルテ」等により履修履歴の把握が求められていることが影響している可能性がある[2]。学習成果の可視化を推進すべきと認識しながら、ポートフォリオおよび共通テストの両方に対して有効性・有用性が低いと認識している教員の割合は少ないが、全分野の加重平均で 15.7% に上る。学習成果の可視化の方法として、ポートフォリオおよび共通テスト以外にどのような可能性が考えられるのか、今後の調査研究を通じた状況把握の深化が求められる[3]。

2.　自由回答の分析

　本節では、アンケート調査の自由回答の分析から浮かび上がった、学習成果の可視化に関する課題を述べる。本調査が全国の大学教員を対象としたことを踏まえ、個々の教員の率直な意見から諸相を捉えてみたい。分析の根拠として、各回答の一部を抜粋し、原文のまま表記した。各回答の全文、および本節で取り上げていない回答については『教学マネジメントに関する調査研究報告書〜大学の現場の実態分析と教員・学生に届く実質化の提言〜』(大学基準協会 2023, p.23)のリストを参照されたい。

2.1 学習成果の可視化の限界について

　学習成果の可視化に関する意見の中で、学習成果の可視化には限界があるという趣旨の意見が一定数見られた。

- 学修成果の可視化や数値化は重要だが、可視化や数値化には限界があり、

2　早田(2023a, p.118)も同様に推察している。
3　定期試験、小テスト、課題レポート等の利用も想定されるが、これらの学習達成度ツールとしての有効性については慎重な検証の必要性が指摘されている(早田 2023b, p.307)。

その限界を埋めるための方策がもっと議論されるべきであると感じる。
（教授・私立・人文）

- 学修成果の可視化は重要だが、現時点での評価の在り方には不備／不足を感じる。多彩な学問的志向と可能性を持つ学生が大学教育を受ける時代にあって、大学教育に対する要求は格段に多様化している。ポートフォリオに代表される多様化対応の効果は期待できるが、ポートフォリオ自体が学修内容の階層化を前提としている以上、「教育・学修における学びの道筋の多様化」まで評価することは難しい。（准教授・私立・リベラルアーツ）

- 1 つの授業において、DP の項目それぞれをどの程度扱っているかを数値で示すのはとても困難に感じます。その点で可視化の作業には限界を感じます。（教授・国立・教育）

- 学習成果の可視化は、すべて否定する立場ではありませんが、可視化が不可能な要素もあるのではないかと考えます。（教授・公立・医系／看護）

- 共通テストでは学習成果の一部しか測れないと考えます。分野別の共通テストを作成しようとしても、専門分野は多岐にわたっており、ごく基礎的な部分の学習しか測定できないと思います。（大学が関与する）課外活動での学びも測れません。（准教授・私立・バイオサイエンス）

　学習成果の可視化に限界があることは「教学マネジメント指針」（2020, p.22）でも示されているように明白なことであるが、それを意識的に取り上げる意見が多いことには何らかの理由があると推察される。たとえば、一部の大学では学習成果の可視化に関する目標に対して手立てが大幅に不足している、つまり、「評価目標」と「評価手法」の間に大きな乖離があり、その状況が一向に改善されていないのではなかろうか。松尾（2023）も指摘しているように、「理念的な枠組みで作られた各種ポリシーはしっかりしている反面、実際の評価指標の妥当性・信頼性は脆弱でそこには大きな壁がある」のが実情なのかもしれない。

　このような場合には、長期的な視野に立ち、評価目標を段階的に設定することが求められるであろう。当初から、専門教育、および教養教育で習得す

べき、すべての知識・能力・態度を寸分違わず可視化することを目標にすると、途方もない作業になるということが想起され、着手することすら困難になる可能性がある。

- 学習成果の可視化も、資格系の学部と違い、一般の社会科学系では困難な点が多く、様々な試行は行っていますが、絶対的な目標となると、完全な達成は難しいと思います。（教授・私立・社会）
- 「全てを可視化、定量評価しなければならない」という理解の元、学内で議論が投げかけられる場面がありますが、実情との差異に困惑や混乱が生じているように感じます。（教授・私立・芸術系）
- 「学習成果」の可視化など即時的な達成を求められるが、それ自体監査文化の産物である。物事には、すぐに達成されない可視化され得ないものがあるという事実に立ち返るべき。それが教育的怠慢につながってはならないが、何でも可視化できるという信仰は、一度立ち止まって問い直されるべき。（講師・私立・人文）

　評価目標に関しては、何を目的として（多くの場合は、教育改善であろう）、どのような学習成果を、どれほどの期間で、どこまで可視化し、どのように活用していくのか、アセスメントプラン策定の重要性を改めて確認したい。同プランの策定においては、学問分野間で把握・可視化に関する従前の取組の有無や蓄積等の格差があること（「教学マネジメント指針」2020, p.23）など、各分野における評価研究の進捗状況に応じた限界があることを考慮することも求められるであろう。

　評価手法については、1.2（分析 2）および 1.4（分析 4）で分野間の差異が見られたことを踏まえ、各分野の特徴に着目したい[4]。歯学部では国家試験の模試が実施されており、この結果を活用して授業改善に取り組んでいる事例がある。

- わたしの所属する学部（歯学部）は、歯科医師国家試験合格という明確な

4　PROG や TOEIC®、TOEFL® による全学的な測定・評価ツールの採用状況は「達成度評価のあり方に関するアンケート調査」（大学基準協会 2021, p.94）で分析されている。

目標があります。そのため一般学部に比べ、組織的にシラバスや各講座の連携・調整といった改革・改善がしやすいと思います。また、学習成果の確認のため、外部業者のテスト（いわゆる模擬試験）を受験することも習慣的であり、その結果を活用して授業の改善に役立てています。（教授・私立・医系／歯）

同様に、資格試験の合格率の向上を目標の一つとして位置づける学部では、共通テストを学習成果の可視化の手法とする事例が他にもあると考えられる。

- 共通テストに関しては国家試験との関係も考慮する必要があると思います。（教授・公立・医系／看護）

では、資格の取得を主要な目標としない学部の場合、学習成果の可視化の手法についてどのような検討が行われているのか。一部の分野では、Discipline-Based Education Research（DBER、学問分野別教育研究）に基づく検討がなされている[5]。たとえば、物理学分野では、Newton力学の概念理解度を測定する評価テスト「Force Concept Inventory（力学概念指標）」（Hestenes, 1992）が国内でも導入され、アクティブラーニング型授業等の実践の効果を測定するために活用されている（日本学術会議2020）。ほかにも、各分野で授業の効果を可視化するため、各種の評価テストが活用されている事例は多い。しかし、そのような評価テストが大学での組織的な教育改善に活用されている事例は多くない。山形大学における基盤力テストの事例（安田ら2023）等、少数の大学で見られるのみで、拡がりを見せてはいない（山形大学の事例の具体的内容については、4.参照）。学習成果の可視化の手法は存在するものの、組織的な学習成果の可視化には活用されていない理由はなぜなのか、これには今後さらなる調査研究が求められるであろう。

DBERの普及により、各分野での評価テストの開発が進む可能性がある一方で、分野によっては共通テストの利用がなじまない場合も想定される。

- 本務校では、本当に社会に役立つ人材の教育に力を注いできた。複数のカリキュラムを用意している。文部科学省の推進する、外部業者による

---

[5]　DEBRの解説については、本書第2部第1章のほか、大森・斉藤（2018）を参照されたい。

学習成果の測定や、学内で開発する統一的なテストでなじむような学習成果を得るための大学教育プログラムではない。よって、今の、学習成果を求める方向性 (ほぼ強制) には違和感を感じる。(教授・私立・人文)

• 「学習成果の把握・可視化」について　教育の評価は、その授業の学習目標 (到達目標) に照らし合わせて行われるものであることから、一律に共通テストを受けさせればよいものではないと考えます。(准教授・私立・社会)

そのような分野の一部では、1.4 (分析 4) の結果から、共通テスト以外の手法として、ポートフォリオが活用されている状況が窺えた。ただし、自由回答の分析からは、ポートフォリオの運用にあたって、講師の職階にある若手教員に負担が重くのしかかっている実態も見える。

• 年々、ポートフォリオや色々なテクニックを使って教育をしてきましたが、逆に色々なことが負担になり、改善しようとすればするほど、学生が自分で考え解決していく力を奪っているように感じます。(講師・私立・医系)

• 時間が圧迫される中で、文部科学省等の基盤の補助金により現場の維持・改善が進むものの、学習目標の創設・振り返り、(マイステップ) や学習成果の可視化 (学修ポートフォリオ) への委員を務める中で時間をさらに割いており、学生本位の教育・研究・課外活動のための時間と労力を取りにくくなっている。(講師・私立・農学)

• ポートフォリオの作成は必要なのかもしれませんが、その分の時間を捻出するには従来業務を削減しなくてはなりません。しかし現状はそのようになっておらず、超過勤務と持ち帰り仕事で時間を作っているのが現状です。(講師・私立・社会)

• 学生が毎年度作成する教職ポートフォリオは、担当教員がチェックしコメントすることになっているが、小中高と異なり信頼関係を築くほどに授業を持っているわけではない教員が、どこまで学生の学びを支えることができているのか疑問で、ただのチェック機能というだけで負担感が重くなっている。(講師・公立・教育)

- ポートフォリオなどが学生にとって有益なフィードバックになっているのか疑問を感じる。作業に時間がかかるだけで、本当の振り返りや深い学びが実現できるのか、よくわからない。（講師・国立・理工学）

ポートフォリオの運用にあたっては、学生の自己調整学習を支援するなど、担当教員に過度な負担を求めない方式を探る必要があるのではないか。学修成果・教育成果の把握・可視化が、学生・大学の双方にとって相応のコストを要することは、「教学マネジメント指針」(2020, p.23) でも指摘されており、負担軽減の方策を検討することの必要性についても確認しておきたい。

このほか、学習成果の可視化を内包する教育の質保証に関して、把握した学習状況をどのような方法論に基づき、組織的な教育改善に活かすことが可能なのか、という課題についても十分な検討がなされているとは言い難い。

- 医療サービスが Evidence-Based Medicine で画期的な進歩をしているように、教育や教学運営もデータに基づく方法論を有効に利用して改善できると望ましい。まだその端緒についたばかりで、実際どのようにデータを生かしていくかはこれからになる。教育プログラムの評価に成果の可視化を利用して、プログラムの改善に生かすところまではまだ到達できていない。そのロジックも方法論も完成していないように思われる。（教授・私立・社会）

上記の 1.3（分析 3）でも、共通テストの利用方法によってはその有用性を感じられていない教員も一定数いることが推察された。

評価結果の活用の在り方を検討する必要性は従前より指摘されており、鳥居 (2023, p.152) は学習成果の検証結果の活用を促進する上で、「IR (Institutional Research) 機能の強化および実質的な運用」を課題の一つとして挙げている。では、IR 機能の実質的な運用のためには何が必要だろうか。たとえば、学習成果の可視化の方法に分野ごとの特徴があることを踏まえれば、評価結果の活用においても、分野ごとに検討することが望まれよう。その検討に際しては、学部・学科等の役割を重視し、学部・学科等が主体となることが求められるのではないか。ここでは、評価結果の活用を促進するための一案として、学部・学科等が主体となってアセスメントプランを策定し、評価結果の

活用まで検討することを提案したい。

2.2 可視化可能な学習成果に着目することへの懸念

　次に、学習成果の可視化に関する懸念として、「可視化可能な一部の学習成果のみ重視されることにならないか」という趣旨の意見が一定数見られた。

- 学習成果とその可視化については、常に難しさを感じている。短期的なものは測れるが、大学での学修はそれが後の人生や専門性において活かされるものかどうか等、長期的な評価の方が重要であると思います。(教授・私立・他)

- 基準づくり、可視化が大事なのはよく分かるが、数値化できて可視化できるものばかりを成果として評価するのは大学という教育機関を評価する際にはまちがっていると思う。(教授・私立・人文)

- 芸術分野における教育では、オリジナリティというものが重要視されます。ここで言うオリジナリティとは、工学教育等における客観的で再現性のある差異ではなく、自己の中から発見される主観的なものです。これらを見いだす力を育成するためには、「自己の中で多様な変化を感じる」「自己の中に他者との差異を発見する」といったことが重要な要素の一つと考えます。ただ、これらは他者からの定量的で客観的評価は難しいものであります。また、こうした力は、個々の授業で個別に部分的に形成されるものでもなく、総合的に時間をかけて形成される物と考えます。一方で、芸術分野でも、定量的に客観的に評価可能な分野として、テクニック (作り方、使い方) の面があります。この面においては可視化は可能だと感じますが、それだけを主とした場合、前述の要素が抜け落ち、イノベーションは生まれにくく、「真似は上手だが、新規性や革新性がない」といった状況に陥ってしまいます。ルーブリック等も、客観評価可能な要素のみを抽出して、学生に提供することは、学生が「ルーブリックの要素だけを満たせば充分」といった理解になっていることも懸念されます。社会にイノベーションを提供することは、芸術学部の重要な使命の一つと考えますが、それを実現する力を育てるために、可視化や定

量評価がそぐわない面があると日々感じています。（教授・私立・芸術系）

　これらの懸念には、十分な対応が求められるであろう。松尾（2023）が指摘しているように、「評価を上げるために、その指標の向上が目的化」してしまうおそれもある。対応可能なこととしては、たとえば、教学マネジメントに関する共通的なガイドラインで、測定可能な一部の学習成果への偏重に関する注意を促すことも一案と思われる。また、これと合わせて、可視化することが困難な、暗黙的な知識・能力・態度としてどのようなことが挙げられるのか、そのような知識・能力・態度は、どのような授業でどのように習得できるのか等について、分野ごとに整理しておくことも望まれはしないか。たとえば、このような整理の結果を文書にまとめ公表しておくことは、カリキュラム、および授業の多様性を確保していく上で、有益性が高いと考えられる。

3.　小括

　本章の分析結果をまとめると、学習成果の可視化に関する政策が大学の教育現場にインパクトを与えるために、以下のことが必要と示唆される。

① 　一部の大学では、学習成果の可視化に関する目標に対して手立てが大幅に不足しており、その状況が一向に改善されていない可能性が窺えた。このことから、評価目標については、長期的な視野に立ち、目標を段階的に設定することが肝要と考えられる。具体的には、何を目的として、どのような学習成果を、どれほどの期間で、どこまで可視化し、どのように活用していくのか等について、達成可能なアセスメントプランを策定していくことが必要である。

② 　評価手法については、各分野で共通テストの有用性に関する認識や、ポートフォリオの有効性に関する認識に違いが見られるなど、分野ごとの特徴が明らかになった。この結果を踏まえれば、学習成果の可視化の方法については、Discipline-Based Education Research（DBER、学問分野別教育研究）に基づき、各分野の特性に応じて検討を深めていくことが必要と考えられる。

③　共通テストの利用方法によっては、その有用性を実感できていない教員も一定数いることが窺えた。また、可視化した学習成果を教育改善に活かす方法論が確立していないとの指摘も注目された。評価結果の活用においては、評価方法に分野ごとの特徴があることを踏まえ、学部・学科等の役割を重視し、学部・学科等が主体となって検討を進めることが必要と考えられる。

④　学習成果の可視化を目的としたポートフォリオの運用にあたっては、若手教員が過度な負担を感じ、疲弊している実態が垣間見えた。この問題については、学生自身がポートフォリオを通じて自己調整学習に取り組めるよう支援する方式に改める等、担当教員の負担を軽減するための対応が望まれる。

⑤　学習成果の可視化を推進するにあたり、「可視化可能な一部の学習成果のみ重視されることにならないか」という趣旨の懸念が一定数見られた。測定可能な知識・能力・態度への偏重に関しては、教学マネジメントに関する共通的なガイドライン等で明確に注意を促す必要があると考えられる。

4.　山形大学における学習成果の可視化

　本節では、共通テストを用いて学習成果を可視化し、組織的な教育改善に活用している事例として、山形大学における「基盤力テスト」を取り上げる。併せて、3. でまとめた示唆①〜⑤に関する、山形大学の現状と課題について考察する。

4.1 基盤力テストの概要

　山形大学では基盤力テストを独自に開発し、2017 年度より全学的に実施している。基盤力テストの目的は、山形大学の 1 〜 3 年次における基盤共通教育を受けた学生の学習達成度を機関レベル、および教育課程（プログラム）レベルで可視化し、教育効果を検証することである。基盤力テストは各年次の新年度・始業時オリエンテーション等で全学的に実施され、年度ごとに教

育の成果、および課題を把握することが企図されている。

　2023 年度の基盤力テストの出題科目は数学、物理、化学、生物、数的文章理解（データサイエンスに係わる科目）、語彙力、英語の 7 科目である。文系学部生は数的文章理解、語彙力、英語のみを受験し、理系学部生はすべての科目を受験する。全学部対象科目の受験者数は 1 学年あたり 1700 名程度、理系学部対象科目の受験者数は 1200 名程度である。過去 6 年間の解答率は 1 年次が 95 〜 99%、2 年次が 74 〜 95% である。

　各科目の解答形式はすべて多肢選択式であり、受験者はスマートフォンを用い、山形大学が開発したアプリ「YU Portal」を通じてテストに解答する。出題数は各科目 5 〜 7 問ずつで、1 問につき 3 分の制限時間が設けられている。テスト結果は、各科目の解答終了時に、スマートフォンの画面上で即時フィードバックされる。

　基盤力テストでは出題方式として、コンピュータ適応型テストを採用している。この方式では、受験者の解答に応じて出題される設問が最適化される。たとえば、1 問目に正答した場合は、2 問目により難易度の高い設問が出題される。これにより、受験者の学習達成度と設問の難易度のミスマッチを減らすことで、テストの解答時間を大幅に削減できる。

　基盤力テストは、山形大学で基盤共通教育を担当する教員 5 名が開発している。テストの初期開発では、院試の過去問や DBER に基づく概念指標等（例えば、前述の「Force Concept Inventory（力学概念指標）」）を参考にし、科目ごとに 30 〜 70 問を作問した。開発した設問については、予備試験に基づく妥当性評価を行い、妥当でないと判断された設問はテストから除外した。基盤力テストは当該の教員 5 名を含む「基盤力テスト・ワーキンググループ（以下、基盤力テスト WG）」が中心となり、開発、実施、分析、報告等の運用業務を担っている。

4.2 基盤力テストによる学習成果の可視化の一例

　図 1-3-1 は、農学部生の化学の平均能力値[6]を入学時と 2 年始業時で比較し、

6　項目反応理論における θ の平均値。

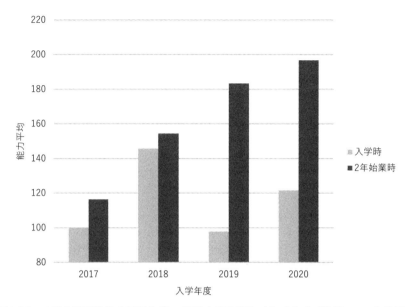

図 1-3-1　山形大学農学部／ 2017 年度～ 2020 年度入学生／ 1・2 年次／化学のテスト結果

入学年度 2017 年度から 2020 年度までの推移を表したものである。横軸は各入学年度、縦軸は 2017 年度入学生の入学時能力平均を 100、標準誤差を 10 として規格化した指標である。

　図 1-3-1 より、入学時の能力平均は入学年度によってばらつきがあることが読み取れる。たとえば、2018 年度入学生の入学時能力平均は、他年度の入学時能力平均よりも高い。一方、化学の 2 年始業時能力平均は、毎年度上昇していることが読み取れる。さらに、入学時と 2 年始業時の能力平均の差に着目すると、2019 年度以降の入学生については、2018 年度までの入学生と比べてその差が顕著に伸びていることがわかる。

　以上の分析結果をもとに、山形大学農学部の化学に関する 1 年次教育の課題と成果を以下のように整理できる。山形大学農学部では 2017 年度当時、近年の入試の多様化に伴い、学生の学力差が顕著になっており、化学を含む理数系科目を得意としない学生への対応が課題とされていた（これは基盤カテ

ストの結果からも裏付けられていた）。そこで 2019 年度より、多様な学力を持つ 1 年次の学生が農学を学ぶために必要な基礎的な知識・理解を得ることを目的として、「農学のための基礎化学」を含む理数系科目群（選択科目）を基盤共通教育で新たに展開することにした。図 1-3-1 の結果は、この新カリキュラムが意図通りの成果を挙げていることを示す、エビデンスの一つとして捉えることができよう。

　山形大学では、上記のような分析結果を学習成果の可視化の事例として記事にまとめ、学内報「ぱれっと」にシリーズで掲載している[7]。同記事の作成過程では、部局執行部経験者にインタビューを行い、カリキュラム改革の経緯、および、基盤力テストの分析結果に係わる所感を聞き出している。このような記事の作成は、山形大学における学習成果の可視化を学外に伝える情報公表の一環として、また、基盤力テストの成果を学内外に伝える「基盤力テストの成果の可視化」としても位置づけられる。

4.3 山形大学における学習成果の可視化の現状と課題

　小括 (3.) では、学習成果の可視化に関する政策が大学の教育現場にインパクトを与えるために必要と示唆されることをまとめた。それらの示唆①〜⑤に関する山形大学の現状と課題について、以下のように考察する。

　①　学習成果の可視化の限界と長期的なアセスメントプラン

　山形大学で基盤力テストが構想されたのは 2015 年であり、その後、試行調査や設問の妥当性評価を経て、全学的な実施まで 2 年を要した。現時点で測定可能な能力の範囲は 7 科目であり、しかも各科目の一部の能力に限られる。基盤力テストの測定範囲は限定的ではあるものの、測定している能力は各科目における代表的な能力であり、同科目の他能力と相関していることが期待される。今後は、他科目、および他能力にも測定範囲を拡大することも検討しているが、「教学マネジメント指針」(2020, p.17) でも述べられているように、直接的な評価をすべての授業科目で実施することは現実的ではない。

7　2021 年 7 月から 2022 年 4 月まで 4 号分にわたり掲載。

理念と実施負担とのバランスを考慮し、調整を進めているところである。

② DBER に基づく評価手法の開発

基盤力テストの開発では、各分野の初年次授業担当者が設問を作成した。作問に際しては、各分野の評価テスト（先述の力学概念指標など）を参考にするなど、DBER の知見を取り入れている。ただし、これまで作問に取り組んできた分野は DBER に関して従前の取組が進んでいる分野に限られる。学問分野間で学習成果の可視化に関する知見の蓄積に格差があることは「教学マネジメント指針」(2020, p.23) でも指摘されており、今後、基盤力テストの測定範囲を広げようとした際、評価テストの開発に時間を要するケースに直面する可能性も想定される。

③ 評価結果を教育改善に接続する方法論

山形大学においても、基盤力テストで可視化した学習成果を教育改善に活かす仕組みは未だ確立されていない。基盤力テストの結果を含む、多元的な評価結果に基づき、教育改善を推進可能な全学的な仕組みを構築することは、今後の課題である。評価結果の活用に関しては、先述のように、学部・学科等が主体となり、全学的な分析・評価部門（基盤力テスト WG 等）と連携可能な仕組みを作ることが一案と考えられる。

一方、基盤力テストの結果は学生に即時フィードバックされており、学生が学年毎の成長を実感できる仕組みが構築されている。また、ディプロマ・サプリメントに基盤力テストの結果を含める等、学生にとって有益性の高い活用も推進されている。

④ 評価の運用に係わるコスト・負担

基盤力テストはコンピュータ適応型テストであり、試験用紙によるテストと比べ、実施や分析に係わる負担を軽減できている。ただし、現状では、基盤力テストがローステークスな試験であることで、実施負担を抑制できているという側面もある。試験データの精度を高めるため、将来的にハイステークスな試験に移行する可能性も考えられるが、その場合、より厳格な管理が必要となり、実施負担も増大することが想定される。

⑤ 可視化可能な学習成果に着目することへの懸念

山形大学で基盤力テストを運用するにあたり、「可視化可能な一部の学習成果のみ重視されることにならないか」という懸念は、ほとんど表面に現れていない。測定可能な一部の能力のみを重視して、カリキュラムや授業を設計すべきでないことは、皆の暗黙の了解の内なのかもしれない。一方、可視化することが困難な能力の整理に関しては、検討が進んでいないのが実情である。カリキュラム等に関する改善策を検討する際には、暗黙的な知識・技能・態度に関する観点も必要であり、今後の課題である。

5. おわりに

本章では、学習成果の可視化に係わるアンケート項目の分析を踏まえ、学習成果の可視化に関する政策が大学の教育現場にインパクトを与えるために必要と示唆されることをまとめた。そして、山形大学における学習成果の可視化の事例を取り上げ、先にまとめた示唆に関する、山形大学の現状と課題について考察した。

本章で取り上げた基盤力テストのような評価方式は、テストの開発に時間や労力を要し、また、実施にあたり全学的な理解や合意が必要であるため、一部の大学の取組に止まるかもしれない。しかし、直接評価に正面から取り組み、長年の継続により蓄積された知見は、将来、多くの大学および教育研究者が参照可能なものになるであろう。新たな試みとして、基盤力テストの出題システムを協力大学に無償で提供し、試験データの比較分析の結果を山形大学と当該大学間で共有する取組が始まっている。今後、学習成果の可視化に関する様々な取組を通じ、国内外の大学間で連携が拡がることを期待したい。

参考文献

中央教育審議会大学分科会 (2020)「教学マネジメント指針」, 2023/10/31 閲覧, <https://www.mext.go.jp/content/20200206-mxt_daigakuc03-000004749_001r.pdf>
大学基準協会 (2021)『達成度評価のあり方に関する調査研究報告書』, 2023/10/31 閲覧, <https://www.juaa.or.jp/common/docs/research/lab_achieve_report_01.pdf>

大学基準協会 (2023)『教学マネジメントに関する調査研究報告書〜大学の現場の実態分析と教員・学生に届く実質化の提言〜』, 2023/10/31 閲覧, <https://www.juaa.or.jp/upload/files/research/laboratory/%E6%95%99%E5%AD%A6%E3%83%9E%E3%83%8D%E3%82%B8%E3%83%A1%E3%83%B3%E3%83%88%E3%81%AB%E9%96%A2%E3%81%99%E3%82%8B%E8%AA%BF%E6%9F%BB%E7%A0%94%E7%A9%B6%E5%A0%B1%E5%91%8A%E6%9B%B8%EF%BC%880417%E5%8D%B0%E5%88%B7%E4%BC%9A%E7%A4%BE%E7%B4%8D%E5%93%81%EF%BC%89%E5%85%AC%E9%96%8B%E7%94%A8.pdf>

早田幸政 (2023a)「「学習成果」の達成度評価のアセスメント手法とその指標」, 早田幸政編著『「学習成果」可視化と達成度評価―その現状・課題・展望―』(JUAA 選書第 17 巻) 東信堂.

早田幸政 (2023b)「我が国における「学習成果」の達成度評価の意義・課題と展望」, 早田幸政編著『「学習成果」可視化と達成度評価―その現状・課題・展望―』(JUAA 選書第 17 巻) 東信堂.

D. Hestenes, M. Wells, and G. Swackhamer (1992) Force Concept Inventory, Phys Teach 30, 141.

松尾太加志 (2023)「はじめに」, 早田幸政編著『「学習成果」可視化と達成度評価―その現状・課題・展望―』(JUAA 選書第 17 巻) 東信堂.

日本学術会議 (2020)「物理学における学問分野に基づく教育研究 (DBER) の推進」, 2023/10/31 閲覧, <https://www.scj.go.jp/ja/info/kohyo/pdf/kohyo-24-t295-3.pdf>

大森不二雄・斉藤準 (2018)「米国 STEM 教育における DBER (discipline-based education research) の勃興 ―日本の大学教育への示唆を求めて―」『東北大学高度教養教育・学生支援機構紀要』4, 239-246.

鳥居朋子 (2023)「目標の達成に向けた学士課程および大学院における学習成果検証結果の活用状況」, 早田幸政編著『「学習成果」可視化と達成度評価―その現状・課題・展望―』(JUAA 選書第 17 巻) 東信堂.

安田淳一郎・浅野茂・飯島隆広・千代勝実・渡辺絵理子 (2023)「直接評価による教育の質保証―山形大学における基盤力テストの分析と活用―」大学教育学会第 45 回大会発表要旨集録, 128-129.

第4章　現場の声が伝えること
──インタビュー調査で見えてきた教学マネジメントの実態──

森　朋子

1. 教学マネジメントに携わる現場の声を伝える意義

　中央教育審議会大学分科会が 2020 年に出した「教学マネジメント指針」の大きな特徴は、そこに書かれているすべての行いが「予測困難な時代を生き抜く自律的な学修者を育成するため」に帰着するところである。議論の中心は教員でも職員でも大学自体でもなく、常に「学修者」、いわゆる学生が中心に据えられている。学生が学びの主体として教育目標の達成を目指し、学ぶプロセスの中で、それを支える大学は何をしなければならないのか、という手段を説いたものが教学マネジメントだ、と位置づけることができる。繰り返しになるが、目的は「学生が教育目標を達成すること」であり、教学マネジメントはその手段である。

　大学人はそれを頭ではわかっていても、各論にある複雑で難解な「やらなければならない」作業の中では、その目的がいつしか後ろに追いやられ、目の前の課題に意識が埋没してしまう。たとえうまく機能している大学であっても、時には同様に、学生不在の中で作業に取り組むことが起こり得る。それだけ学生が成長するプロセスを支えることは簡単ではない。

　目的と手段が入れ替わる際に生じる学生不在の状況をどのように軽減するのか。またその状況を少しでも改善し、学生を中心とする目的に立ち返るためにはどうしたらよいのか。そのための特効薬は残念ながらすぐには見つからない。しかしまずは他大学の現状を知るところから始めるのはどうだろうか。それは教学マネジメントの Good Practice を知る、ということとは少し意味合いが異なる。それよりも他の大学の課題や苦労はどこにあるのか、担

当者にどのようなリアルな苦悩があるのかを垣間見ることによって、仲間がいるという安心感と、自分自身の現状を少し客観的に俯瞰する目を得ることができる。

　本調査では教員へのインタビューに加えて、学生のインタビューを行っている。まずはその意味について考えてみる。学習研究の視点に立てば、教育の成果は必ず学習者の学びに表れる。教育と学習の関係は、合わせ鏡のようであり、学びの成功は教育の成功、また逆も然りである。そうすると、教学マネジメントの成果は、必ず学生の学習に映し出される。だからこそ今回は学生の声にも注目する。一点残念だったのは、教学マネジメントのプロセスの中には、教職協働で多くの職員が関わっているにもかかわらず、今回は時間の都合で職員の視点から見た教学マネジメントの声を拾うことができなかった。ぜひ次の調査に向けての提案としたい。

　ここでは教学マネジメントに関するそのリアルな日常を、インタビューという方法を介して形にすることで、その効果や課題などを読者のみなさんと共有したい。共感や納得が、時には後ろに追いやられた学生という目的を思い出すきっかけになるはずである。現場の声にはその力がある。なお本章は、大学基準協会の大学評価研究所による調査研究結果をまとめた『教学マネジメントに関する調査研究報告書〜大学の現場の実態分析と教員・学生に届く実質化の提言〜』(大学基準協会 2023) の第4章「インタビュー調査の分析」で執筆した内容に加筆したものである。

2. インタビュー調査の目的

　質問紙調査とインタビュー調査の組み合わせは、現状を知る上でとても有効な手段である。その理由は二種類の「複数の視点の獲得」にある。最初の「複数の視点」は、質問紙調査で得られている幅広い視点と、個別事例においての具体の視点である。全体の大きな流れを確認したあとに、個別事例をその流れの中に位置づけて解釈することができる。次の「複数の視点」は量的調査と質的調査の組み合わせの観点である。量的調査は、多く調査者が用意した選択肢の中から回答を選ぶ。ただその選択肢にズバリ当てはまらないこと

も多々あるだろう。だからこそ微妙な人の心の機微を扱う質的研究が重要になる。またなぜそう思ったのか、という理由の部分を探るのは、質的研究が得意とするところである。

　インタビューという手法をもう少し掘り下げると、個人の語りを聞き取ることは、一人の個人が持つ文脈の中で教学マネジメントがどのように機能しているのか、また位置づけられているのかについて明らかにすることが可能となる。よって本インタビュー調査の目的は、質問紙では拾いきれていない個別事例に焦点を当て、対象となる個人が埋め込まれている文脈の中で、教学マネジメントをどのように位置づけ、その課題や効果についてのリアルな思いを明らかにすることにある。

3. 調査対象と調査枠組み

　質問紙調査を実施した大学の中から、国公私立の設置形態、地域性、学問領域という3つの観点に配慮し、**表1-4-1**にある6大学にインタビュー調査を行った。各大学2、3名の対象者（教員2名程度、学生1名）で合計教員11名、学生6名にそれぞれ30分程度の半構造化インタビューを実施した。半構造化インタビューは、設定したいくつかの設問（構造化インタビュー）に加えて、インタビューイが回答した内容から想起された関連する質問も調査者が随時加えていく手法であり、インタビューイがより自然なコミュニケーションの中で発言できるメリットと、準備した設問以外の状況を把握することに優れている手法である。

　教員対象への質問項目は教学マネジメントに関する内容を中心に10項目聞き取った。役職間の違いおよび組織としての課題を明らかにするために次の2点、①教育政策への理解度、②当該大学・学部における推進の状況を分析対象とした。また学生対象へは13項目聞き取り、学習成果を検証するために、主にディプロマポリシー（以下、DP）に沿ったカリキュラムでの成長感を中心に分析を行った。

表 1-4-1　インタビュー対象となった大学と対応者情報一覧

大学名	国公私	分野	職階／身分		
A 大学	私立	人文社会科学系	教授（役職）	教授（役職）	大学 4 年生
B 大学	私立	〃	教授（役職）	准教授（役職）	〃
C 大学	私立	〃	教授（役職）	准教授（役職）	〃
D 大学	国立	自然科学工学系	助教		〃
E 大学	国立	自然科学工学系	教授（役職）	助教	〃
F 大学	公立	医学系	教授（役職）	教授（役職）	〃

4.　教員に関する分析結果

　聞き取った内容は、インタビューイごとに逐語録を作成し、質問項目ごとにデータを切片化しながら一覧に取りまとめた。それらを読み取りながら分析者である調査研究員 3 名で意見交換を行い、解釈を進めていった。まずは教員によるインタビューである。

4.1 教学マネジメントは役に立っているか

　教員 11 名中 9 名が理解を示し、教学マネジメントが「役立っている」と感じていることが明らかになった。インタビューイに教務委員、学科長などの役職経験者が 9 名いたことも、これらの肯定的な回答に大きな影響を与えていると考えられる。

　「多分役に立っている部分は確かにあると思いますね。（途中省略）それを上手く活かして、さらに大学全体として競争力を上げるために、あるいは学生さんたちあるいは、それから学生さんたちを受け入れてくれる社会のためにですね、少しでも貢献できるようなことの議論にはなっているというふうに思いたいですよね。」(私立人社系教授)

　「学内では賛否両論ありますが、私は役立ってるんじゃないかなと思います。（途中省略）形式的なところが目立ってしまうのですけれども、逆にああいうものが全て無くなってしまいますと、本当に誰も気

> づかないうちに、気づかない事が進んでいくような大学になってしまうのかなと思っております。」(私立人社系教授)
>
> 　「大学教育の改善に有効であることは間違いがないとは思います。そのための負担ですね。いわゆる費用対効果の観点からいいますと、役立ってはいるけど、それが先ほど申し上げました本学の一大課題であります募集にどの程度役立つのかと言うふうに聞かれますとちょっと首かしげてしまうところがありますかね。」(私立人社系教授)

　学士課程教育は授業の積み重ねで構築されることから、学生の学びには常に連続性が求められる。授業ごとの連携が必要になるということは、教員の組織性が求められていることとイコールである。教員団の共通認識を作る、という観点では、教学マネジメントの有効性が示される結果となった。しかし形式的であること、またこの活動が高校教員や受験生・保護者にどのように伝わっているのかについては疑問を呈している。

　その一方で、役職経験者であってもキャリアが浅い、または役職経験者ではない教員は以下のとおり、違う見解を示している。

> 　「内部質保証の問題もなぜやらなきゃいけないのかっていうところがみんなわかってなくて。(途中省略)理解してない上で作られてしまったりとかっていうことがあって。」(私立人社系教授)
>
> 　「正直、あまりポジティブではありません。改革して良くなる部分があまりないと感じます。例えば、書類をたくさん作らないといけないし、新しいワーキンググループを作って議論する時間も増えて、研究と教育の時間がほとんどない状態です。もう時間の限界にきているという印象です。」(国立自然科学工学系助教)

また理解を示していても、現場での運用や作業に関しては大きな苦労が見

られる。

> 「(苦労は)やはり大学全体の方針というものが一方でありまして、もう一方では学部の中での先生方へのご説明というものがありますので、間を上手く調整しながら進めていくということでしょうか。」(私立人社系教授)
>
> 「必要性をみんな実感すれば、多分もうちょっとそこに労力を割いて取り組めると思うんですけれども、なかなかその機械的に情報が降りてきてっていうところがありまして。」(私立人社系准教授)
>
> 「非常に学習成果の可視化っていうのは何をもって評価するのかという可視化はすごく難しいなあと感じています。」(公立医学系教授)

　教学マネジメントや内部質保証そのものの理念は、それらに携わる機会がある役職経験者であれば、十分に理解していると言える。しかし学部等のコミュニティにおいて、すべての教員にその理念が十分に浸透しているとは言えず、単なる作業となり、その作業への負担を強く感じる傾向があることが改めて確認された。さらに大きな苦悩は、大学全体と所属する学部との調整である。その理念が十分に浸透していない学部コミュニティに向けて、教学マネジメントの必要性を説くことになる。特に多くの学部教員は研究者として養成されているため、マネジメントやガバナンスと言ったことから疎遠であることもあり、不満や批判を、時には一手に引き受けなければならない状況もあり得る。これは大きなストレスである。また学習成果の可視化に関しては、教育学習の研究者であっても難題である。ただここには正解はない。難しくても測ろうとする努力が求められる。

4.2　DP に向かって組織的に教育がなされているか

　この質問の回答は大きく二分された。教学マネジメントは個人の教員の努

力だけでは成し遂げられない。前述したように、学びの連続性を担保するためには、教員同士、同じ目的に向かって進む組織をどのように作るのかが大きな課題である。その中で、まずはDPに向かう大切さと組織的に教育がなされているという意見を抜き出す。

> 　「組織的にもやっていると思います。（途中省略）それぞれの科目とかでもそれから実習も複数の教員が関わりますので、それぞれのところでもそういう検討会をしていると思いますので、かなり全体的にやってるんじゃないかなと。」(公立医学系教授)
>
> 　「共通認識を持つっていうためには、育成すべき人材像みたいなところっていうのは大事なんじゃないかなというふうに思います。あとはやっぱり学生、社会に対するメッセージ、そして、当然、学内、学部内で（途中省略）ストーリーを描くときの、ちょっと言い方はあれかも知れないですけど、ツールとしては非常にいいのかなと」(私学人社系教授)

　その一方で、組織として同じ方向に向かうことに困難を感じている教員もいることが明らかとなった。その理由としては、分離キャンパスなど地理的な問題、またアカデミックの価値観を共有していない実務家教員の存在、またコロナ禍でのコミュニケーション不足などが挙げられる。また職階の違いで入ってくる情報にも差があることも指摘された。

> 　「キャンパスが分かれていて、（途中省略）先生同士の研究室も別々にありますので、なかなか（むずかしい）ですね。」(私立人社系教授)
>
> 　「オンラインで行われる会議も増えてまいりましたし、数年前に比べますと井戸端会議的なものはちょっと減ってしまったのかな」(私立人社系教授)

> 「(実務家教員は)三つのポリシーという話をしても、<u>なかなかこう伝わらない</u>っていうところがあるかなと思います。」(私立人社系准教授)

> 「下の人間まで届いているように改革はされているんでしょうけど、<u>なかなかわたくしのほうで実感できるかというと、そこまでではないかなって。</u>」(国立自然科学工学系助教)

さらに DP に関しては、そこに向かって教育が行われているという前提やその手続きに疑問を呈する声もある。

> 「<u>非常に形式主義</u>なんですね。AP、DP にしたってですね。その言葉で書けと言われれば、さらさらと書いてしまうんですけれども、それが本当に教育学的な意味で学習者にとって、まあ、<u>成果は学習者に反映されなきゃはっきり言って意味がないわけで</u>、その検証っていうのはきちんとされているのかどうか。」(私立人社系教授)

> 「(DP も)<u>作れって言われたから作ってるわけですけども、大学全体のからほぼ変更がない</u>わけですね。なので、はいはいと言って作ったとしか言いようがないです。学部卒の学生に、それを全部満たしたから学位あげましたかっていうと、そうではなくて、やっぱそこの学科の卒論レベルっていうのは厳然としてあってですね、それをクリアしていればいいでしょと言うふうになってると思います。」(国立自然科学工学系教授)

教学マネジメントとして、教員集団が共通の目標や認識を持って学生を教育することが重要な観点である中で、DP は直接的な人材育成目標であると同時に、組織文化を醸成するコミュニケーションツールとしても機能することが分かった。しかし組織的に動く、ということと DP に向かって教育が行

われている、ということを切り分けて考えなければならない現実も明らかになった。医学系ではその後に国家試験が控えていることから、教員団の意識もまとまりやすく、全体で動いていることが聞き取れているが、それは DP に向かっているということとは違うニュアンスが含まれている。同様に理系に関しても、DP というよりも学術分野ごとの到達水準が DP よりも上位概念として設定されている現状がある。また DP が前述のように目標やツールとして機能せず、形式的な作業にとどまってしまう危険性も指摘されている。

4.3 大学教育の改革・改善に関して、何を思うのか

　これが教員に対する最後の質問項目である。多くの教員が少し時間をかけて考えをまとめていたのが印象的だった。インタビューの時間を共有した調査者として、ポジティブなこととネガティブなことの双方のどちらから話そうか、といったインタビューイの雰囲気が印象的だった。それは結果として、希望と課題の両面の意見で現れている。まずは希望的な意見から紹介する。

> 　「コロナってピンチでもあったけど、色んなことを試す機会でもあったかなっていうふうに認識しています。で、それをですね、うまく取り込んで、新たな学びの場とか機会とかっていうのを提供できたらいいなと思います。」(私立人社系教授)

> 　「ひょっとすると、もう少し何か大学全体の管理とかマネジメントについては教員の側も学びが必要なのかなと感じています。」(私立人社系教授)

　その一方で、若手の研究者からは悲鳴のような声が上がっている。またこれからの長い大学人としてのキャリアに失望すらしている様子であった。

> 　「自分の研究時間もほとんどとれない状況です。研究をしているのか、大学運営をしているのか、自分の職業がわからない状態です。私

> はまだ助教ですが、職位が上がれば本格的にそうした状況になるので
> はないでしょうか。」(国立自然科学工学系助教)

　本調査では、同じ大学教員でも大学運営に関しては、経験者と未経験者との意識に大きな差がみられることが明らかになった。大学教員は、教育、研究、社会貢献等が主な職務である中で、研究においては、日本が今よりもさらに研究力を上げ、世界と渡り合うためには、若手の研究者のフォローは不可欠であると著者は強く感じている。しかし教育に関しては、一人だけではなく組織性が求められる。学生を育てているのは授業の連続性であるカリキュラムであるからこそ、そこに関わる教員たちの共通の思いが必要ということになる。

　次に学びの主体である学生が教学マネジメントをどのように捉えているのか、について報告する。

5.　学生に関する分析

　学生へのインタビュー調査は、大学が選出した6名の4年生に実施した。いずれも優秀な成績を収め、順調に単位を取得していた学生たちである。そして前向きに学業に取り組み、輝かしい未来のキャリアと今がつながっているという実感を有している。その具体例を次に記す。

5.1　所属する学部(・学科)のディプロマポリシーを知っているか

　まずはこの質問から始めている。教学マネジメントにおいて、教育目標ともなるDPは、学びの主体である学生たちにどのくらい認知度があるのだろうか。

> 　「入学のときに大学の説明会の時に見た覚えがありますかね。ただ、
> それっきりだったと思います。」(私立人社系)
>
> 　「(周りの友達でDPを知っているか) いや、読んでないですよ。」(私立人

社系)

> 「(画面共有提示後、初めてみたかという問いに)すいません、そうですね。」(国立自然科学工学系)

　このインタビューに参加した学生はいずれも各大学での優秀者であることが想定される中で、DP の認知度は低い。ほぼ全員が、そういうものがあるのはぼんやりと理解はしているが、内容は分からないと答えている。その後、調査は DP に関する質問が続くことから、ここで所属の DP を学生に一度示し、目を通してもらった上で、次の質問に移る。

5.2 DP にあるような能力は、授業や大学生活の中のどこで育成されているのか

　多くの大学の DP は、資質・能力をベースに書かれている。それらは講義を聞くだけでは育成することは難しい。それでは学生たちはどこで育成されたと思っているのかを尋ねてみる。

> 「かなり教養科目の幅広いので反映されていると思います。卒研もそうですし、ほかの専門科目でそれが培われるんじゃないかなと思います。」(国立自然科学工学系)

> 「自分でまず考える時間が有るような講義(授業)が結構あるので、そういう中で、いろんな物事の見方とかもそうですし、どうやって問題を解決していったらいいのかっていう過程を学んで。(途中省略)自分が考えたことだけじゃなくて、それをほかの人と共有して問題解決を目指して行くっていうところで、こういう力が身に付いていってるのかなっていう感じがします。」(私立人社系)

> 「主体性と多様性協同性の当たりはゼミを通して一つの問題に対して班の中で話し合ったりとか。」(私立人社系)

> 「大学 4 年生になって研究室に配属されたのですが、その<u>研究室内</u><u>でその社会問題を解決できるような</u>研究ということで、今いろいろ実験をしたりしているので、そこは合っているかなとは思いました。」(国立自然科学工学系)

　複数名から挙がっていたのは、ゼミ教育の重要性である。これは日本の大学の大きな特徴でもある。想像するに、その少人数のゼミ形式が 1 つの社会組織として機能し、専門知識を中心としてゼミの先輩後輩関係や指導教官との関係性などが資質・能力の育成に効果がある、と捉えられているのだろう。また一方で、ゼミの研究テーマそのものが社会性がある場合もある。その対比として、教養教育での成長実感も興味深い。専門知識に加えて、幅広い視点で議論される教養教育は、大きな学びの場である。この発言からみても、専門教育と教養教育はまさに学士課程教育を構成する両輪であることが分かる。またアクティブラーニング等の教育方法も、DP にあるような資質・能力の育成の場になっていると学生たちは感じている。
　その一方で、授業以外の活動についても言及している。

> 「学内インターンとか。(インターンそのものというよりも、他学部の学生と)そこですごい初めこいつやべえ優秀だなみたいなのがいっぱいあったので。それがすごい役に立って役に立つというか、刺激になりましたね。」(私立人社系)
>
> 「コミュニケーション能力とかそういった能力はやはりサークル活動とかの方が身に付けやすいのかなとは思います。また学生間で相談したりすることで成長したかな。アルバイトにおいても、社会的責任だったりとかが身につくかなと思います。」(国立自然科学工学系)

ここでは DP を達成するのはカリキュラムだけなのか、という疑問を呈し

たい。キャリア講座やピアサポート、また部活・サークルなど大学が整える
さまざまな学習環境で、学生たちは自己が成長する実感を持っている。これ
らカリキュラム外の活動も、重要な学びの要素として位置づけることはでき
ないか。例として愛媛大学や京都文教大学、桐蔭横浜大学では、正課と正課
外の間に位置づく準正課というプログラムを設け、大学が見守る中で主体的
に活動するピアサポートプログラムを設置している。また昨今、そのガバナ
ンスの難しさが話題となっている部活動に関しても、積極的に教学マネジメ
ントの重要な範疇として位置づけていく必要を強く感じている。

5.3 DP に掲げてある知識や汎用的能力の育成のために、授業が体系的に組まれているか

　教学マネジメントの組織性を確認するために、これまで学んできたカリ
キュラムにおける授業の体系性について尋ねてみた。

　「一回生の頃から概論がまず必修で受け入れるような形になってお
りまして、二回生から応用っていうふうに組まれていた。話の流れ的
には理解しやすいようにされているかなというふうに感じておりま
す。」(私立人社系)

　「やっぱり1年の頃は全体的な基礎みたいなのが授業があって、で
2年、3年とどんどん専門的な分野に、そういうふうに考えたら、研
究する能力を身につけるっていう点にはすごく合ってるんじゃないか
なっていうふうには思いますね。」(私立人社系)

　「うまく体系化されてたと思います。感覚としては4年間ちゃんと
真面目にやったら入学したときよりは、ある程度こういう力が身につ
くと思うけど手を抜こうと思えば抜けるじゃないですか大学って。だ
から、そういう人もまあいるっちゃいるので。全員が全員身につくも
のではない。7割ぐらいはちゃんとやってこういう能力が身に付いて

卒業できるかなと思うけど、3割ぐらいはちょっと分からないかなって。」（公立医学系）

学生は全員、授業は体系的に組まれていると答えている。これはまさに教学マネジメントの1つの大きな成果であると感じている。ただ最後の学生のコメントに気になる内容があった。つまり体系化されているカリキュラムがあるだけで学生がDPを達成するわけではない、という事実である。「真面目な学生」＝動機づけが高く、自律的に学ぶことができる学習者を意味しているので、この学生層はその方向性を示すだけでも十分にDPに向かって学びを進めることができる。しかし「手を抜こうを思う学生」は、いわゆるダメな学習者ではなく、要支援者として位置づけるのが適切であろう。方向性を示すだけではなく、頻繁な声がけや面談などさまざまな学修を支えるセイフティネットワークを張り巡らし、下に落ちないように支えていく必要がある。それも質問に来るのを待つのではなく、密なコミュニケーションの中で信頼関係を築き、プッシュ型で支援を行っていく必要がある層だ。その意味で、教学マネジメントは、学習支援もセットで考える必要がある。

5.4 大学教育全般への要望

学生への最後の質問として、大学教育全般への要望を聞いた。その答えとして、いずれの学生からもアクティブラーニングに類する希望が出されたことに驚きを隠せない。また培った資質・能力を発揮する場も求められている。

「教授のかたの専門性に沿って、ずっと説明を受けるという形でもいいんですけど。どちらかというと、<u>その話を聞いた上で自分はこう思ったっていうふうな共有する時間とかを持ってやると、自分の理解の仕方だったり、ほかの人から見たら理解の仕方も感じ取れます</u>。」（私立人社系）

「学生に勉強しろ勉強しろって先生方が言うんだったら、じゃあ勉

強した成果を見せる（プレゼンテーション大会や論文懸賞などの）<u>アウトプットの場を学内でも提供してくれと。</u>」(私立人社系)

「学生の人数がすごく多い。<u>教員と話す機会っていうのが少ないなあっていうのがとても感じる場面がありましたので、何か分からないこととか質問とかあっても少しちょっと相談しにくいというか</u>」(国立自然科学工学系)

「<u>話し合いの機会が多かったらいいなとは思います。</u>」(国立自然科学工学系)

「一方的な授業よりは<u>自分で考える時間がちゃんと</u>（あるといい）。」(公立医学系)

　この 6 名の優秀な学生たちは、学士課程教育の中でもっと考える授業、人と関わる授業、そして自分の力を確認するステージを求めている。多くの研究者は、それらはゼミや学会で提供できると考えているかもしれないが、この意見は、一通りを経験した 4 年生の秋の時点の 6 名の感想になる。それを考えると、まだまだ十分ではないのではないか。またゼミ配属以前の 1、2 年生の中には、大人数講義による専門基礎科目の中で、先ほどの「手を抜こうと思う学生」は沈んでいく傾向にある。学習支援は今後、さらなる工夫が求められる。

　インタビューを受けた 6 名の学生はそれぞれ十分に所属の学士課程において成長感を持ち、積極的に学習に取り組んでいた一方、学びの主体である学生が到達目標である DP を意識せずに学習していたことが明らかになった。今回は紙面の文字数の関係で記すことができなかったが、シラバスに関する質問に対しても、多くは授業内容や成績の基準について確認をするだけで、DP との関りが意識されることはない。学生のインタビューにより、学生にとって教学マネジメントは一定の成果を生んでいる一方で、まだまだ取り組

む課題が山積している。

6．本調査では何が明らかになったのか

　本調査では教学マネジメントが現場でどのように捉えられ、また機能しているのか、そして教育の作り手である教員がどのような感情を持っているのかをインタビューで捉えることを試みた。限られた人数の調査ではあるが、そこから見えてきたものは 3 点ある。

　1 点目は教学マネジメントの理念やその意義は、役職経験者か否か、どの職階か、どの学術分野かによって捉え方が大きく違うということである。役職経験者には一定の理解がある中で、助教や入職してから間もない若手の教員にはその必要性はあまり届いていない。また学術分野という視点であれば教学マネジメントやガバナンスといった考え方が馴染みやすい学部とそうでない学部とが存在することが明らかになった。その中でも自然科学工学系や医学系は、マネジメントという観点では組織的に行われているものの、その到達目標が大学独自の DP であるというよりも、教員自身の経験に基づくものであったり、国が定めた課程認定であったりしている現実がある。これまで三つのポリシーの策定等どの大学も一定のルールにのっとって一律に作成を行ったが、教学マネジメントの一層の実質化を図っていくために、今後は学術分野や大学の機能分化などを考慮に入れた多様な取組を模索することが必要になっているではないか。

　2 点目は、1 点目が起因となり、結果として教学マネジメントが単なる作業となり、一部の教員に重い負担となっている現状が明らかになった。それらが、教育課程の実際の確認や見直しのきっかけとなり、それを通じて、学生たちの学習環境や学習姿勢、ひいては学習成果の向上へとつながる道筋をどうつけていけるのか、どう見えるものとし、それを教育組織・教員間で共有できるのかが課題であるといえよう。視点は変わるが、例えば、教育の質保証が入学者確保につながることなども、特に私立大学においては大きなモティベーションになるところではあるが、高校生には届くメッセージとして機能していないことがさらにその負担感を増している。大学が積極的に情報

公開を行うことは社会的責任として必須とは言え、大学ポートレートがその機能を果たしているとは言い難い。多く資質能力ベースで書かれているDPが、高校生に届くメッセージとして機能するためにはまだ何かが欠けているようである。

　3点目はカリキュラムによって成長した実感を得ている学生らであるが、その到達目標であるDPを知っている学生は少ない事実である。学びの主体である学生がどのような資質能力を身につけるべくカリキュラムが組まれているのかがわからないまま日々の学習に取り組んでいる事実は大きな課題として捉える必要がある。学生主体という考え方は、学生が学び手として自身の選択に責任を負うということに他ならず、ひいては教育にかかる学生参画の活動にもつながる。また社会で必要とされる汎用的能力の育成を学生らは求めており、まさにアクティブラーニングがその役割を果たす。しかし授業においては未だにコンテンツが中心である現状がある。研究者として生計をなす教員と、転職の時代を生き抜くことになる学生との間で、コンピテンスの必要性への認識にずれがあるのではないか。

7. 今後の教学マネジメントに思うこと

　再度、『教学マネジメント指針』に戻ろう。ここには、その意義として「学修者本位の教育の実現を図るための教育改善に取り組みつつ、社会に対する説明責任を果たしていく大学運営すなわち教学マネジメントがシステムとして確立した大学運営の在り方を示す」ためと書かれている。しかしその膨大な作業の中で、どちらかと言えば「社会に対する説明責任」の観点におけるリアルな声が多く聞こえてきた。それは特定の人物にこの負担のしかかっていることにもつながる。

　多くの教職員がこの一連のプロセスに関わることで、その作業を通じて教学マネジメントの本質を理解するFD・SDとして機能することはできないか。インタビューにもあったように、大学教員であれば、学部運営や大学運営におけるマネジメントやガバナンスの学びも必要である。

　本調査において、学生がのびやかに成長しているさまをリアルな声で示す

中で、「学修者本位の教育の実現」という、大学人であれば誰しも賛成するこの理念において、教学マネジメントという行為を捉え直す必要性を強く感じている。目標と手段が取り違えられる苦しみから解放されるには、学生の学びと成長に思いを馳せることが一番の特効薬になるのではないか。それには形式的な組織性だけでなく、ラーニングコモンズならぬスタッフコモンズ等で、日常的に学生の成長について意見交換するような場づくりが有効なのかもしれない。

　再三の繰り返しになるが、すべての行いが「予測困難な時代を生き抜く自律的な学習者を育成するため」であるならば、その主体である学生が目標となるべき DP を知らない、ということは大きな課題である。ある意味、どこに行くのか分からない電車に乗っているのと同様であり、そこに主体性や自律性といった用語は見当らない。ただ他律的に運ばれていくだけである。だからこそ、入学後であっても DP を何度も学生自身が確認し、今の成長度合いをチェックできるような仕掛けが重要になる。今回、紙面上に示すことができなかったが、学生に「授業で身に付いた知識や能力が可視化され、目に見える形になって、自分で確認できる仕組みやシステムはあるか」と尋ねた。残念ながら学生自身の認識の上では、6 名全員が「(たぶん) ない」と答えている。教学 IR などで学生の学習成果を可視化する取組がさまざまされてはいるが、その結果を学生個人にフィードバックし、教育的な意味を持たせるようなシステムの必要性があるのではないか。すでに取り組んでいる大学の事例もある。学生自身が長い道のりの中で、今、自分がどれだけ到達したのか、を直接評価、間接評価を交えて確認することで、学生不在の教学マネジメントとはならないあり方を模索したい。この電車の目的地をしっかりと理解した上で、自ら選択して電車に乗ることが重要である。そして教学 IR は、単なる証拠づくりから学生の成長を促す教育データとして機能することが望ましい。教員、職員、そして学生がともに DP を意識しながら共通認識を作る教学マネジメントの重要性がますます大きくなる。

参考文献

中央教育審議会大学分科会 2020,「教学マネジメント指針」, 11/1 閲覧, <https://www.mext.go.jp/content/20200206-mxt_daigakuc03-000004749_001r.pdf>

大学基準協会 2023,『教学マネジメントに関する調査研究報告書～大学の現場の実態分析と教員・学生に届く実質化の提言～』, 2023/11/1 閲覧, <https://www.juaa.or.jp/upload/files/research/laboratory/%E6%95%99%E5%AD%A6%E3%83%9E%E3%83%8D%E3%82%B8%E3%83%A1%E3%83%B3%E3%83%88%E3%81%AB%E9%96%A2%E3%81%99%E3%82%8B%E8%AA%BF%E6%9F%BB%E7%A0%94%E7%A9%B6%E5%A0%B1%E5%91%8A%E6%9B%B8%EF%BC%880417%E5%8D%B0%E5%88%B7%E4%BC%9A%E7%A4%BE%E7%B4%8D%E5%93%81%EF%BC%89%E5%85%AC%E9%96%8B%E7%94%A8.pdf>

第5章　教学マネジメントの現場における多元的現実

藤村正之

1. 大学のあるエピソードから──「ガクチカ」

　本章を大学のあるエピソードから始めさせていただくこととしたい。

　学生たちの会話の中によく登場する、「ガクチカ」という言葉がある。筆者は最初に聞いたとき、学食という言い方があるから、地下の学生食堂のことであろうかと思ったりした。実際は、「学生時代に最も力を入れたこと」の若者言葉的な略称である((ガク：学生時代)(チカ：力(ちから)))。学生たちが挙げる「ガクチカ」は、部やサークル活動、留学やアルバイトの経験、社会貢献活動への参加であったりすることが多い。コロナ禍の 2020 年春入学──2024 年 3 月卒業の学生たちは自粛生活やオンライン学習を長きにわたって強いられ、先のそれらは学生時代に充分には取り組めない活動であったことから、就活のエントリーシートからその項目記載をはずす企業も現れているとの話もあった。

　筆者自身、先にふれたような学生たちの「ガクチカ」の書き方に慣れてしまっており、アドバイスを求められてもそのような内容を書くことを例示したりするのだが、翻って「学生の本分は勉強である」という言い方に鑑みるのであれば、「ガクチカ」に大学時代の学生たち自らの学習や研究が書かれない、少なくともそれで書こうとする発想が薄いことは実は一考を要するところと考えられる。学生たちが自ら主体的に取り組んだからこそ、部・サークル活動や留学、アルバイト経験などは「ガクチカ」に書ける、そういう関係がある。教学マネジメントが、学生たちの主体的で深い学びをめざして改革を進めていくものであるならば、学生たちが抱えている上記のような現状

を踏まえることから始めていく必要もあるだろう。学生たちの実情への認識を共有しながら、教学マネジメントの実情と今後のあり方を検討する本論に入っていくこととする。

2. 課題の所在と比喩的視点の設定

2.1 課題の所在

本書の基となっている大学基準協会大学評価研究所の「教学マネジメントに関する調査研究部会」は大学教育改革の現況に鑑みて、2021年秋に設置された。筆者の視点でその概況から触れていく。教育改革の現況とそこでの疑問は次のようなものである。「教学マネジメント」という言葉はここ10年ほど用いられ、各大学において、さまざまな制度的改革の取組がなされてきた。そこには、法令準拠として設定されたものもあれば、認証評価など外部機関の関与を通じて図られてきたこともあり、また補助事業・補助金を通じて誘導的に整備されてきたものもある。しかし、それらの改革に基づく制度の形は作られたのだが、それらは教育の現場において適切に機能して、学生たちに実質的な効果を及ぼしているのだろうか。むしろ、それらが矢継ぎ早に来るために、教職員は形を作るところまでで大きな負担となっており、それらの諸制度を使い、動かして充実させるというより、形を整えたところで終わっていることも多いのではないか。発足したこの調査研究部会においても、部会メンバー自身の教育・研究の経験、教員周囲の学内外の状況、大学運営の経験を語ることから始まった。その中で、個々の教員たちにはある程度の改善実感もあるものの負担感や不全感、それゆえの疑問や不満もあり、その一方で、学生たちの学習や経験蓄積のために有益であるならば何かしたいという姿勢も教員たちに垣間見えることなどが披瀝された。

調査研究部会の研究成果とそれらに基づく提言などについては、本書の個々の論考で論じられている。筆者の観点から、調査全体での若干の要点に触れるならば、教学マネジメントについての教員たちの理解や認識は分野・職階・役職経験などによっても異なり、それらの運営で感じられる負担感を少しでも和らげるために、改善の意義を具体的な活動の中で組織的にも共有

すること、分野や大学の機能分化に応じた各々にふさわしい改編も許容されるべきであること、分野ごとの一定の教育専門性をもった人材の育成も考えられることなどが課題としてあがってきた。また、学生たちは教育プログラムを通じての成長の実感をもちつつも、必ずしもディプロマ・ポリシー（DP）を理解して、そう認識しているというわけでもなかった。そこでは、学習者中心の学びという観点から、伸ばすべき資質能力とカリキュラム・教育方法との関連などについて、学生自身の理解を促進していくことやそのための学生参画の方策も求められることが明らかとなった。上記の諸点を通じて、調査研究部会としては、教学マネジメントのアップグレード、「教学マネジメント 2.0」の取組が提案されていることになる。

2.2 高等教育関連組織の配置への比喩的視点

　本章は、上記のような調査研究部会の活動に携わった一員として、より大学現場のリアル感に近いところで、教学マネジメントの実情と筆者が考える課題を検討しようとするものである。その際、筆者の勤務経験の関係で、主に私立大学から見た諸側面に関し、述べていくこととなる。大学現場のリアルな状況を検討する作業に先立ち、ある思考実験に触れておきたい。それは、教学マネジメントの背景にある大学改革・教育改革の流れの位置づけを考察するために、高等教育に関する関連組織の配置を、音楽における楽曲とオーケストラの関係に比喩をとってみることである。他の社会現象に比喩をとることで、当該分野だけだと固定的になりがちな視野を柔軟にすることが期待されるとともに、比喩の先で確認される諸事象・諸点を比喩の元に戻って再検討する視点を得ることができると判断される（藤村 2014）。

　まず、音楽の側の組織配置からふれていこう。楽曲は音楽的構想をもつ作曲家によって作られる。そして、その作曲を演奏用にアレンジする編曲家たちによって編曲がなされていく。それらの作曲家・編曲家の営みは譜面を通じて、具体的な演奏を担うオーケストラの楽団へと伝えられる。その譜面は楽団の指揮者によって解釈され、その解釈による指揮者の指揮によって、楽団の各パートの演奏が導かれていく。そして、演奏家たちの力量に基づく演

奏が聴衆の耳へと届けられる。そのような演奏過程は、楽団自体の組織的運営、音楽ホールの整備、コンサート開催の諸業務にあたるスタッフの活動によって背後で支えられている。

　では、そのような楽曲とオーケストラの流れに、高等教育における具体的組織・役割を例えていくとどうなるか。まず、作曲家にあたるのが高等教育政策を担う文部科学省ということになる。文部科学省でなされた作曲の基本形態が大学設置基準のような形で各大学へ提示され、それへの設置申請が直接大学からなされるような関係のあり方がまずある。他方、作曲をさまざまな趣向をもって演奏可能なように編曲していく作業に該当するのが、例えば文部科学省の諸基準や高等教育政策の方向性などを勘案し、大学基準協会や大学改革支援・学位授与機構などによる認証評価があるであろうし、また、日本学術振興会や日本私立学校振興・共済事業団（以下、私学事業団）などによる補助金を通じた補助事業があり、それらを通して大学運営に一定の影響が及ぼされていく。日本学術会議も学術の推進を担う機関であるが、「分野別質保証参照基準」の作成・公表などを通じて、大学の質保証との関連が出てきている。外部機関による大学支援の諸側面は音楽の編曲にあたるという位置づけが可能であり、作曲の主旋律をきわだたせつつ、編曲は作曲の特定の側面を浮き上がらせていくともいえる[1]。

　音楽ホールに参集するオーケストラの楽団が各大学であり、そこにおいて、譜面に示される作曲・編曲を受けとめ、楽曲の解釈をしていく指揮者に該当するのが、学長や大学執行部といえるであろう。そこにおいては、作曲家・編曲家の意図を読むということが文科省や外部機関の方向性を把握することにあたり、演奏家たちの力量を考慮した指揮が学部・学科の実情への配慮という側面になろう。その指揮者の指揮下にあるのが、各楽器のパートリーダーにあたる学部長・学科長となってくる。そして、各パートにいて、指揮者・パートリーダーの指示を基本に演奏する演奏家たちが個々の大学教員という

1　羽田貴史によれば、日本私立大学連盟、日本私立大学協会などの大学団体が中間団体とされているが、本章で論ずる、大学にとっての外部機関たる大学基準協会、私学事業団なども質の異なる中間団体ということができよう（羽田 2019, p.285）。

ことになってくる。楽曲に関する、それらの大きな流れの最終地点に、オーケストラの演奏を聴く聴衆として学生たちが存在していることになる。さらに、それら楽団全体の動きを組織的に支えているのが大学の各担当事務部局の面々である。彼らの活動がなければ、楽団のメンバーもコンサートホールではなく、路上ライブでもやるしかないことになる。これら組織間の概略と基本的位置関係を配置すると**図1-5-1**のようなものとなる。

　基本的位置関係をそのようなものだとして、具体的な演奏の評価はどうなるか。オーケストラでの演奏が聴衆にとって聞き心地のよいものである場合もあれば、そうでない場合もあろう。後者の場合、その理由はどこに求められるか。演奏家の演奏が充分でないということもありうるし、指揮者の指揮が楽曲との関係でこなれていないということもあろう。音楽ホールの音響的整備が足りなかったということも考えられる。もちろん、聴衆にとって、そもそも聞き慣れていない楽曲であり、聴衆の側の聞く耳が充分でないという

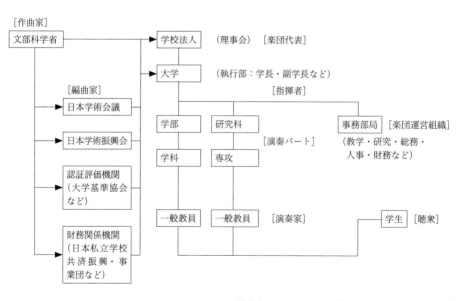

（[ ]内はオーケストラに比喩を取った場合の位置づけ）

図1-5-1　高等教育関係の主な諸組織の見取り図（私立系において）

こともありうる。翻って考えれば、作曲そのものがどうであったのか、また、編曲が演奏やそれらのオーケストラの諸条件を充分に考慮したものであったのかという点もあがってこよう。現実には、それぞれに何ほどか充分でない点を抱えつつも、最終的に聴衆の心情に響くものにならなかった要因がどこらへんにあったかを詰めていく作業は、次の演奏を成功に導くために意味があろう。

　高等教育政策の流れと組織の位置関係を楽曲とオーケストラの関係になぞらえたわけであるが、そこには教学マネジメントの問題として、オーケストラの演奏に比せられる、官僚制と組織関係、組織と個人という関係に目配りをしていくことも肝要であるという筆者の考えがある。楽曲がよければ演奏もよいと一概にはいえず、その間にさまざまなずれや揺れが入ってくるということを理解する必要がある[2]。音楽でいえば譜面はひとつであっても、立場によって楽曲の解釈は異なり、大学においても諸規程・諸制度には運用時に裁量の要素が働く。そういう様相が常にあり、譜面と演奏は異なるものであり、大学であれば諸規程・諸制度と実際の教職員の具体的行動は異なることになる。現在、大学教員に就かれているが、元人事院官僚として『職業としての官僚』という著作のある嶋田博子は、新人時代に自らが国家公務員 50 万人の週休 2 日制の制度導入に携わった際の経験での組織運営上のポイントを次のように記している。「学生時代に考えていた『法令を作ればそのとおりに物事が動く』のではなく、『実施できるように条件を整えて、関係者の納得も得た上で、法令を書く』という手順が必要であることを肌感覚で理解した」（嶋田 2022, p.227）。言うまでもないことだが、私たちも大学において、文書ひとつの指示があれば、皆が同様に動くという考えは改めておく必要がある。整えるべき周辺条件の確保、関係者の理解や納得感を充分確認することへの視点も重要ということになる。

2　もちろん、より正確にいえば、各教員は異なる授業を担当し、それらによってカリキュラムが構成されるわけであるから、ここでいう楽曲の譜面が一つということにはならない。ここでは、文部科学省から始まる高等教育政策の大きな流れの影響が各教員にまでおよぶというレベルで比喩を用いている。

3.　教学改革の波の中にある大学内の各立場からの視点

　オーケストラの作曲家・編曲家・指揮者・演奏家という一連の楽曲に携わる人的な流れがあることを確認したが、演奏を担うオーケストラ自体の中にも各々の立場・想いがあることになる。そのことは、同じ楽団員であるはずの大学内においても高等教育政策の見方、大学全体・大学執行部からの指示・連絡事項の理解が立場により異なることを示唆する。

　先に触れたように、ここ 10 年、大学改革や教学改革にかかわる制度は整備されてきたといえようが、大学内において、これらの改革の理解とそれに基づく行動は全体に浸透しているとは言い切れない状況にある。受け止め方は立場によって異なる。筆者の専門領域である社会学の概念を使うならば、そこにあるのは、関連する人々が異なる世界を見ている「多元的現実 (multiple realities)」である。同じ事象に接しつつも、各自に見えている見え方は異なっている。本節では、そのような大学内にいる立場による見方の違いを筆者の勤務経験・評価経験なども交え[3]、現場の状況、現場の声を伝える形で書き留めてみたい。ここでは、その立場の違いをおおまかに、一般教員、学部長、学長・大学執行部、担当職員に分け、その各々について考えてみよう。まず、一般教員から始めていく。

3.1　一般教員から見て

　大学内において、さまざまな教育改善・改革の指示や導入が矢継ぎ早に流れつつも、その意味や文脈がよくつかめず、そのため、一般教員にとって、指示が「また降ってきたよ」という言葉に示される印象になっていることは否めない。近年の諸制度の改善・改革の動きに関しても、大学執行部や担当職員から見れば、これは文部科学省の大学設置基準で指示されていることな

3　管見の限りではあるが、筆者の本務校での役職・委員経験 (教務系センター長、副学長、自己点検・評価委員会委員など)、他大学での外部評価委員経験、大学基準協会での分科会や委員会経験などに基づいて、現場の実情として筆者が見ているものを報告していくこととする。

のか、大学基準協会など認証評価への準備として必要なのか、私学事業団が実務を担う私立大学改革総合支援事業の調査項目なのかの違いがあることを理解していようが、一般教員からすれば、それらのどの外部機関からの確認要請やそれに基づく制度化なのか、あるいは学内のアイデアによる改革なのかの違いが見えないために、一律フラットに改革・改善指示が上から多く降りてくるように見えるということになる。そのため、多くはそれを依頼あるいは指示してくる、学内の総元締めである学長・大学執行部への不全感として蓄積されていく。それは、楽曲全体・楽器全体の譜面がわからないまま、一部の譜面だけ渡されているようなものであろう。また、それらの指示や作業は、各々の外部機関のサイクルで、時期ごと、季節ごとに動いているのだが、どの組織からの確認要請事項なのかわからない一般教員にとっては、毎年毎年、また、途切れることなく、1 年の中でものべつまくなしで指示が下りてくるように感じられることになる。

　このような状況に対しては、一般教員に対して、どのような指示や制度導入が課題となっており、それが学内の発案なのか、それともどこかの外部機関からの要請なのか、それらが一覧でわかるような全体図・案内図を作り、繰り返し示していくことが重要であろう。また、学長や大学執行部が事あるごとにその全体図を繰り返し説明していく必要があることになろう。教学マネジメントの全体の地図のないところで、目的地が見えず露頭に迷っているのが一般教員の現状といえる[4]。

　もちろん、一般教員が大学においてそのような教育改善・改革にだけ取り組むのであればやり方もあるであろうが、教員たちの感覚からすれば、他の業務負担も増えていて、改善・改革を切り盛りすることは容易ではないという感じがある。実は、中央教育審議会大学分科会が出した「教学マネジメント指針」においても、そのことは触れられている。「大学は教職員、校地や

4　川嶋太津夫は中国の言葉「上有政策下有対策」にふれつつ、「どのような教育改革の取り組みも、それが法律によって義務化されて画一的な適用が強制されれば、大学は、それらへの巧みな対応策を工夫する。まさに『上に政策あれば、下に対策あり』である」と指摘する（川嶋 2018, p.120）。

施設設備等を資源として用いて教育活動を行うことになるが、これらの資源は無尽蔵に存在するわけではない。教員は教育以外に、研究や社会貢献に関する活動、様々な学内業務等にも携わっている」（中央教育審議会大学分科会2020, p.3）。

　そのような学内での多様な仕事ぶりに触れると、そもそもの授業準備においてもアクティブ・ラーニングの準備が求められたり、TA/RA などの補助職員がいなければ、出席票の整理に始まり、リアクション・ペーパーの内容整理やフィードバックの準備も自ら行う必要がある。高校までのクラス制であれば受講人数に限界があるが、大学では数百人規模の授業も珍しいことではなく、それらへの対応の物理的作業負担は半端ではない。そして、学業にとどまらず心身の問題も含む学生への指導や対処が必要となっており、学内で学部・学科単位で割り振られる各種委員会での委員任務、他方で、科学研究費などの外部資金をとってくるようにと学内指示があり、その獲得に向けた申請業務、幸運にも採択となれば、その研究費での研究運営で成果を出すとともに予算管理などの業務も必要となってくる。

　さらに、先の「教学マネジメント指針」の文言では触れられていないところだが、研究者として責を果たすべき学外仕事も数多くあり、中堅教員になってくると、それらの科研費を学問分野ごとに審査する日本学術振興会の審査委員の任があたることもある。同時期に、多くが複数加入している学会での学会誌の査読委員、学会運営にあたる各種の委員会・理事会の任務なども次第に回ってくることになる。それら学会の運営仕事の多くは土曜・日曜に入ることが多い[5]。そして、私たちが職業人であるとともに生活者であることから生じる家庭運営や子育て・介護のケアという問題も現代では避けて通れな

5　話が循環してしまうのだが、学内の役職経験教員や担当部局職員が、認証評価での各大学に対する分科会などでの評価委員を担当することで、認証評価に関しての知見・経験を得られるのであるが、自らの本務校における一教職員としての諸活動の時間に制約がかかることもまた事実である。また、いくつかの例では、教職員がかかわる外部機関が複数となり、それら同士での時間配分、エネルギー配分に目配りをし、それこそマネジメントが必要となってくるようなこともある。

い。

　以上のように、大学教員には当該大学での単純な授業のコマ負担数に現れ
ない業務が学内・学外に多く存在し、それらの活動をこなしつつ、教育改善・
改革への取組が求められていることになる。

3.2 学部長から見て

　学部を統率して運営にあたり動かしていくのが学部長であり、一般教員か
らみれば「えらい」立場であるが、本人の自覚においては、学長・大学執行
部と学部教員の間にはさまれた中間管理職的認識が強いといえる。指揮者と
演奏家の間にはさまれたパートリーダーということになる。学部内での投票
での複数候補者選出を踏まえ、学長が任命するなどの方式も導入されてきて
いるが、学部長に就任する方の多くが別な意味で「えらいことになった」と
いう心境になることが一般的なのではないだろうか。

　学部長が教育改善・改革に取り組もうとする前に、学部には多くのルーティ
ン・ワークが存在する。学生の入学から卒業までの学業・生活・学籍にかか
わる教学事項、教員の採用・昇任・退職にかかわる人事事項、教育・研究・
大学運営・社会貢献にかかわる諸事項が教授会では議論・伝達され、学部長
はそれらに関し、指揮を執っていくことになる。それらの業務を経てようや
く、学部長はルーティン・ワークを超えた教育改善・改革の任務に携わるこ
とができる。

　学部長にとって、教育改善・改革の個別の事案ごとに、学長・大学執行部
がどの程度の意向とスピード感をもって本件を進めようとしているのか、他
方、本件にかかわる学部・学科の世論や雰囲気はどう予想されるかの狭間で、
自らどう舵取りをしていけばよいかが悩み多きところとなる。学部内の役職
配置の編成にもよるのであるが、ある大学の学部長経験者はいみじくも、「学
部長は孤独ですから」と話したことがある。学部内に副学部長や教務委員長
など同等クラスで日常的に話せる役職者がいれば悩みの相談も可能であろう
が、そうでない、立場の異なる、例えば一段違う学科長だけがずらりと並ぶ
ような場合、大学執行部が進めようとする案を学部で通していくための算段

をひとりですることに心理的負担というものがかなりかかる。次の第4節で触れる本調査部会のアンケート調査においても、立場相互間のコミュニケーションの充実度という観点では、学長・大学執行部への評価より、学部長への評価のほうが高く、身近に接する機会もあり、意見を伝えやすい学部長はやはり「われらが代表」として好意的に評価される。その分、学部長は学部メンバーと学長・大学執行部の間で板ばさみという状態になりやすい。

　そのような状況もあり、孤独な立場になることもある学部長同士で、大学執行部の意向の想定や各学部の雰囲気を話す機会は重要である。そのような学部長同士だけの場は公式には設定されないので、例えば、学部長会議終了後、その会議室を出て、学部の建物に戻るまでの道すがらの雑談を通じた意見交換や意思疎通に意味があったりする。通常のときであれば学部長会議などの終了後の帰途にそのような意見交換の機能が期待されたのだが、コロナ禍において会議がオンラインになったため、そのような学部長間の率直な話し合いのタイミングも奪われたという嘆きも聞こえてきていた。大学執行部が関与しないところでの、学部長同士のコミュニケーションを通じた意思疎通も学内で物事を理解して進め、気運を高めていくうえでの意外な重要要因と考えられる。それは、体育会組織において、監督に言われるからではなく、主将がメンバーをひっぱっていくことの重要性にも近い。

3.3 学長・大学執行部から見て

　学長・副学長などの大学執行部にとって、少子化もからみ定員確保不安や定員割れ回避や対策が常なる大学の課題であり、そのような背景を踏まえたうえで大学ごとの教学・研究・経営の諸課題が山積みとなっている。大学内での権限や差配・裁量の選択肢はあるとしても、教育改善・改革をどう進めていくべきかに関し、大学執行部も高等教育の全体地図をつかみきれない、迷い道の中にいるということが多くの場合である。大学執行部において、希望してという方もいるであろうが、その役職をやろうとしてやっている人もそれほど多くないと予想されるところ、前述のように学部長は学部内から「俺たちの味方」とみられるところ、「大学執行部」という言い方の背後に一部敵

対心やともかく私たちのことをわかってくれない人たちというニュアンスがうっすらとある様相がある。それこそ、学長以下、同じ教員であるはずなのに、「大学執行部はつらいよ」という気持ちになることもあろう。

　教育改善・改革に向けて、学長・副学長といった大学執行部と学部長などとの密なコミュニケーションが重要ということは言葉としては言えるのだが、その機会を確保することは言うほど簡単なことではない。大学によって異なるが、学長・大学執行部の教員たちも授業担当をもつこともあり、また、法人系・教学系の会議、担当職員たちとのその会議準備のための事前打合せがあり、各種のステークホルダーたちとの交流仕事も入ったりし、昼食もとれるかどうか、役職者の時間が足りないことが実情である。教育改善・改革の方向性や諸制度の整備などに関しても、学部長たちと多くの時間を取って複数回の議論を重ねられるようであれば、学内での制度理解や制度運営の流れも変わりうるであろう。しかし、1回2〜3時間の学部長会議であっても、他の案件も複数あり、1件の議題のみで2〜3時間取ることはできず、すると、その1件の議論にさける時間は多くて20分〜30分ということになる。大学執行部はその件に関し、提案に至るまで、一定程度の時間、検討や案の熟成にあてているわけだが、学部長たちからすると、やや初耳的であったり、その背景や複数案の検討状況まで詳細に知りうるわけではない。学部長たちにとって、学部教授会のメンバーを説得するだけの情報を学部長会議の時間内で得ることは難しいと感じることが多いだろう。どこまでいっても、人は足りないのだが、大学執行部の案・意向・見通しなどを学部長と膝詰めで長く話し合える学長補佐などの役職設置ができれば、コミュニケーションを充実させていく可能性はわずかにあるかもしれない。

3.4 担当職員から見て

　教学マネジメント対応を職務とする部局の担当職員たちは、文部科学省、認証評価機関、補助金助成機関など多種にわたる外部組織から年間を通じて出てくる確認事項や要請事項を切り盛りすることに追われている。彼らは、学内にそれらをどう諮るべきか迷いつつも、締め切りのある外部機関へ

の書類提出のためには、五月雨的にでも学部長など教員組織に課題を提示して、回答を得ていかざるをえない。担当職員たちは、教員たちが研究を重視したいと思っていることを知っているので、教育改善・改革の実作業やペーパーワークを依頼することに遠慮がある。また、依頼した事項への不明点などで教員たちから厳しい指摘を受けることで萎縮してしまうこともある。どの外部機関からきている確認事項・要請事項かの全体像が見えているのは担当部局なのだが、担当部局の職員間でも分担が分かれていればそのような全体像理解もおぼつかない場合もある。担当部局の職員たちは、自らは教員ではないわけだから教育現場やカリキュラム検討の実務に携われるわけではなく、音楽ホールの準備はできても、演奏たる授業やカリキュラム運営の作業は教員たちに任せて期待していくしか手はないことになる。このような点からは、担当部局からの教員組織に向けての情報提供の仕方や工夫が重要であることと同時に[6]、それらの情報を受け止め、理解・対応していく、一般教員で中心的になる教員の活動が最終的には重要であることが浮かび上がってくる。これらの点に関しては、内部質保証や FD、IR にかかわり、制度と実情を理解する教員たちを確実に循環、世代交代して養成していくことが肝要なのではないだろうか。

　昨今、大学の世界では「評価疲れ」という言葉が使われたりしている（渋井2022）。実際には、大学側、評価側ともに物理的・精神的作業負担の多さが課題であろうし、認証評価にかかわる社会的認知やそれこそ評価が充分でないことから、大学側・評価側とも達成感を得にくいという状況が関与してい

6　私立大学職員の勤務経験をもち、進路指導アドバイザーの職にある倉部史記は、理事会・理事長による指揮を基本とする事務職員系のガバナンスと、学長―学部長―学科長―一般教員の流れとして構成される教員系のガバナンスの 2 系列があることでの大学のガバナンスの複雑さを指摘し、その中で事務職員の仕事の可能性を次のように言う。「学内規程が制度疲労を起こしていることを知っているのも、実際に細かな手続きをしている各部署の課員だったりします。上から下に指示を下すだけではなく、下から上に気づきや提案を上げられる組織は強い」（倉部・若林 2023, p.111）。「ある学部でスタートした新しい取り組みが素晴らしい成果を上げたとして、その取り組みを他学部に、さらに全学に広げていくのは職員の役目。学部や学科ではなく大学全体のメリットを考え、部分最適ではなく全体最適のために動くのは、職員に期待されている役割ではないでしょうか」（倉部・若林 2023, pp.239-240）。

よう。この点に大学側の実感を付すとすると、7 年に 1 度の認証評価だけにとどまらず、さまざまな申請業務などで教育改善・改革の現状報告が申請のための基礎資料として問われるようになってきており (川嶋 2018, p.117)、例えば、私立大学改革総合支援事業のように毎年その選定ラインが上げられていくことでの「今年ここまでやったのに、目標はさらにその上か」という心理的徒労感を感じてしまうことが挙げられる[7]。7 年に 1 度の認証評価だけではない、毎年の補助金や申請業務などさまざまな評価指標で大学は見られているというところに「評価疲れ」と感じてしまう実態がある。

　逆に、大学側の事情ということもある。2004 年以来、第 3 期までの認証評価の具体的な作業場面を想定すると、評価資料として提出する各大学の「自己点検・評価報告書」が認証評価第 1 期においては 1,000 頁に近く、第 2 期においては 300 頁ほど、第 3 期においては 100 〜 150 頁ほどとなっている。大学基準協会側としては提出書類の負担を減らしてきているといえるのだが、認証評価は各大学にとって 7 年に 1 度、かなりの強度と緊張度をもって臨む業務であり、7 年間という時間が経過していることによって、学長・副学長などの役職者、場合によっては担当職員の多くは交代しており、その結果、ほとんどの役職者・職員にとって認証評価は初体験の業務ということになる。過去を知らない初体験の人たちにとっては、なにごとも負担がゼロではない以上、自分たちのキャパシティとの兼ね合いで認証評価への不安感とともに負担感を感じることも故なしでない点も考慮しておく必要はあろう。

4. 大学内の実情のデータとして──本調査研究部会のアンケート調査の主な項目

4.1 調査の概況と数値を読む視点

　第 3 節において、一般教員、学部長、学長・大学執行部、担当部局職員など各立場ごとにどのような見方や感じ方があり、その立場が置かれている背

7　補助金の申請を考えている大学は、次年度の選定ラインの数値の上昇も想定しつつ、どの項目についても得点を稼げる、いわば「取りこぼし」のないような学内準備をしていく必要がある (佐藤 2019, p.79)。

景・構造がどのようなものか、私の経験や見聞きする知見から記述してきた。それらはミクロな実情であるわけだが、それらを踏まえつつ、それら大学関係者の実情を全体分布としてマクロに大きくとらえるとどのようなものとなるか。本調査部会では、教学マネジメントの実態を明らかにするために、アンケート調査とインタビュー調査を行っており、そのうち、アンケート調査に関する本格的分析は、本書第1部第2章の両角論文、同第3章の安田論文においてなされている。この節では、それらアンケート調査のうち、本章での記述の傍証になりそうな主な調査項目に関し、その単純集計結果に関して紹介し、その状況を考察していくこととしたい。

　本アンケート調査の回答対象者については、学部長や学科長などの役職者も一部抽出するよう各大学に依頼しており、教学マネジメントに関しての情報や理解に関し、一般教員よりは触れる機会が多いと推測される人たちが回答者の中に一定数含まれていることを踏まえる必要がある。それら情報に通じていると想定される人たちを含んでも、なおそれらの数値にとどまるということになる。また、アンケートの質問項目において、4つの程度別に選択肢を設定し、それから1つを選ぶ方式（1. よくあてはまる、2. あてはまる、3. あまりあてはまらない、4. あてはまらない、のような選択形式）で、前2者を肯定回答、後2者を否定回答などとしてまとめて2つのグループとして作り直し、分析にあたるのが一般的であったりする。しかし、今回の調査では、私自身も社会調査を経験する中で珍しい経験であったが、2番目の「あてはまる」に該当する肯定的だが消極的な回答に関し、肯定性の薄い、むしろほぼ中立回答とみたほうがよいという印象をもった。おそらく、大学基準協会が行っている調査であることを回答者は理解して調査に臨んでおり、肯定寄りの回答、否定寄りの回答のどちらにするかに際して、迷った設問項目に関して、あまり波風立てないほうがいいだろうと考えて、消極的肯定が選ばれている可能性があることを踏まえておく必要がある。以下の数値説明では、基本的には肯定した回答の数値のみを取り上げるが、数値の記載においては「よくあてはまる」と「あてはまる」を合計した肯定的回答の比率をまず先に記載し、次に（　）内に肯定的回答のうちの積極的肯定（「よくあてはまる」）の比率を記載していく。

4.2 主な集計結果と背景の考察

　ここで取り上げる質問は、1) 教育評価の業務負担感と教育改善の実感、2) 政府や外部機関の公表文書に関しての認知、3) 学内のコミュニケーションの様子、4) 教員の勤務時間に関しての理想と実際の配分の 4 つの系統とする（表 1–5–1）。

　まず、教学マネジメントの基本的取組である、1) 教育評価の業務負担と教育改善の実感についてである。設問の結果は、「教育評価のための業務が負担になっている」82.1％（37.4％）、「教育改善の補助金により現場の教育改善が進んだ」49.3％（7.3％）、「認証評価は教育改善に役立っている」60.9％（10.5％）となった。現場の教員の感覚では、補助金での改善支援や認証評価の役立ちを積極的に評価する人はともにほぼ 1 割以下であり、他方、それら教育評価作業の業務負担を重く感じているのは 4 割に近く、一定感じている教員は 8 割におよぶ。教育改善の外部審査・外部支援の効果は薄く受けとめられ、その作業負担だけが重くのしかかっている印象を教員たちはもっている。

　次に、それらの教育改革・改善を基礎づけている 2) 政府や外部機関の公表文書の認知状況である。中央教育審議会・大学分科会が 2021 年に出した「教学マネジメント指針」の内容を認知しているものは 50.1％と半数であり、また、学問分野ごとにその領域の専門研究者によって作られている日本学術会議の「分野別質保証参照基準」の内容を認知しているものも 41.9％と 4 割である。これらに関しては、先に触れたように回答者に役職者が一部含まれていることをふまえれば、周知度はそう高くないと判断せざるをえない。他方で、これらの数値が高くないことは、これらの周知度を上げることを通じて、教育改善・改革として課されていることの意味をより深く知ってもらうという伸びしろがあるとも考えられる。

　続いて、3) 学内のコミュニケーションの様子はどうであろうか。設問の結果は、「国の教育政策内容を大学執行部が一般教員に伝えている」55.2％（9.9％）、「大学執行部の対応には学部や教員と対話的姿勢がみられる」60.7％

表 1-5-1　「教学マネジメント調査研究部会」アンケート結果の主な項目

問5		肯定	（よく）
	教育評価のための業務が負担になっている	82.1%	37.4%
	教育改善の補助金により現場の教育改善が進んだ	49.3%	7.3%
	認証評価は教育改善に役立っている	60.9%	10.5%
問6			内容認知
	教学マネジメント指針（中教審・大学分科会）		50.1%
	分野別質保証参照基準（日本学術会議）		41.9%
問5		肯定	（よく）
	国の教育政策内容を大学執行部が一般教員に伝えている	55.2%	9.9%
	大学執行部の対応には学部や教員と対話的姿勢がみられる	60.7%	12.1%
	学部長が学部の声の反映に大学執行部とよく調整している	82.0%	29.9%
問9		ある	（頻繁に）
	学部・学科の教育目標やカリについて教員間で話すこと	84.7%	32.5%
問11		実施	（十分に）
	授業間の関係について教員が学生につながりを教えている	75.3%	16.8%

問10	勤務時間の実際と理想の配分（全体を100%として）					
	授業	準備	研究	会議	交流	学外
実際	25.6	20.7	13.8	22.5	8.5	6.4
理想	22.0	17.8	30.4	10.4	10.5	7.2

（12.1%）、「学部長が学部の声の反映に大学執行部とよく調整している」82.0%（29.9%）となった。これらの設問も肯定回答のうち積極的なものがどの程度かで見るとかなり低く、国の教育政策内容が学内でかなり伝わっているとみるものは1割弱、大学執行部の学内での姿勢をかなり対話的とみているものは1割程度というところになる。学部長の大学執行部との調整の様相も積極的に肯定するものは3割にとどまるが、それでも、身近な学部長は大学執行部よりその働きぶり・調整ぶりの評価が高いということはいえる。

　同じ学内のコミュニケーションでも、学部・学科の教員同士、また教員―学生間ではどうだろうか。「学部・学科の教育目標やカリキュラムについて教員間で話すこと」84.7%（32.5%）であり、教員間の一定程度のコミュニケーションは8割強とより多く行われているが、「頻繁に」と自覚する積極的肯

定は 3 人に 1 人となる。また、「授業間の関係について教員が学生につながりを教えている」75.3％（16.8％）であり、履修要覧、カリキュラム・マップやカリキュラム・ツリーなどの説明も教員から学生たちに年度当初のガイダンスなどを通じて一定程度行われていると推測されるが、それが「十分に」行われているという積極的判断は 2 割に達しない。

　これらの設問の回答をみると、教学マネジメントの掛け声の笛は吹かれているが、それがうまい活動につながっていない状況が浮かび上がってくる。作曲・編曲・指揮者まで指示系統が行われていても、オーケストラの楽団の演奏家たちまでそれが充分に浸透していないことがわかる。ただ、それは先と同じく課題が浮かび上がってきたともいえ、これらの情報伝達、コミュニケーション回路の確保、会議のあり方など、開拓や工夫の余地が大いにあることになる。

　それらの工夫の余地に向けて、4) 教員たちの日々の勤務時間の理想と現実の配分はどのようなものであろうか。調査では全体の時間を 100 として、実際の時間配分と理想の時間配分を聞いている。実際に使われている時間配分の平均としては、「授業」25.6、「授業準備」20.7、「研究」13.8、「会議」22.5、「交流」8.5、「学外」6.4 となった。これに対し、教員たちが考える理想の時間配分の平均としては、「授業」22.0、「授業準備」17.8、「研究」30.4、「会議」10.4、「交流」10.5、「学外」7.2 となった。

　これらは実際に計った実時間というわけではなく、教員たちの感じているイメージ上の時間ということにはなるが、そこに教員たちの感覚や意向を読みとることができる（以下、理想時間を [ ] とし、実際の時間を （ ） とする）。まず、教員たちは研究にもっとも時間を割きたいと思っているが [30.4]、実際にそれは半分以下にとどまっている（13.4）。教員たちの研究に集中できない不全感がそこにはあるであろう。他方、教員たちは実際の授業に携わり（25.6）、その準備も一定時間行っており（20.7）、それらを合計した作業量は全体時間の半数に近くなっている（46.3）。できれば授業・授業準備の時間を [22.0] [17.8] にしたいと思っているが、それらの合計は [39.8] であり、実際の（46.3）と比べ、極端に減らしたいというほどではなく、教育に準備も含め 4 割ほどの時

間を割くことは職務としてありうるところだと考えていることになる。むしろ、教員たちにとって、もっとも減らしたいと考えているのは会議時間であり、実際が (22.5) となっているところを、希望は半分以下の [10.5] にしたいと思っている。実際に使われている会議時間が、研究時間に回せるようであれば、教員たちの満足度は高まり、理想状態に近づくということはいえる。ここからは、一般的組織に起こりがちなことであるが、設置する会議の厳選、委員担当配分の検討、会議時間の効率化、決定の委任など、やるべき工夫は多々残っていると考えられる。

　本調査部会が行った教学マネジメントに関するアンケート調査の主な項目からは、教学マネジメントに関しての個々の情報提供や全体図の提示、学内各組織の縦系列・横系列でのコミュニケーションのあり方の模索、それを可能とする学内諸業務の見直しといった、基本的な、しかし大きな課題が浮かび上がってくる。

5.　教学マネジメント活動の背景として取り組みうること

　教学マネジメントにかかわっての諸制度の整備は進んできたが、それらが使われての学生たちにとっての学びの変化が明瞭な形で起こっているとも言い切れない。作曲家・編曲家が変化をもたらそうとしたとしても、それを指揮者がオーケストラ用に読みこなし、演奏家たちの理解に結び付けていくことも容易ではない。その結果、聴衆たちが演奏を胸に響くものとしては感じていくことも難しい。もちろん、作曲・編曲における演奏しやすさへの工夫は引き続き求められるのであるが、それを待たずとも、音楽ホールの演奏の現場にいるオーケストラの私たち教職員がどのような認識のもとに取り組みをしていけばいいか。筆者の試論となるが、4つの点を指摘してみたい。(1) 原点に返っての目標と手段の確認、(2) 教員各自・教員組織による教育改善の実践者・学習者たる自己認識、(3) 新学習指導要領による入学者への備え、(4) 改革の1丁目1番地としての教員各自の授業改善の諸点である。

5.1 原点に返っての目的と手段の確認

　教学マネジメントの体制をどう整備し、実行に移し、効果をあげられるかということが課題なのであるが、当然ながら、それを各教員の授業科目レベルまで下りて達成し、それをカリキュラムの内実として充実させ、大学卒業時の学位授与基準を満たし、社会やその各領域での活動の基礎力となっていくことが求められる。その意味では、大学内の組織体制として求められる教学マネジメントの体制整備より[8]、学生の学びの実態の充実こそ目的であるということを原点に返って確認する必要があるのではないか。学生の学びの充実が目的であり、教学マネジメントは手段であるという関係の順番を今一度心に刻むことが望まれる。

　一例を挙げる。シラバスを教員各自が作るだけでなく、それらの組織的点検という作業がある。併せて、学期中の授業がシラバス通り行われたのかという学生調査が行われたりする。日本のシラバスが欧米で築き上げられてきたシラバスとは異なるものとして機能しているという指摘を踏まえつつも（佐藤 2019, pp.36-37）、学期 15 回の授業がどういう展開になるのか学生に知らされないなどという事態は避けられるようになってきたとはいえる。ここから先は、シラバスと授業実態の乖離をなくそうとすることが教員への管理手段となるよりは、授業の活性化にどうつなげていけるのかという学生視点への転換が求められるであろう。大学基準協会の大学基準 4「教育課程・学習成果」においても、「シラバスの内容及び実施」という「評価の視点」は「学生の学習の活性化、効果的な教育」という大括りの「点検・評価項目」を満たすための 1 項目とされている。シラバスは手段であり、学習の活性化が目標であること、それを踏まえると、いかに学生たちの学習の中でシラバスの利用・活用を定着化させていけるかということのほうが緊要な課題ということになろう。

　学生たちにとって不安が先行する社会情勢において、それを生き抜く学習

8　教学マネジメントのさまざまな指示や指導が発出されることで、教育改革が「小道具偏重主義」的な性格をもつものになってきたのではないかという指摘もある（佐藤 2019, p.59）。

者として位置づけ、その肩を押してあげることができるか。そのためには、低空飛行でも楽に単位を取って卒業すればいいという心情を少しでも抜け出して、学びの面白さを体験してもらえるかどうかが、私たち教員にとっての責務だといってもいいのかもしれない。わずかでも、学びでの獲得体験をもって、大学から送り出せるかどうか、私たち教員の日々が試されている[9]。

5.2 教員各自・教員組織の教育改善の実践者・学習者たる自己認識

　学生たちにさまざまな形、さまざまなやり方を通じて、学びの面白さを体験してもらうためには、私たち教員各自が、また、その教育体系を支える学部・学科の教員組織自身が、教育改善を進める実践者たる必要があり、その方式を常日頃から模索していく必要があるという意味では、私たち教員自身が実践方法の学習者たらねばならないということになろう。従来型の講義中心だけの大学学習でないあり方を模索していく必要があろうし、そのための教員相互の学習が求められる。

　そのためには、学科―学部―大学執行部と層化されている大学内組織の情報・コミュニケーションを、縦系列・横系列ともにどうとり、どう充実させていくのかという課題が大きくのしかかってくる。組織内のコミュニケーションの活性化は、大学に限らず、どの組織体においても見果てぬ課題である。教員たちが組織的に事例やアイデアを学ぶ機会として、FD活動の効能は一定の役割を果たす。学生アンケートや聞き取りから、制度に対する学生の理解が足りないことがわかり、ガイダンスでの説明を強化したというある大学の例に関し、当該大学の担当教員はこう語る。「そんなチャチなこと…と思うかもしれませんが、FDは大上段に構えて行うものではなく、自分の

9　矢野眞和は、「学び習慣」仮説に関する計量研究において、「大学卒業時の知識能力」が「現在の知識能力」に影響し、「所得」に影響していることを明らかにしている。読書でも同じことがいえ、「大学時代の学習や読書の蓄積が現在の学習や読書を支え、その成果が所得の上昇となって現れる」（矢野 2015, p.200）とする。言い換えれば、「大学時代に読書をしていないサラリーマンは、現在も読書をしない。だから、所得も上昇しない」とする（矢野 2015, p.200）。大学時代に「学び習慣」を身につけることの重要性の示唆となろう。ただし、所得を上げるということに関してだが。

周囲で何かが変わっていく実感を得られるもののほうが楽しいのではないでしょうか。理念的なものより、動詞ベースのアクチュアリティのあるものにしていくことが大事だと思います」(太田・嶌田編 2023, pp.150-151)。神は細部に宿るのである。

　また、不幸中のわずかな幸いともいえるのは、2020 年からのコロナ禍を通じて授業運営の難しい時期を経験したものの、同時に大学内のオンライン体制が整備され、学内 LMS や各種システムを使ったオンライン授業、オンデマンド授業、オンライン会議やウェビナーの運営の経験をもち、実施がやりやすくなったことである。大学内の情報提供・情報交換の活発化のためには、Web の有効活用が期待される。例えば、ふだん一般教員は聞くことの少ない学長・副学長の教育・研究などに関する考え、自大学のさまざまな取組の説明などを、定期的に昼の時間に教職員向けにオンラインで開くような大学もあるし、見逃した人のために、映像ファイルを Web 上のアーカイブ化を図れば学内周知の可能性は増すということになろう。

5.3 新学習指導要領による入学者への備え

　ご承知のように、2022 年度から高校の新学習指導要領に基づく教育が開始され、その教育を受けた生徒たちが 2025 年度の入学生としてまもなく大学に入学してくる。学力の 3 要素(知識・技能、思考力・表現力、主体性・協働性)の習熟に比重を置く新学習指導要領は動き出しているわけだが、各高校によりその取組への温度差というものは存在しているだろう。

　総合的な探求学習へ重きを置く取組も普及し、浸透してきているところもある。私も総合的探究の時間の講師として高校に招かれた際、大学 1 年生の初年次学習として取り組んでいた文献検索の方法や論理思考力の醸成などが、学校によってはすでに高校 1 年生の課題として習得されていることに驚いたりもした。ある私立高校の校長先生から、「もうアクティブ・ラーニングの言葉はあまり使わない」と話されたこともあり、全科目にアクティブ・ラーニングが取り入れられているため、あえてその言葉で言う必要がないということであった。

　もちろん、総合的な探求学習への取組やそこでの成果は学校間の違いや格差が大きいとも予想される。すると、それらの違いを抱えたまま、大学に入学してくる学生たちにとっては、そのような学習への学生の意欲差や学習歴差を前提として考えていく必要が出てくる。私自身も大学授業で多少のアクティブ・ラーニングを入れながらも、私が話すことが多い講義型の授業運営に関し、上記のような総合的探究や討論中心の高校学習を経験してきた学生から、「先生の講義は、学生の卒論報告を聞いているのと変わらない。レジュメは読めばわかる」という趣旨の辛口のコメントを受けたことがある。私が話すことで、結局 Teaching が中心になり、学生のその場での Learning の要素が少ないという批評であった。2025 年度以降において、大学での多くの授業形態が旧態依然のままであるとすると、意欲のない学生をどうするかということにとどまらず、意欲のある学生の関心を引き留め、どう離さないでいけるかということも考える必要のある時代となってくる可能性がある。

5.4 改革の1丁目1番地としての教員各自の授業改善

　大学全体での目標（学びの充実）と手段（教学マネジメント）の再確認、大学内の各層相互のコミュニケーションの活性化、新指導要領を受けてきた学生たちへの備えといった大きな論点を挙げることはできるとともに、その大前提として教員各自の授業改善が改革の1丁目1番地であることは変わらない。オーケストラの演奏を聞いてくれる聴衆たる学生たちに一番近く接しているのは、私たち演奏家たる教員なのであり、演奏の実力を上げねばならない。

　教員たちが道に迷わないためには、各大学において教学マネジメントの課題の全体図を示し、理解してもらうことが必要であると考えられる。同時に、学科 DP と各科目の関係を教員自身が自覚するとともに、学生たちにも繰り返し周知していくことが求められる。学科 DP は入学時に聞いただけという学生がそれなりに多いという事実があり、そうなると、新年度に入った際に行われる学年ごとのガイダンスなどで毎年話し、また、学科の必修科目・選択科目を通じて初回の授業内容の紹介においても併せて学科 DP を繰り返し説明していくこと、その学科 DP の中で本科目はどこに位置し（カリキュラム・

マップ、カリキュラム・ツリーの活用）、その科目の到達目標を示していくことが基礎的なこととなってくる。さまざまな場面・授業で、わずかずつでも幾たびと触れていくことで、学生たちの頭の隅にとどまることが期待される。

　これら教員各自による授業改善が行われつつ、それが学科・学部での会議やコミュニケーションの機会での話題提供につながり、それらが再度、カリキュラム・マップやカリキュラム・ツリーの改善、それらを踏まえてのCP・DP の再検討へと連動していくことが理想ともいえるだろう。

　教学マネジメントとして、組織上の教育改善・改革の言葉として言われると、教員たちの中には引いてしまったり、構える人たちもいるだろうが、学生たちに学習を通じた成長実感を獲得してもらうこと、そして、学ぶことの楽しさを感じてもらうこと、それを目標に授業運営・授業改善を試みていくところに主眼を置いていくことが必要なのではないだろうか。学生たちの変化した顔を見ることにこそ焦点がある。

6.　大学関係者が心にとめおくべきこと

　教員たちにとって、改革の1丁目1番地として自らの授業運営・授業改善を図りながら、それらが教学マネジメント活動の方向性としてある習慣となっていくことにつなげるため、心がけるべき変化の方向性として、2つのフレーズを簡潔に挙げておくこととしたい。

6.1 Teaching から Learning へ──教員のコンテンツから学生のコンピテンシーへ

　教員がその日の Teaching をしたことでほっとすることなく、その日の学習が学生たちにとって Learning の要素が充分であったか自戒することが求められる。授業の目的と教員のかかわり方が変わっていくことは言い方を変えれば、教員の語るコンテンツより、学生たちが身に付けたコンピテンシー形成に重きを置かなければならないということになる。大学の教育を見る視点が、「教員がきちんと教えているか」から「学生たちはきちんと学べているか」へと変わってきていることを明瞭に意識する必要がある。幾度となく登場する「学習者中心」という表現がそれを示している。講義中心型の授業であっても、

アクティブ・ラーニングの要素を盛り込むことが望まれるのも、学生たちが授業内で、より自主的に頭を使って深く学ぶ試みをどれだけ増やしていけるかということになってくる。アイデア論の世界では、Creating by Doing とも言われるように、「すること（手を動かすこと、語りあうことなど）」を通じて学び、創造の芽が養われていくことが指摘されている（野口 2023, p.181）。教員のコンテンツを良くすることだけでよければ、それは教員の努力次第ということになるが、学生のコンピテンシーの上昇ということになると、教員単独ではなく、学生たちを学習の渦の中に巻き込んでいくことが求められていく。

6.2 「124 単位取ればいい」から DP 習得のマインドへ

　そして、学生も教員も卒業のために、内容はいいから 124 単位取ればいいという意識を変えていく必要がある。卒業時に「こういう科目で 124 単位取りました」といっても、社会の人にとってはそれ自体は意味のないことであり、それらの学習を通じて何ができるようになったかという DP マインドの形成が学生・教員ともに問われるのである。1 科目 2 単位で、合計 62 個の、足腰を鍛えるサプリメントを摂取しましたということが重要なのではなく、それらのサプリメントの摂取を通じて、「歩けるようになった」「体が機敏に動くようになった」「山登りができるようになった」ということに意味があると考えていくことが求められる。インプットに対して、アウトプットを見るにとどまらず、その先にあるアウトカムの確認が必要であるということである。

　もちろん、この DP マインドの醸成ということも簡単ではない。大学全体として重要な課題のひとつは入学者確保であり、どういう学生たちが入学してくるか、その学生たちにして、どうカリキュラムをこなさせて、卒業させていくかということが一般的教員の頭の中の回路ということになる。それは、3 つのポリシーの順番でいけば、優先度が AP ＞ CP ＞ DP であるということである。このような思考回路を、学生たちをどういう状態で卒業させたいかという学位授与基準が先に来て、そのためにどういうカリキュラムが必要であり、そのカリキュラムをこなせるためには入学段階でこのような素養・能

力が求められるという、理想的な 3 つのポリシーの状態、DP ＞ CP ＞ AP に変えていけるのかということになる。このような思考回路の転換が一朝一夕にいかないことは、3 ポリシーの順番の中央教育審議会での理解も、2005 年の「我が国の高等教育の将来像」では AP ＞ CP ＞ DP の順番であり、ようやく 2008 年の「学士課程教育の構築に向けて」において DP ＞ CP ＞ AP の順となったこと、また、3 ポリシーの義務化も、2011 年の AP の公表から始まり、2017 年にようやく 3 ポリシーの公表義務化となったという歴史的事実が示していよう（太田・嶌田編 2023, pp.65-73）。

　教育の目標が Teaching から Learning へ、そして、卒業が 124 単位の履修というより DP の習得であるとして変化させていくこと、そのようなことを心にとめておくこととしたい。

7.　むすびにかえて

　教学マネジメントは、結果的に従来の大学の組織文化・組織活動が、コミュニケーションも含めて、学生の学びの充実という観点に照らして適切なものであったのかを問い直す作業でもあるのではないだろうか。その問い直しに終わりはないことから、私たち大学教員自身が、個人においても、各レベルの組織においても、大学教育のあり方を主体的に作り直そうとする実践者・学習者になる必要があるとも言い直せるように思う。

　学生たちが、時代に沿いつつ、各学問分野の考えや態度、方法を身に付けるために、どのように学んでもらうのがよいのか。学生たちの学びの充実という目的に向けて、教学マネジメントとその諸方法という手段を使って接近するという、目的―手段関係を再度自覚して取り組んでいくことが求められる。本調査研究部会が提起する「教学マネジメント 2.0」として、まずは、学生たちの学びの充実という目標を再認識することを重視し、その上で、そのための諸方策として教育マネジメントを位置づけて取り組んでいくことが肝要であろう。そのことは、自戒も込めつつ、個々の教員の個々の授業科目での改善が改革の基礎でもあり、その改善が教学マネジメントという課題の大きな全体図のどこにあり、どことつながっているのかを、教員、学部・学科、

大学が自覚的に認識していくことである。教員たちは学期に複数の多くのコマを担当しており、一気に変えることは難しいとしても、学期に 1 コマの変更を工夫していけば、数年で全てのコマにいきわたらせることも可能となろう。

　それら課題の背景にあり、組織論的に共通にあがってくるのは、当然のところとも言えるのであるが、大学の各組織レベルでの率直で密度濃いコミュニケーションの必要性である (植木 2023, p.52)。学部・学科での日常的な改善の取組が多いところほど、制度・政策の認知度や評価を高めていることが調査では確認されている。大学執行部と各学部の間、また学部内、学科内、さらには担当部局職員と教員の間の意見交換がいっそう求められるということになろう。コミュニケーションの媒体、時間、方法など制約がありつつも工夫の余地はゼロではない。

　社会の変化が速い時代。生涯学び続ける学習者が求められ、社会に適応するために、あるいは社会そのものの改善を進めていくために、社会に出ていく前の学生たちにどのような能力を身に付けてもらうことが必要であり、また可能なのか。そのためには、私たち教員自身が大学教育運営の改善・改革を続ける実践者・学習者であり、学び合う組織であることがまずは試されている。学生たちに対して私たちが臨もうとしていることを翻って考えるならば、教学マネジメント自体を文部科学省や外部機関からの Teaching としてではなく、大学組織や教員自身の Learning でありうると位置づけていく必要があるのであろう。その意味では、本当に必要なのは、学生たちの学習ポートフォリオにとどまらず、各大学の教学マネジメントのポートフォリオなのだろうと思う。

　人生 100 年と称され、学生たちにとって大学卒業後に気の遠くなるような時間が横たわっている現代、大学で学んだ知識は種類によっては何年かして古びていく。今役に立つことは、いずれ役に立たなくなる。学び直したるリスキリングが社会的課題としても浮上してきている。学ぶ内容というより、生涯学び続けられるような学び方を学ぶ時代、大学時代に学生たちに学びのおもしろさをひとつでも、ふたつでも体験してもらえるか。大学生活が学業

だけではなく、サークルや部活動、アルバイト、社会活動、交友関係などで構成され、それら総体を通じて彼らの人間的成長が図られていくことはいうまでもない。そのような中、「先生、ガクチカに勉強のこと書いてもいいんですか？」、そういう質問が学生から出てくることがありうるか、それへの私たち教員の挑戦の必要性を記して、本章を終えることとする。

文献

中央教育審議会大学分科会　2020　「教学マネジメント指針」

藤村正之　2014　『考えるヒント―方法としての社会学』弘文堂

羽田貴史　2019　『大学の組織とガバナンス』東信堂

川嶋太津夫　2018　「日本の大学は、なぜ変わらないのか？変われないのか？―4 半世紀にわたる個人的体験を通して」佐藤郁哉編『50 年目の「大学解体」20 年後の大学再生―高等教育政策をめぐる知の貧困を越えて』京都大学学術出版会, pp.105-157

倉部史記・若林杏樹　2023　『大学職員のリアル―18 歳人口激減で「人気職」はどうなる？』中公新書ラクレ

野口悠紀雄　2023　『「超」創造法―生成 AI で知的活動はどう変わる？』幻冬舎新書

太田寛行・嶌田敏行編・「茨城大学コミットメント」プロジェクト　2023　『現場が動き出す大学教育のマネジメントとは―茨城大学「教育の質保証」システム構築の物語』技術評論社

佐藤郁哉　2019　『大学改革の迷走』ちくま新書

渋井 進　2022　「大学失格―『評価疲れ』と大学」『現代思想』50-12, pp.52-62

嶋田博子　2022　『職業としての官僚』岩波新書

植木朝子　2023　「大学教員の仕事―教育と研究の両立をめぐって」『大学評価研究』22, pp.51-56

矢野眞和　2015　『大学の条件―大衆化と市場化の経済分析』東京大学出版会

第6章 「教学マネジメント 2.0」と大学団体
──ある模索──

松坂顕範

はじめに

　筆者は公益財団法人大学基準協会 (以下「本協会」という。) では、評価研究部の企画・調査研究課に属し、その課長を仰せつかっている。企画・調査研究課はマルチタスクな部署なのだが、出版や対外的な研修会、シンポジウム、セミナーの企画・運営を担当するほか、調査研究はもとより、基準設定や大学評価、短期大学認証評価の設計なども担っている。ちょうど 2025 年に控えた認証評価第 4 期向けの準備がいまは大きな仕事だ。調査研究という点では、当課職員自ら様々な情報調査をするほか、本協会が附設する大学評価研究所の事務局としても動き回っている。今回、「教学マネジメント 2.0」の提言とりまとめの中心であった大森不二雄先生より、本章の執筆という大命が降下したのも、こうした筆者のテリトリーゆえのことと理解している。実際に、認証評価第 4 期向けの準備の傍ら、「教学マネジメント 2.0」につながる大学評価研究所の調査研究にも筆者は事務局として関わった。また、いま触れた様々な活動を通じて「教学マネジメント 2.0」の提言を本協会なりに形にし大学の後押しをしていくのも、今後の仕事となる。このような次第で今回の執筆に至ったわけだが、以下本章では筆者に託された課題を踏まえ、「教学マネジメント 2.0」という提言を受けた本協会の応答、すなわち、どのように考え、取り組んでいくかというひとつの模索を書いていってみたい。ただし、以下にものす内容は、本協会の措置として実際に決定され、あるいは検討されている事項も含むが、上記のような職にある筆者個人の経験、見解等も多分に織り込んだものである。したがって、文責は全て筆者にあることを

あらかじめお断りしておきたい。

1. なぜ「教学マネジメント」の調査研究だったのか？

　本協会の考え、取組について各論を展開する前に、「教学マネジメント 2.0」の提言につながった調査研究、すなわち「教学マネジメントに関する調査研究」の問題意識は何であったのかを少し確認しておきたい。本協会の対応という今後を書く前に、前提である原初の調査研究趣旨を先ずは見て、点を線に、平面を立体にするのである。もちろん、他章の再説になるのも非生産的なので、ごく簡潔にとどめる。

　調査研究は、大学評価研究所事業として事業提案書を本協会常務理事会が審議・決定したことに始まる。この事業提案に至った状況認識、問題意識としては、およそ 2 点である。1 つには、中央教育審議会大学分科会による「教学マネジメント指針」の公表といった教学マネジメントへの議論・関心の高まりという状況であり、また 1 つには、内部質保証の機能的有効性に着目した大学評価（機関別認証評価）を本協会が行う中で、大学における教学マネジメント確立が道半ばと感じられたことである。特に本協会としては後者の問題意識が強く、長年希求されながらも課題含みであった教学マネジメントについて、大学のヒントとなるものを示したいという考えがあった。

　これを受けて調査研究がなされ、その結果が「教学マネジメント 2.0」の提言に至った。こうした経緯を踏まえて考えるなら、提言を受けた本協会の応答とは、道半ばの大学といかに向き合い、側面から支えることができるか、というところに究極すると言えるだろう。

2. 認証評価第 4 期の大学評価

　以上の確認を踏まえ、本協会がどう応えるかという本論に移っていきたいが、もう少し前提となる話をさせてもらいたい。すなわち、認証評価第 4 期の大学評価について梗概程度をここに書いておきたい。なぜかと言えば、その内容は以下の本論に関わってくるためである。なお、以下で認証評価制度全般を指す場合などは「認証評価」と言い、本協会の行う機関別認証評価を

認証評価第4期の基本的な方向性

1. 学習成果を基軸に据えた内部質保証の重視とその実質性を問う評価

2. 大学の取り組みの有効性・達成度を重視する評価

3. オンライン教育の動向を踏まえた評価

4. 学生の意見を取り入れた評価

5. 特色ある取り組みの評価

6. 効果的・効率的な評価の実施

図 1-6-1

個別に取り上げる場合は、固有名詞の「大学評価」を用いる[1]。

　本協会は認証評価制度の開始（2004 年）から機関別認証評価としての大学評価を実施し、2025 年度からは第 4 期を迎えることになる。**図 1-6-1** は、その第 4 期における基本的な方向性であり、改善点や強調点を簡潔に示したものである。そもそも本協会の場合は、期ごとにテーマを設定しており、最初の第 1 期目は「自己点検・評価の実質化を目指す評価」というテーマだった。これが 2011 年度からの第 2 期に至って「内部質保証」という概念を登場させることとなり、さらにその有効性を問う第 3 期の延長線上に第 4 期が位置づくことになる。そして、図 1-6-1 に示す如く、「学習成果を基軸に据えた内部質保証の重視とその実質性を問う評価」というのが基本的な方向性の 1 つとなり、これに合わせて大学基準の改定等を行ったところである。当然、内部質保証を重視するということは、これと大いに関わる教学マネジメントにも強い関心が向くということであり、以下で「教学マネジメント 2.0」を受けた本協会の対応をものす背景として、まずはこうした状況があることを示しておきたい。

1　なお、同じ機関別認証評価として本協会は短期大学認証評価も行っている。したがって、基本的な内容はそちらにも妥当するとご了解願いたい。

3. 「教学マネジメント 2.0」にどう応えるか？

3.1「簡素で実効性のある評価」のために

　さて、「教学マネジメント 2.0」の提言を受けた本協会の応答についてである。同提言の中には、認証評価に言及したところがあるので、何より先ずそこから本論を始めたい。その言及箇所を改めて抜き出してみると、下記の通りである（大学基準協会 2023a, p.47）。

　…教学マネジメント 2.0 の理念、すなわち、授業・学修にインパクトの及ぶ教学マネジメント、学部等をオーナーとする教学マネジメント、画一的な同調性から多様な創造性への転換、並びに、教学マネジメントへの学生の参画を実現する上で、認証評価の果たすべき役割は大きいと考えられる。大学基準協会をはじめとする認証評価機関及び国には、本提言を踏まえた認証評価の在り方の検討を期待する。各大学の内部質保証システムが機能しているかどうかを確認する考え方は、今後とも維持すべきものと考えるが、その上で上述の教学マネジメント 2.0 への転換を図ることは矛盾なく可能と考える。…

（方策 (1)（抄））

　上記（1）とも関連するが、認証評価機関や国は、認証評価等の評価業務が形式主義的な完璧主義に陥っていないかといった観点から徹底的に見直し、簡素で実効性のある評価の在り方へ改革に取り組むべきである。例えば、大量の情報・データの提示やもっともらしい作文とポンチ絵よりも、内部質保証システムに基づく教育改善の具体的事例を求めることに重点を置くことも一案である。

　その際、大学ポートレートの充実強化を含め、既存の情報・データの活用による負担軽減にも積極的に取り組むべきであろう。…

（方策 (2)（抄））

　上の引用個所においては、「教学マネジメント 2.0」の実現にとって「認証評価の果たすべき役割は大きい」とされ、本協会をはじめとした関係者への期待が大きいことがわかる。しかし同時に、「形式主義的な完璧主義」や「簡素で実効性のある評価」といった強い印象を与える語が並んでおり、認証評価の改善が強く訴えかけられている。

　実は、先に見たように、本協会が認証評価第 4 期の大学評価の方向性として掲げる一つには、「効果的・効率的な評価の実施」がある。この意味で、提言の内容は本協会の課題認識と一致している。自己点検・評価し、そして大学評価を受ける大学が「形式主義的な完璧主義」に陥らないように、本協会も様々な工夫をしようと考えている。その一例が、点検・評価報告書の根拠資料の取り扱いを改めることだ。従来の評価では、自己点検・評価の対象となったか否かに関わらず必ず準備する資料のリストを大学に対して示していた。これを大幅に簡素化し根拠資料の任意性を高め、提出の在り方も変えることを予定している。また、必須資料ではないものの根拠資料の例を従来提示してきたが、結果的にその資料を収集・作成することが目的化してしまう本意ならぬ結果も見られることから、この提示方法も大幅に変える見込みだ。

　しかし、根拠資料の取り扱いを変えるだけで、「形式主義的な完璧主義」を抑え、「簡素で実効性のある評価」とするのに十分かと言えばそうではあるまい。根拠資料の取り扱い変更は一例であるが、こうした評価手続上の対応は、せいぜい必要条件であっても十分条件ではない。それというのも、端的に言えば内部質保証が重要だからである。質保証活動の中心、本質的部分は大学としての取組だからである。いくら認証評価の実施者側が簡素化措置を講じたとしても、学内の日常的な取組が形式的で文書主義的で、ただ儀式的である限り、「実効性のある」という命題は空なるままだろう。つまり、学内の教職員が、どれだけ質保証の活動に意味を見出し、日常的に取り組めるまでに落とし込めているかが、「実効性」の鍵だと思われる。

　とはいえこのことは容易ではない。それというのも、やはりここでも、「内部質保証だから」だ。ある識者が述べるように、自己点検・評価だけが求め

られる時代は、所定の項目、書式、基準があれば何とか動かせた。しかし、内部質保証の時代となるとマネジメントも求められコンテクスト依存的になるので、独自に考えデザインし広く認識を共有しなければ、上手く動かせなくなったからだ[2]。

　では、どうしたらいいのか。コンテクスト依存的で通約不可能なら、何も対応できないのか。本協会は傍観を決め込むのか。本協会としては大学の質的向上の支援を理念・目的としていることもあり、決して傍観はしない。コンテクスト依存的で決して一つの正解がなく、各大学が自ら考えねばならないというなら、考える素材を多く用意し脇から支えるということは本協会はできる。そうした考えに立って、これまでも本協会は**図1-6-2**のようなことを行ってきた。

　図1-6-2における「事例報告会」とは、大学評価や短期大学認証評価に関する手続等を説明する実務説明会等に関連して行っているもので、内部質保証の取組において参考となる要素がある大学に事例を示してもらい、各大学の参考に供そうというものだ。「大学・短期大学スタディー・プログラム」（以下「スタディー・プログラム」という。）については後にも改めて述べることになるが、内部質保証システムの構築とその有効な運営を支援することを目的として、本協会の正会員校の教職員を対象に年2回行っている研修イベントである。「スタッフ派遣」については、本協会の職員等が大学の要請に応じて大学に赴き、その大学が必要とする説明をしたり、研修に協力したりする取組を指している。このような取組が、考える素材を多く提供して大学を側面から支えようという本協会の取組の代表的なものだ。

　なお、「事例報告会」を取り上げてみたが、事例から学ぶ機会を提供するというのは海外でも事例がある。例えば、本協会の職員が分担して海外の情報調査をする場合、筆者は主にドイツを対象にすることが多いが、例えば同国の高等教育開発センター（Centrum für Hochschulentwicklung: CHE）が大学の事

2　2021年度に本協会が行った大学・短期大学スタディー・プログラム（テーマ2）における嶌田敏行氏の講演より。なお、同講演資料は、本協会の会員校に限り本協会ウェブサイトからご覧になれる（https://www.juaa.or.jp/member/report/detail_785.html 特に p.3）。

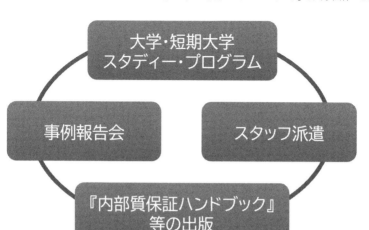

図 1-6-2

例をもとにした取組をしている。この CHE は報告書を刊行しており我々も
取組内容をうかがい知ることが可能だが、報告書から分かるのは事例紹介が
複数なされているほか、事例を踏まえ帰納的に内部質保証のモデルや成功要
因の解説等も示されていることだ(Nickel 2014)。

　ここで筆者にとって示唆的と感じるのは、事例やモデル等の提示それ自体
というより、むしろそれらが作られた過程である。合計 44 大学の参加を得
て CHE が行った研修プログラムがもとになっているようだが、研修という
のは「ピア・ラーニング」として企画されており、お互いに経験をぶつけ合
う中でより良いヒントが探られたとされている(Nickel 2014, pp.3-4)。何が示唆
的かといえば「ピア・ラーニング」を媒介としてよりよいヒントを探ってい
くという方法であり、このことは本協会の取組の中でも考えていくべきもの
のように思う。

　もちろん、本協会もそのような発想を持つゆえに内部質保証に関する「事
例報告会」を行い、大学の担当者の声で経験を語ってもらうようにしている。
加えてスタディー・プログラムについても事例をベースにすることは多い
ので、研修形式による一つの「ピア・ラーニング」は可能になっている。た

だし、CHE の「ピア・ラーニング」の取組は、事例から要素を精錬して一定のモデル提示まで至った[3]。このことから筆者が得る着想は、例えば事例校同士の対話をプログラムし、その対話の中から何か新しいヒント、気づきを得ることができはしないか、ということである。例えば「事例報告会」では1校1校の報告とそれぞれへの質疑応答を行ってきたが、報告校同士のディスカッションなどは組み込んでいなかった。今後、1校1校の事例報告とそれぞれの大学に対する質疑応答だけでなく、例えばパネルディスカッション方式の内容等を組み込むことで事例と事例の「ピア・ラーニング」を生じさせ、新たな地平を拓いていけるのではないか。こうしたことを本協会は検討して良いかもしれない。

3.2「学部等をオーナーとする」ために——トップダウンかボトムアップか？——

「教学マネジメント 2.0」は、結局のところ教育の現場、つまり教員の授業や学生の学習にとって真に意味のある教学マネジメントであることを志向するものだ。その根幹をなすところを提言から抜き書いてみる（大学基準協会2023a, pp.45, 46）。

> 　学習者本位の大学教育への変革を実現するため、教育の現場、すなわち、教員の授業や学生の学習にインパクトの及ぶ教学マネジメントの在り方を目指すべきである。学習成果が生み出される場は、各教員による個々の授業実践及び学生の学習活動にほかならないからである。…
>
> 　　　　　　　　　　　　　　　　　　　　　　　　　　　　　（理念 (1)）

> 　授業・学習にインパクトの及ぶ教学マネジメントに転換するためには、教育の現場に近い学部・学科等が主体性を持って取り組む教学

3　もちろん、自然発生的に内部質保証のモデルや成功要因の概念化まで行きつくわけではなく、講師陣がそれに大きく関わったことは事実である（Nickel 2014, p.4）。

マネジメントの在り方、すなわち、学部等をオーナーとする教学マネジメントを確立する必要がある。大学執行部には、そのような組織風土を学内に醸成する責任がある。こうした変革は、逆説的ではあるが、学部任せで自然に実現するものではなく、大学執行部の役割は重要である。大学執行部によるリーダーシップに求められる重要な使命の一つは、変革志向の前向きかつ協働的な組織文化を学内に醸成することである。…

(理念 (2))

　以上は、提言の中の「「教学マネジメント 2.0」の理念」の項から引用したものだが、これを受けた「方策」の項では、例えば、「大学執行部・部局長等・教職員間の率直で透明性の高いコミュニケーション」であるとか、FD の実施であるといった方策が打ち出されており (大学基準協会 2023a, p.48)、それらは提言の大きな部分を占めている。その意味で、提言の全体が上記引用に結び付いているといってよい。では、「学部等をオーナーとする教学マネジメント」が「教学マネジメント 2.0」の理想とするものだとすれば、これに対置され超克の対象となる、いわば「教学マネジメント 1.0」と言うべきものは何か。それは、提言中に言葉を拾えば「学部等を迂回するかのように、ひたすら全学的な教学マネジメントのみを強調する」在り方 (大学基準協会 2023a, p.42) となろう。「学長リーダーシップ」という掛け声のもと強い全学機能が強調されてきたのがこの 10 年ほどであったが、そのもとでは果たし切れてこなかったもののアンチテーゼが、「教学マネジメント 2.0」なのである。

　では、本協会としてはこれを受けてどうすべきだろうか。まず、現状から少し整理してみたい。「全学的な教学マネジメント」の「強調」という指摘があったが、これまで本協会はある意味そうしたマネジメントを慫慂してきたところがある。どういうことかといえば、例えば「大学基準」における次のような内容である。

　　内部質保証に関わる学内の様々な取り組みが円滑に進むよう、大学は、その理念・目的等に照らして、大学全体として内部質保証の推進に責任を負う組織（以下、「全学内部質保証推進組織」という。）を整備するとともに、内部質保証のための全学的な方針及び手続（以下、「内部質保証の方針及び手続」という。）を明示しなければならない。…

　　…原則として、授与する学位ごとに上記3つの方針を策定しなければならない。そして、それら3つの方針に基づき教育活動を展開するとともに、教育活動の有効性の検証とその検証結果を踏まえた改善・向上を恒常的・継続的に行うことが必要である。全学内部質保証推進組織は、3つの方針が全学的な基本方針に沿って策定され、また3つの方針に基づく教育活動、その検証及び改善・向上の一連のプロセスが適切に展開するよう、必要な運営等を行う役割を担わなければならない。

　　…学部、研究科その他の組織は、大学の理念・目的並びに3つの方針及びその他の方針に照らしながら、定期的に自己点検・評価を実施しなければならない。…　こうした学部、研究科その他の組織が実施した自己点検・評価については、明確な行動計画を伴った教育の改善・向上に連動しなければならない。そのために、全学内部質保証推進組織は、大学全体の取り組み状況を常に把握しながら、学部、研究科その他の組織に対し必要な指示を与え調整を図るなど、学内の取り組みを促進させる中心的役割を担うことが必要である。

（2　内部質保証について（※傍線は引用者））

　　ここに引用したのは、2016 年改定版の「大学基準」にある内部質保証に係る一部である。傍線を付して示したように、「全学内部質保証推進組織」と略称される組織に着目して引用した。本章がトピックとする教学マネジメン

トと不即不離の関係にある内部質保証という概念であるが、本協会は我が国でいち早くこれを取り入れた団体である。2010 年の改定で「大学基準」に初めて入り、2011 年からこの基準に基づく大学評価を行っている。この 2016 年改定版は、大学評価が認証評価としての第 3 期目を迎えるにあたって改定されたもので、2024 年度評価まで使われる。2016 年改定版では、内部質保証に係る内容を大幅に増強したのだが、この増強によって新たに登場した言葉の一つが「全学内部質保証推進組織」というものだ。その語義としては、上の引用からも知られる通り大学全体として内部質保証の推進に責任を負う組織ということであり、自己点検・評価をはじめとして「学内の取り組みを促進させる中心的役割」を担う営為体である。

　この言葉を導入したのには意味がある。それは、解説するまでもなく基準が教えてくれるところだろう。内部質保証について、本協会は、「教育の充実と学習成果の向上」という目的を持つとも説明しているが（大学基準協会 2023b, p.3)、教育ということ一つをとっても、質保証というのは学内の一部の者だけが担うものでなく、様々な教職員に関わってくる取組の側面をもっている。そうであれば、誰が何をするのか、責任はどこにあるのかを明確にしなければ始まらない。そこが整理され、権限関係が明確にされなければ、取組は錯綜するばかりだろう。いわば司令塔として役割を果たす「全学内部質保証推進組織」が必要となる所以である。

　こうして「全学内部質保証推進組織」という言葉を導入することで、本協会は、中心から周辺へ至る作用、全学的なマネジメントの旗振りをすることになったわけだが、筆者としては相反併存的な思いを禁じ得ないでいる。全学的なマネジメントの重要性を認めつつも、良くない副作用も懸念してしまうのだ。これは、「全学内部質保証推進組織」がまさに「全学内部質保証推進組織」という表現であること自体にも関わっている。つまり、十一字熟語という視角的・聴覚的な「重さ」はそれだけで印象深く、それに連ねて「大学全体の取組状況を常に把握しながら、学部、研究科その他の組織に対し必要な指示を与え調整を図るなど…」といわれると、強力にトップダウン的な施策を講じる組織体の連想も加わってきて、視角的・聴覚的な「重さ」が意味的

な「重さ」に変じてこよう。そして、熟語というのはどこかそれだけで「術語」の響きを帯びるのに十分だが、術語として読み手に強く印象づく結果、何か固定的な意味内容があるとの理解につながり、強力なトップダウン作用が是であり不可避であるように理解されて来るようにも心配される。もちろん本協会としては、そのような在り方を所与の前提として称揚するものではない。しかし現実問題として、筆者はそのような懸念も持ってしまうのだ。

　実際に、今述べたような誤解も見られたという話は評価の現場から耳に入ってくるところだし、内部質保証の時代に大学が至ってしまうひとつの傾向なのは実例として挙がってきてもいる。海外の例にはなるが、筆者がたびたびチェックするドイツの質保証のジャーナルからは、当地の事情がよく知られる。例えば、Szymenderskiらが実践に基づいて報告するところによると、内部質保証の重視のもとで学内組織を整えて取組を進めるにしても、部局レベルでの受け入れ度合いが小さいと一方的、介入的なトップダウンとなって現出し、また、内部質保証の時代、幅広い学内関係者が関わるなかで報告や説明責任が重畳化することになって、結果として官僚主義的な傾向を帯びる問題にもなるという（Szymenderski, et.al. 2020, p.30）。こうした例は1大学のみではない共通的なものである（Steinhart, et al. 2018, pp.20-21）。

　もっとも、そもそもことは教学マネジメント、内部質保証といったテーマに限らない話のようだ。例えば、「民主制が招く官僚制」として大学運営全般に関わる問題が存在することは、先達の指摘したところである。市川（2001）によるなら、大学の規模拡大と教職員・学生数の増加、そして大学運営に関わる者の数が増えることで、組織の能率を高めるために委員会数が多くなるが、さらにはそのことで生じる煩雑な手続きを調整し統合するために管理機構が肥大化し、トップの権限強化を招く。「意思決定の裾野が広がったことは確かだが、その代わりに頂上も高くなったのであり、その結果生まれてきたのが『垂直＝官僚型』の管理組織である」とされる（市川 2001, pp.176-178）。こうした指摘を受けてみると、トップが強いという在り方は、それを志向すると否とに関わらず表れてくる必然的な一つの様相のようでもある。

　このように確認してきて言えてくるのは、本協会としては、「トップダウ

ンかボトムアップか」という単純な二者択一をするのでなく、トップが強い
のは良いことなのか悪いことなのかという問題に短絡するのでもなく施策を
考えていくべきだということだろう。「教学マネジメント 2.0」の提言も、学
部等をオーナーとする在り方について「逆説的ではあるが、…大学執行部の
役割は重要」と述べており、決してトップからの作用の否定を求めているの
ではない。結論的に言って、トップダウンも所与として認めつつ、いかにボ
トムの活動力を強くし実質化できるか、というところに論点は行きついてく
るように思われる。

　ではそれが論点だとすれば、本協会としては何をすべきであり、何ができ
るのか。簡単なことではなかろうが、いくつかの方向で道を探ってみること
はできるだろう。それは大学評価に関わることでもあれば、それ以外の施策
でもある。ここではまず、大学評価に関わることについて、すでに手を付け
たことから紹介をしてみたい。

　「全学内部質保証推進組織」という語を導きとして基準の問題を取り上げ
たが、例えば、この基準の解釈と適用において無理が生じないようにするこ
とが必要であり、施策がとられるべきだ。先ほどは、これまでの経験も踏ま
えるため、2016 年改定版の「大学基準」から引用したが、今後に関わること
ゆえ、ここでは 2023 年に改定した「大学基準」(2025 年度評価から適用)に少し
く目を向けてみる。

　　内部質保証に関わる学内の様々な取り組みが円滑に進むよう、大学
は、その理念・目的に照らして、大学全体として内部質保証の推進に
責任を負う組織(以下、「全学内部質保証推進組織」という。)を整備すると
ともに、…

　　…そのため、全学内部質保証推進組織は、学部、研究科その他の組
織において内部質保証に係る取り組みが十全に行われるとともに、大
学の理念・目的が実現できるよう、必要な措置を講じる必要がある。

> 　…学部、研究科その他の組織は、大学の理念・目的並びに 3 つの方針及びその他の方針に照らしながら、定期的に自己点検・評価を実施しなければならない。…　こうした学部、研究科その他の組織が実施した自己点検・評価については、明確な行動計画を伴った教育の改善・向上に連動しなければならず、そのために<u>全学内部質保証推進組織は、</u>大学全体の取り組み状況を常に把握しながら、学部、研究科その他の組織に対し必要な指示を与え調整を図るなど、学内の取り組みを促進させる中心的役割を担うことが必要である。
>
> 　　　　　　　　　（2　内部質保証について（※傍線は引用者））

　ここに見るように、ほぼ 2016 年度版と同じ内容が基準には盛り込まれている。いくつかの言葉の違いがあるが、例えば引用 2 段目で、2016 年版が「一連のプロセスが適切に展開するよう、必要な運営等を行う役割を担わなければならない」としていたころに、2023 年版は、「学部、研究科その他の組織において内部質保証に係る取り組みが十全に行われる」ようにという言葉が加えていたり、「運営等を行う」に代えて「必要な措置を講じる」としていたりする。

　これは微妙な違いだが、そこには意図もないわけではない。例えば「運営等を行う」が変わったのも、単なる修辞的理由ではない。もともと本協会には単純なトップダウンを称揚するつもりはなく、2016 年版にいう「運営等を行う」とは、例えば、教学情報を収集・分析し学部・研究科に提供するといった取組（いわゆる教学 IR）、あるいは、学部長等のミドルレベルのマネジメント支援なども含む意味で考えてきた。しかし、「運営等を行う」では、直接全学内部質保証推進組織が何かを作用するという含みを強く持ってしまうように読める。そこで、2023 年版では、「措置を講じる」という言い方に改め、また「学部、研究科その他の組織において…」という文言とともに使うことで、学部・研究科レベルがうまく取り組めるように差配する意を強めた面がある。いずれにしても、基準の運用と適用においては、単純にトップダウンの作用だけを考えないように徹底していくことが本協会にとって必要となる。基準

はそもそも、大学評価の基準であると同時に、大学が自主的・自律的に自己点検・評価をしていくための基準である。そうであるから、大学に基準の意図を伝え続けコミュニケーションし続けるという努力も、本協会の責務として忘れてはならない。

3.3「学部等をオーナーとする」ために——ボトムの強化——

トップダウンも所与として認めつつ、実質化するという命題のために、本協会が取り組めることを挙げてみれば、大学評価以外にもいくつか考え得る。1つには、スタディー・プログラムである。先にも触れたように、内部質保証システムの構築とその有効な運営を支援することを目的として、本協会の正会員校の教職員を対象に年 2 回行っている研修イベントであり、2012 年の開始から 10 年以上開催を重ねてきた。これにつき、2020 年以降に限ってテーマを並べてみれば**表 1-6-1** のようになる。

毎年度 1 回目は同じようなテーマが並んでいるが、これは、スタディー・プログラムは年 2 回の内容を参加者の経験や役職等を基準に分けているため で、相対的にベーシックなテーマを繰り返しているのが 1 回目だという理由による（もちろん、題材も講師も異なる）。そのテーマ 1 が明示的に「学部・研究科」という語を用いているように、実は近年のスタディー・プログラムは学部・

表 1-6-1

年度	実施回	テーマ
2020	1	内部質保証の基本的な意味・考え方と、学部・研究科レベルの点検・評価
	2	高等教育における質文化の醸成とアカデミック・リーダーの役割
2021	1	内部質保証の基本的な意味・考え方と、学部・研究科レベルの点検・評価
	2	学習成果の測定と教育改善 —議論喚起のための〈場〉〈きっかけ〉〈コンテンツ〉—
2022	1	内部質保証の基本的な意味・考え方と、学部・研究科レベルの点検・評価
	2	内部質保証と有効なエビデンス
2023	1	学部・研究科レベルでの質保証活動を実質化するために

研究科レベルの質保証活動を実質化させる目的で様々な知見を提供すること
を念頭においてきている。「アカデミック・リーダー」(2020 年度 2 回目) とい
うのも、全学と部局との結節点になる学部長や学科長、コース主任といった
方々のあり方に迫ったものであったし、「学習成果の測定と教育改善」(2021
年度 2 回目) というのも、学部や学科といった場における教員の日常的な議論
喚起について有識者を交えて実践的に考えた回である。様々なテーマがあり
うるところだが、内部質保証の有効性の必要条件をなす学部・研究科レベル
の強化について、本協会はこのように取り組んできたし、これからも取り組
んでいくべきだろう。大学団体としての側面的な関りという意味で極めて重
要な意味があると認識している。

　スタディー・プログラム以外にも大学の支えとなる取組を、本協会は微力
ながら行ってきている。例えば、本協会の職員が大学に赴き、その大学が必
要とする内容について教職員に説明をし、ともに課題を考える取組である
(「スタッフ派遣」と呼んでいる)。筆者もたびたび大学に赴き、あるいはオンラ
インで対応してきた。大学評価や認証評価制度の概要を説明して欲しいとい
う要望を受けることも多いが、そればかりでなく、当該大学が抱える課題に
ついて事例を含めた参考的な話をして欲しい、という要望も少なくない。な
かには特定の学部・研究科の抱える課題を扱う教職員の集まりに呼ばれ、本
協会の持つ情報を提供しながら、課題の解決へのヒントを探るお手伝いをし
たこともあった (もちろん、解をこちらから示すということではない)。こうした
取組は、トップダウンも所与として認めつつ、ボトムの活動力を強くし実質
化するという課題について、側面から大学を支える取組になりえよう。教学
マネジメント、あるいは内部質保証というものには、それぞれの大学の文脈
がある。スタッフ派遣のような取組は、そうした個別性に応じうるものであ
り、今後も継続していくべきだと考えている。

3.4「学部等をオーナーとする」ために──コミュニケーションと構造的問題──

　スタディー・プログラムで取り上げてきたテーマにも関わるが、トップマ
ネジメントのレベルと学部・研究科レベルとをどうつなぐかというのは一つ

の重要な課題だろう。「教学マネジメント 2.0」の提言の中でも次のように言われている。

> （3）大学執行部・部局長等・教職員間の率直で透明性の高いコミュニケーション
>
> 　大学執行部や部局長等は、DP 等の基本的考え方や意義を説き続けることが必要である。全学レベル及び学部・学科等のレベルで、教学マネジメントについて徹底的に話し合う機会を設けるべきである。
>
> （提言（3）p.48）

　「高いコミュニケーション」、「話し合う機会」の重要性を指摘し、大学執行部や部局長等の責務として説いているわけだが、こうしたコミュニケーションを含め、部局に対して情報を提供したり、その他様々な支援をしたりというのは、国際的にも有効性が裏付けられている。例えば、内部質保証に関して UNESCO が行った国際調査は、内部質保証を成功せしめる大学内部の要因を 5 点挙げているが[4] うち「リーダーシップ・サポート」とあるものは、定期的なコミュニケーションや情報提供等のサポートを指している[5]。「関係者の積極的な関与」というものも大学内の成功要因の一つとされるが、収録された事例から見れば、積極的な関与は適切なコミュニケーションを前提にしている（例えば、Martin 2017, p.171）。

　「教学マネジメント 2.0」を導くもととなった「教学マネジメントに関する調査研究」においても、有用性の裏付けとなる事実は見られる。すなわち、トップ層の対話的な姿勢は、教学マネジメント政策に対する個々の教員レベルでの評価を高めているという結果が教員アンケートから得られたのである（大

4　①リーダーシップ・サポート、②堅固な情報システム、③関係者の積極的関与、④大学の戦略計画と内部質保証との一貫性、⑤大学の自律性と大学内での分権（decentralization）（Martin 2017, pp.277-279）。

5　事例に挙がったものを見ると、例えば学習成果アセスメントの方法等に関するワークショップ開催、方向性提示などそれぞれの大学の事情によって様々だ（Martin 2017, pp.126, 129）。

学基準協会 2023a, pp.14-15)[6]。先に見た本協会のスタディー・プログラム等において、トップマネジメントのレベルと学部・研究科レベルとをどうつなぐかという関心からテーマを選定することは、この観点において重要な意味を持つといっていいだろう。

　ただし、トップ層の対話的な姿勢は、「授業・学修にインパクトの及ぶ教学マネジメント、学部等をオーナーとする教学マネジメント」(「教学マネジメント2.0」提言) にとって必要条件ではあっても、その十分条件であり得るかといえばここからは何とも言い難い。B・R・クラークの仕事などによって既に我々が知っているのは、大学というものは階層ごとに異なる信念や統合の論理を持っており、もともと1枚岩的な組織でないということである。個々の教員はそれぞれの分野の専門家として尊重されるべき存在であり、上意下達的組織の末端構成員というのとは全く異なる。そのため、ときに質保証その他組織全体のマネジメントというものと対立的でもあるのが自然で、それは「アカデミック・レジスタンス」が質保証の文脈でも多様に研究されている所以でもあろう。もともと「摩擦係数ゼロ」とはいかないのだから、トップ層の対話的な姿勢ということだけに過度に頼るわけにもいくまい。もう少し状況を理解して臨まなければならない。

　それゆえ、本協会が大学に対して側面から関わっていくためには、例えば、いま述べたアカデミック・レジスタンスに関する研究知見を踏まえることは重要だろう[7]。それと同時に、現実問題として個々の教員が持つ違和感や個々の教員が感覚する問題といったものにミクロに迫ってみることも大事だ。この点に関して、「教学マネジメントに関する調査研究」の結果に探ってみると、例えば、教育改善のための負担の大きさという問題が挙がっているのに行き

6　これは、大学教員に対して行ったアンケート調査の結果が端的に示すところだが、同調査については、両角亜希子先生による本書第1部第2章及び安田淳一郎先生による同第3章も参照されたい。

7　Overberg (2019) は、先行研究にもよりながら、アカデミック・レジスタンスを3つないし4つに類型化したうえで(①拒否、②回避、③条件付応諾(qualified compliance)、④非意図的(non-indented)抵抗)、それぞれの違いに応じた質保証担当者の行動戦略を実証研究している。

つく。負担というのはよく言われることだが、本調査研究におけるアンケート調査は教員個人を対象にしたものなので、この負担の内実を現場目線で具体的に伝えている。例えば学習成果の可視化に関して、ポートフォリオや様々な手法を使ってきたものの、かえってそうした様々なことが負担になり、かつ学生が自分で考えて解決する力を奪う結果にもなっているという葛藤を述べるものや、学習目標の創設・振り返り、学習成果の可視化に学内委員として関わる中で教育・研究・課外活動の時間と労力が著しく削がれているといった実情を伝えるものなどがある (大学基準協会 2023a, p.31)。

　今ここに引いた調査結果は「学習成果の可視化」を共通に含むものだが、そもそも学習成果の可視化というもの自体に対して、必ずしも肯定的な意見ばかりではない。調査結果においては、違和感を訴えるものも相当数見られた。例えば、学習成果の可視化、数値化は重要だが限界があるといった意見や、共通テストではごく基礎的な部分しか測定できないとする意見、あるいは、共通テストになじむような学習成果を得させるために教育プログラムを提供しているのではないといった本末転倒を示唆する意見などである (大学基準協会 2023a, pp.29-33)。学習上の目標に対する測定手法の不一致といった、測定に関する技術的問題がこうした意見をもたらしているともいえるが、本章の文脈では別な点に注意が向く。「今の、学習成果を求める方向性 (ほぼ強制) には違和感を感じる」(大学基準協会 2023a, p.31) という意見が象徴的に表しているが、「ほぼ強制」とでもいうべき圧力、あるいは、可視化することが、その実施可能性等に関係なく所与の前提となっていることに対し、抵抗を見せ、そしてそれもあって先ほどの負担という問題にもつながっているように理解されるのである。実際、今日の大学を取り巻く環境を見渡してみると、例えば、学校法人に対する経常費補助金の配分に関しては、数年前から「学生の学修成果の把握」が「教育の質に関する客観的指標」の一つになっているなど (日本私立学校振興・共済事業団 2023, p.59)、「ほぼ強制」というのは過言でないかもしれない。

　補助金配分はあくまで一例だが、ここには構造的な問題があるように思われる。総じてみれば、前田 (2023) も指摘するように、次から次へと質保証の

取組が課され、大学はそれをただ受け入れるしかないというのが今日の全体状況ではないだろうか。しかも、「質保証のための仕掛けだけが提示される状況」（前田 2023, pp.47-48）で、とにかく「質保証のための仕掛け」を作ることが何よりの目標になってはいないか。

　大学はただ受け入れるしかなく、「仕掛け」の取り入れが一大課題になっているとすれば、学習成果の取り扱い等を巡って教員レベルに違和感が消えないのは、当然だろう。前田（2023）が質保証の取組一般について述べているように、このことは学習成果の取り扱いばかりではない。教学マネジメント全般についても妥当する。かかる状況において、「授業・学修にインパクトの及ぶ教学マネジメント、学部等をオーナーとする教学マネジメント」が成功しないのは肯べなるかなといったところであり、対話的か否かというトップの姿勢、トップ側の責にのみ問題を帰せないのは明らかだ。ここには構造的な問題がある。

　こうして話は、筆者が 3.1 で引いた課題に再び戻ることにもなる。「形式主義」や「完璧主義」を結果する国などの責任、また、本協会のような機関の責任という課題だ。これに対して本協会は、3.1 で述べた方策を行うのは当然として、いまここに明らかになった構造的な問題を踏まえるなら、さらに次のことも述べておかねばなるまい。すなわち、質保証の取組をただ矢継ぎ早に大学に要求する、しかも、「仕掛けだけ」を大上段に示すのを戒めねばならないということだ。本協会が構造的な問題の助長役になってはならない。この点について、本協会としても当然に意識している。例えば、先に本協会のスタッフ派遣制度について触れたが、少なくとも私自身が話をするときには、大上段に構えたり「内部質保証」、「学習成果の可視化」などの語を抽象語のまま語ったりしないように心がけている。

　一方で、助長者にならないようにと自覚しつつも難しいのは、実際の大学評価である。評価という「形式」を介した大学とのコミュニケーション関係であり、質保証の「仕掛け」が先行してしまう嫌いもなくはない。既定の基準や評価項目の「遵守」が大学にとって先に立つ関心事項になってしまうのは、自然の理とすらいえ否定できない。認証評価第 4 期に向けて大学基準を

改定するに際し、無用に形式的な対応を求めてしまうような要素は意識的に改めたところだが、その運用については引き続き注意をもって取り組んでいきたい。少なくともそれが本協会の責務だろう。

3.5「大学教育の改善・改革への学生参画」のために

　紙幅に限りがあるとはいえ、触れずには終われない論点がある。「学生参画」である。

> 　…DP等や可視化された学習成果を通じた学生とのコミュニケーションは、これまで我が国において盛んとは言えなかった大学教育の改善・改革への学生の参画の重要な一歩ともなろう。学生参画の重要性について特筆すべき点として、カリキュラムにおける様々な授業の学習経験の全体像を実体験で把握しているのは学生だけであることが挙げられる。…したがって、教学マネジメントにおける学生とのコミュニケーションは、双方向である必要がある。これにより、DP等や可視化された学習成果を学生自身が活用できるようにするのみならず、学生の声を教育の改善・改革に活かすのである。…
>
> （理念(4)(抄)）

　「学生参画」というと極めて広漠なものだが、引用個所で話題になっているのは「大学教育の改善・改革への学生の参画」である。「教学マネジメント2.0」は授業・学修にインパクトの及ぶことを志向するので、「様々な授業の学習経験の全体像を実体験で把握している」学生を重要視するのである。

　ところで、大学教育の改善・改革への学生の参画というものは、質保証における学生参画というテーマ圏とも重なりを持つ。大学教育の改善・改革と質保証とは全く同じものではないが、学生参画のもとで行う教育改善・改革を、教育の質保証につながるようにしていく、すなわち、教育の内容や水準を当該学位に見合うものとし、学生の適切な学習活動を確実ならしめることに資せしめていくというのは、きわめて重要で質保証の本質的な問いである。

それゆえにここでは、「教学マネジメント2.0」に述べられた学生参画を、質保証における学生参画というテーマに引き寄せて、本協会の方策を考えていってみたい。

　実は本協会の大学評価研究所は、質保証における学生参画をテーマとする調査研究に取り掛かっている。2024年9月までを予定するものだが、本章執筆時点（2023年9月）にあっては、ちょうどアンケート調査やインタビュー調査の実施段階にある。本調査研究の終局目的は、大学評価等の外部質保証の過程に学生をどう参画させられるかなどを探るものだが、外部質保証に先立つものは大学の内部質保証である。したがって、内部質保証において未確立で位置づけが不明確なまま外部質保証が先走っても仕方がない。前輪が動こうとしないのに後輪が勢いよく動き出すものなら、その二輪車は転倒を余儀なくされ、まかり間違えば乗り手が大怪我することにもなる。こうしたことを考慮して、調査研究は大学内の質保証過程における学生参画のあり方を探ることから積み上げていく内容となっている。もちろんこの調査研究は簡単にはいかない。なぜなら、先ず「学生」とは何なのかということすら自明でない。学習主体・当事者として重要な「ステークホルダー」だという言い方もあれば、学習成果の達成のために教育がどういう意味を持ったかを知る「専門家」だという言い方もあり、あるいは教員にとっての「パートナー」だという位置づけ方もある[8]。また、「参画」という概念も幅が広い。例えば「評価者になる」という意味だけで参画を捉えることはできない。いずれにしても、丁寧な調査と概念整理が必要になる。間違っても欧州等の事例を単に調べて、「横のものを縦にする」如き変換で対応できるものではない。単純置換でお茶を濁してしまえば、それこそ「次から次へと質保証の取組が課され、大学はそれをただ受け入れるしかない」という構造、「質保証のための仕掛けだけが提示される状況」の再生産に過ぎなくなる。本協会として、まずは調査研究に全力を注ぎ、そしてそれを踏まえて大学が実装できるものを、大上段ではなく提示していきたいと考える。それは、「教学マネジメント2.0」

---

[8]　これについては、山田（2021）, pp.4-14などに詳しい。

のいう「大学教育の改善・改革への学生の参画」にとっても大きなヒントを
与えるものとなろう。

　なお、提言が学生参画の端緒として「DP 等や可視化された学習成果を通
じた学生とのコミュニケーション」を挙げていることには学ばされるものが
ある。というのも、学習成果というものの測定の意義・取り扱いについて、
学生という主体を介在させて考えることを迫るものだからだ。「教学マネジ
メント指針」が挙げる学習成果の把握の目的は、主に 3 つだと理解されるが、
その一つは、学生自身が自らの成果を自覚・説明できるようにすることにあ
る[9]。あらためて学習成果が本来的に学生に帰属するものであり、把握された
成果は学生のために活用されねばならないことを「教学マネジメント 2.0」の
提言からは学ぶことができる。質保証という文脈にあっては、とかく教育改
善の面で学習成果が論じられることも多いが、本協会としても改めて学生と
いう存在を意識する必要性を、ここで付記しておきたい。

おわりに

　本章では、「教学マネジメント 2.0」の提言に即しながら、これへの応答と
なる一つの模索、すなわち本協会の取組等について述べてきた。繰り返しに
はなるが、本協会の方策として実際に決定され、あるいは検討されている事
項のほか、筆者個人の経験、見解等も多分に織り込んだのが本章である。そ
の点を再びお断りしておきたい。あくまでそれを前提として、これまで触れ
たことをまとめて擱筆としたい。

　まず本章で触れた本協会の方策を振り返ってみるならば、大学評価に関わ
る内容もあれば、評価に直接には関わらない内容も多く含まれていたと端
的に言えよう。「評価に直接には関わらない内容」というのは、スタディー・

9　「教学マネジメント指針」には、学位授与方針に定める「学修目標の達成状況を〔学生が〕可
　視化されたエビデンスとともに説明できるよう」にすることや、学位授与方針の見直しを含
　む「教育改善につなげる」こと、そして「学生の学修成果や大学全体の教育成果に関係する情
　報をより自発的・積極的に公表していくこと」といった記述があり、学習成果を把握する意
　義はおよそこの 3 つにあると理解される (中央教育審議会大学分科会 2020, pp.22, 39)。

プログラムやスタッフ派遣等である。むしろそちらのほうが記述量として多かっただろう。こうした記述量の比になったのは、書き手の筆の運びという個人的要因によるかもしれないが、評価以外の様々な取組を実際に本協会がしてきたことの結果、そしてこれからも継続・発展させていきたいと考えていることの反映でもある。むしろ言うべきは、これが本協会のアイデンティティだということだ。本協会は認証評価を行う機関であるが、正確には認証評価も行う機関であって認証評価のためにのみ存立している組織ではない。1947 年の創設以来、大学によって成り立つ大学団体として、様々なかたちで大学の質的向上に貢献できるよう活動してきた。大学評価などの認証評価は、本協会が行う様々な事業のワン・オブ・ゼムなのである。まさに、研究所を附置し、調査研究を経て「教学マネジメント 2.0」のとりまとめに至ったのも、創設以来持ってきた意志と取組の流れにあるもので、今後「教学マネジメント 2.0」という提言を受けて様々なかたちで側面から大学を支えていくのは、本協会の本質的使命だといえる。表題で「大学団体」といい「評価機関」と言わなかったのも、ここに所以がある。本章で述べてきた内容の総括として、このことには是非触れておかねばならない。筆者自身の自覚を新たにするためにも。

文献

中央教育審議会大学分科会 (2020)、「教学マネジメント指針」

大学基準協会 (2023a)、『教学マネジメントに関する調査研究報告書～大学の現場の実態分析と教員・学生に届く実質化の提言～』

大学基準協会 (2023b)、『大学評価ハンドブック』

市川昭午 (2001)、『未来形の大学』、玉川大学出版部

前田早苗 (2023)、「設置基準の改正と認証評価の関係をどう考えるか」、『IDE 現代の高等教育』No.652, pp.45-49.

Martin, M.(ed.) (2017), *Internal Quality Assurance: Enhancing higher education quality and graduate employability*, Paris: IIEP-UNESCO.

Nickel, S., (ed.) (2014), *Implementierung von Qualitätsmanagementsystemen: Erfahrungen aus der Hochschulpraxis*, Gütersloh: gemeinnütziges Centrum für Hochschulentwicklung. (https://www.che.de/wp-content/uploads/upload/CHE_AP_163_Qualitaetsmanagement systeme_2014.pdf) 2020 年 3 月閲覧。

日本私立学校振興・共済事業団 (2023),『私立大学等経常費補助金取扱要領・私立大学等経常費補助金配分基準』(https://www.shigaku.go.jp/files/s_hojo_r04y.pdf) 2023年 6 月 2 日閲覧。

Overberg, J. (2019), " 'Skipping the quality abracadabra': academic resistance to quality management in Finnish higher education institutions and quality managers' strategies to handle it", *Quality in Higher Education*, Vol.25-No.3, pp.227-244.

Steinhardt, I., Schneijderberg, C., Krücken, G., Baumann, J. (2018), *Externe und interne Qualitätssicherung von Studium und Lehre durch Akkreditierungs- und Evaluationsverfahren*, Kassel: International Centre for Higher Education Research Kassel.

Szymenderski, P., Schwalbe, A. & Herklotz, M. (2020), „Qualitätskultur als eine zentrale Bedingung für nachhaltige Qualitätsmanagementsysteme am Beispiel der TU Dresden, " *Qualität in der Wissenschaft*, 2020-1, pp.17-25.

山田勉 (2021),『学生参加による高等教育の質保証』, 東信堂

第2部　教学マネジメントの具体策及び実践事例

第1章　各学問分野の教育研究 (DBER) と実践の普及　　　　　大森 不二雄
　　　――エビデンスに基づく変革を担う教育専門家を各学部に――

第2章　教学マネジメント 2.0 に向けた現場における知見としての
　　　茨城大学の実践事例　　　　　　　　　　　　　　　　嶋田敏行

第3章　総合教育部長、地雷を踏む　　　　　　　　　　　　鈴木久男
　　　――教育改革の現場から――

第4章　内部質保証のための外部評価の効果と課題　　　　　　森　正美
　　　――京都文教大学における協働的実践の摸索――

第5章　淑徳大学における「ボトムアップ志向」の教育改革
　　　――コミュニケーション重視の教学マネジメント――
　　　　　　　　　　　　　　　　　　　　　　　　荒木俊博・下山昭夫

第6章　「学び」をマネジメントする大学総出の教学マネジメント
　　　――桐蔭横浜大学の事例――
　　　　　　　　　　　　　　　　　　　　　　　　　　　　河本達毅

第1章　各学問分野の教育研究（DBER）と実践の普及

——エビデンスに基づく変革を担う教育専門家を各学部に——

大森 不二雄

1.　はじめに：教学マネジメント 2.0 には各分野の教育専門家が必要

　本章は、第1部第1章で触れた分野ごとの教育専門家の育成・配置・活用の在り方を論じ、具体策を提案するものである。

　我が国では、学習成果を重視した大学教育の質保証に関する論議において、学習成果のうち汎用的能力に注目が集まる傾向にある。しかし、学問を基盤とする大学教育は、学問分野固有の知識技能と汎用的能力を一体的に育成する必要がある。また、大学教員の大半が自らの専門分野に帰属意識を有し、当該分野の教育に携わることに鑑みれば、分野を問わない一般論としての教育論の説得力には限界がある。

　すなわち、学習成果重視の授業変革を進めるためには、全学レベルのみならず、学部・学科等のレベルにおいても、学習者本位の教育への変革の熱心な推進者が不可欠であり、そうした人材は、分野固有の教育実践に関する知見を備え、その普及の担い手となることが期待される。大学執行部の支援の下、学部等がオーナーシップを発揮し、教員・学生に届く教学マネジメント 2.0 へのアップグレードにとって、各学問分野における教育専門家の育成・活用が決め手となると言っても過言ではない。

2.　DBER（分野別教育方法研究）とは何か

　その具体的方法論として、日本では未だ殆ど知られていないが、海外では、北米を中心に、STEM（Science, Technology, Engineering and Mathematics）諸分野で、各学問の教育において学習成果向上に効果的な教授法のエビデンスを

提供する実践的・実証的研究である「DBER」(ディーバーと読む。discipline-based education research の略称) が急速に発展している。この用語に未だ定訳は無い。DBER の意味を正確に伝えようとすると、「学問分野に根ざした教育方法の研究」といった説明になるが、短めに「分野別教育方法研究」と訳すこともできよう (Wieman 2017= 大森・杉本・渡邊監訳 2021)。本章では、DBER という用語をそのまま使うこととする。米国学術研究会議の報告書 (NRC 2012) 等が詳述するように DBER は、学習科学等の知見を採り入れつつ、各分野固有の専門性の習得に向けて、知識理解と応用力習得を促す教育方法の研究である。DBER における研究は、学士課程教育を対象とする研究が多い (大森・斉藤・鈴木 2022)。

　DBER は、各学問分野内の研究領域の一つと位置付けられ (例えば、物理教育研究は物理学の一領域)、北米では、例えば、物理教育研究者は物理学科に所属するなど、通常、DBER 研究者は各分野の学科に所属する (大森・斉藤・松葉・鈴木 2022)。DBER の研究・実践は、STEM 諸分野、すなわち、物理学をはじめ、化学、生命科学、地球科学、天文学、工学等の科学・技術分野が中心であるが、米国等で一部の人文・社会科学系の研究者や大学レベルの取組も始まっている。

　図 2-1-1 は、ノーベル物理学賞を受賞した物理学者であり科学教育研究者でもあるカール・ワイマン (Carl Wieman) 氏の主導した研究チームによる研究成果の代表例であり、『サイエンス』誌に掲載されたものである。

　この研究は、カナダのブリティッシュ・コロンビア大学の工学専攻の学部 1 年生を対象とする物理学の授業について行われたものである。教育経験の殆ど無いポスドク研究者による DBER に基づく授業 (実験群) が、学生の授業評価で高評価の教員による講義方式の授業 (統制群) と比べ、顕著に高い教育効果を発揮したことが分かる。実験群で採用された教授法は、学生にチャレンジングな問いや課題を与え、物理学者のような推論 (結果の予測や根拠となる議論) を行うよう仕向け、授業中に頻繁なフィードバックを提供するものであった (大森・斉藤・松葉・鈴木 2022)。

　DBER の知見によれば、知識理解と応用力習得など学習成果向上に効果的

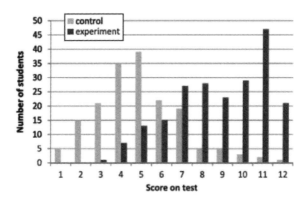

図 2-1-1 講義方式の授業（統制群：control）と DBER に基づく教授法の授業（実験群：experiment）の授業後テスト得点の比較

（出典：Deslauriers, Schelew & Wieman 2011）

　な教育方法は、通常、予習を課し（例：文献を読ませる）、予習を前提として授業時間中は当該分野の専門家のような思考を個人・ペアやグループで実践させ、本物の専門家たる教員等が即座のフィードバックを行うものである。専ら教員が話すのを学生は受け身で聴く伝統的講義と比べ、高い学習成果をもたらすとの知見が蓄積されている。このような教授法の有効性は、理系・文系を問わないはずである。ワイマン氏は、DBER は人文・社会科学でも有効なはずであると主張している。

　DBER のエビデンスに基づく教授法は、いわゆるアクティブラーニングの形態とみなせる。ただし、アクティブラーニングと称するものが全て DBER の知見に照らして効果的というわけではない点には注意を要する。活動ありきによる学生の満足ではなく、知識・技能の習得に焦点を当て、汎用的スキルを強調する教育学理論とは異なり、各分野固有の専門性の習得に向けて、受講生の知識理解を確かめ、応用の機会を与える。学生がどこでつまずくか、真の理解に到達しているか等の判断は、当該分野の専門家でなければ為し得ない。試験は合格（知識の暗記再生、公式通り計算等で解答）しても、当該分野の重要概念を理解していない、といった問題を克服しようとする点に DBER

の真骨頂がある（大森・杉本・渡邉 2021）。

　DBER による研究成果は、物理学分野にとどまらない。学士課程レベルの STEM 諸分野の教育に関する 225 もの研究のメタ分析（Freeman et al. 2014）によると、試験成績・不合格率等どの指標をとっても、アクティブラーニングが伝統的講義を大幅に上回る教育効果を示していることが分かった。近年も、アクティブラーニングの有効性を示すエビデンスが蓄積され続けている。例えば、物理学については Rodriguez & Potvin（2021）、化学は Partanen（2018）、数学は Ng et al.（2020）等である。

3. 海外における DBER 専門家など教育専門教員

　本節では、米国・英国等で、DBER 研究者など各学問分野の教育専門家として活躍する大学教員の状況を紹介する。

3.1 米国における DBER 専門家

　米国では、DBER を専門として研究・教育する教員ポストを設置する大学が増え続けており、例えば 2015 年度に生物学分野だけで 25 以上の公募があったという（Dolan et al. 2018）。また、米国の大学の理系諸学科における教育の専門性を備えた教員（Science Faculty with Education Specialties: SFES）に関する調査研究（Bush et al. 2013）によると、SFES は 2000 年以降に急増し（SFES の半数以上が 2000 年以降の雇用）、全米の多様な大学の物理学・化学・生物学・地学等各学科で広く雇用され、准教授・教授をはじめ幅広い職位に就いているという。全ての SFES が DBER 専門家であるとまでは言えないとしても、重なりは大きいと言えるだろう。需要が増えれば、供給も増える。すなわち、DBER を専攻して博士号を取得できる大学院も増えている（Dolan et al. 2018）。

　米国等では、学問分野の研究を担う教員は大学院の責任を負い、DBER を研究する教員が学士課程の責任を負うとともに他教員の授業改善を支援する、そうした役割分担が見られる大学もある。最先端の研究を期待される教員が同時に学士課程の責任も負う状況では、研究・教育とも十分な成果を上げることは期待し難いことから、このような役割分担に至っているのである。

3.2 英国における教育専門教員

また、英国・豪州・カナダでは、正規雇用（無期かつ常勤）の教員のうち、教育に専念する教員が実数・比率ともに増大してきている。教育・研究分業としての教育専門教員の増加である（杉本・大森・森・丸山・夏目 2021）。

ここで、英国の例を見てみよう。日本と比べ、経営・教学両面において自律性が高いイギリスの大学では、政府の政策誘導によるものではない、大学自身の戦略的行動によって生起した変化が顕著である。その一例が、大学教員職の機能分化であり、各大学自身の判断によって進められてきたものである。イギリスの大学にとって、切実な課題として定着している研究評価（補助金額に直結）への対応に加え、教育機能の強化が課題となる中、研究と教育という機能ごとの教員職の分化が進んでいる。すなわち、多くの大学で、教育・研究両方を担う教員職に研究業績を求める圧力が高まる一方で、研究は職務として求められず教育に専念する教員職（teaching-only or teaching-focused academics）が増加している（夏目・山田・大森・渡辺 2020）。

教育専門教員は、大学ごとに職名が決められるが、教育・研究両方を担う伝統的教員職の多数を占める Lecturer に相当する職階として Teaching Fellow という職名を使う大学が多く、最上位の Professor に相当する職として Professorial Teaching Fellow に至るまでキャリアパスを整備している大学もある（杉本・大森・森・丸山・夏目 2021）。

高等教育統計局（HESA）の公式統計（https://www.hesa.ac.uk）によると、イギリスの高等教育機関における無期雇用常勤教員（テニュア教員に相当）のうち、教育専念（teaching-only）教員の占める比率は、10 年間で倍増し、実数はそれ以上に増えた（2009/10 年度：7.8% 6,815 人→ 2018/19 年度：15.5% 16,635 人）。英国の場合、非常勤や有期雇用を含む教員全体に占める無期雇用常勤教員の占める比率は、低下しておらず、実数は増えている（2009/10 年度：48.1% 87,420 人 → 2018/19 年度：49.4% 107,205 人）ことから、高等教育における雇用の非正規化（casualisation）という視点では、教育専門教員の増加傾向を解釈できない。同期間に、無期雇用常勤教員における教育・研究両方を担う教員の比率は低下

し (80.5% → 71.3%)、研究専念教員はほぼ横ばいの傾向にある (11.1% → 12.4%)(杉本・大森・森・丸山・夏目 2021)。さらに、実際の役割が teaching-focused の教員は、雇用契約上公式に teaching-only とされる教員より多い (Locke 2014) との見方があり、HESA のデータは、教育専門教員の数を過小評価している可能性もある。

　ちなみに、日本の大学に教育専門教員がどれくらいいるかというと、大学等の無期雇用教員のうち 2% に満たないことを明らかにしたデータがある。すなわち、文部科学省科学技術・学術政策研究所 (2015, p.34) によると、任期無し教員の職務の範囲については、教育と研究の両方が 95.5% と殆どを占め、残りは、教育専任 1.7%、研究専任 0.6%、教育・研究以外 0.7%、その他 1.5% と、ごく僅かに過ぎない。

　英国における教育専門教員の増加要因として、研究評価が強調されることが多い。すなわち、研究業績の高い教員の教育負担を軽減するためとか、研究業績の低い教員を研究評価の対象外にするため、といった理由が挙げられてきた。たしかに、長らく大学の戦略的行動を左右してきた研究評価対応や、研究を教育よりも上位に置く価値観は、否定できない。しかし、近年、徐々にではあるが、昇進基準で教育も重視する大学が増えるなど、変化も見られる。その背景として、一括補助金から後払い授業料 (ローン) 中心の高等教育財政への制度改革、学習者本位・学習成果重視の大学教育への転換を求める政策動向、研究評価とのバランスを正すべく導入された教育評価制度 TEF (Teaching Excellence and Student Outcomes Framework) 等により、大学に教育機能の強化へのインセンティブをある程度与える環境がもたらされていることが指摘できる (杉本・大森・森・丸山・夏目 2021)。

　本来、教育専門教員は、教育・研究両方を担う教員よりも、教育に関する専門性が高くてしかるべきであり、教育の質保証に資するべき存在であろう。実際、DBER や SoTL (Scholarship of Teaching and Learning) に取り組む者もいる。しかし、それが研究として正当に評価されているとは言い難い面がある。現実には、イギリスにおける教育専門教員の在り方は多様であり、その特徴は、①多くの授業を担当する教員、② SoTL や DBER の研究者、③教学マネジャー、のいずれか又は組合せと表現できよう (杉本・大森・森・丸山・夏目 2021)。

4.　日本における現状と課題

　本節では、DBER が未普及で教授法に問題を抱える日本の大学教育につい
て、学生調査及び教員調査の結果の考察を含め、現状と課題を明らかにする。

4.1 日本では DBER の導入そのものが課題

　日本においては、幅広い分野をカバーする大学教育研究や科学教育研究・
工学教育研究等は行われてきているものの、DBER という概念はあまり知ら
れておらず、各分野内の研究領域の一つであるという位置付けが確立してい
るとは言えない。

　こうした中、DBER のうち最も早く発展した物理教育研究 (Physics Education
Research: PER) についても、「海外の研究の進歩から大きく後れを取っている」
(新田 2016, p.40) と言われる。とはいえ、PER においては、日本でも、海外の
研究動向を踏まえた研究の蓄積がある程度は見られる。実践研究について
のみ少数の例を挙げれば、ピア・インストラクション (Mazur 1997) の実践 (鈴
木ほか 2006; 鈴木ほか 2008; 兼田・新田 2009; 新田 2011; 新田ほか 2014)、相互作用型
演示実験講義 (Sokoloff & Thornton 1997) の実践 (山崎ほか 2013; 北村・谷口 2015; 谷
口 2017; 北村・谷口 2018; 右近 2019; 梅田 2021)、チュートリアル (McDermott et al.
1997) の実践 (植松 2011; 植松 2015; 加賀・宗尻 2020) 等がある。ただし、これら
の研究における PER に基づく教授法の実践は、個々の研究グループによる
小規模なものであり、北米に見られるような大規模で組織的な展開 (例えば、
Wieman 2017= 大森・杉本・渡邉監訳 2021) には至っていない (大森・斉藤・松葉・
鈴木 2022)。

　このような背景の下、日本学術会議 (2020) が「物理学における学問分野に
基づく教育研究 (DBER) の推進」を提言したことは、注目に値する。

4.2 日本における教授法の憂慮すべき状況

　日本における DBER に基づく教授法の普及状況を具体的に調査した文献
は、殆ど見当たらない。例えば、令和元年 (2019 年) 度の大学における教育内

容等の改革状況の調査（文部科学省 2021）では、「ブレンディッド型学習」（反転授業）や「クリッカー技術による双方向型授業」を導入・実施している大学が40％台であるなどと報告されているが、科目別の集計結果は示されておらず、またこうした授業が DBER の知見に基づく教授法を導入したものであるかどうかも不明である。2015 年度における大学のアクティブラーニングの取組状況の調査（河合塾 n.d.）では、学科分類別の集計はなされているが、アクティブラーニングには演習や実験が含まれるなど、やはり DBER に基づく教授法の導入状況を明らかにするものではない（大森・斉藤・松葉・鈴木 2022）。

　他方、次に紹介する調査研究からは、DBER の知見に基づく教授法が殆ど普及していないと推察できる状況が垣間見える。北海道大学において行われた調査（徳井・宮本 2015）では、演習科目や実験科目を除いて、講義型授業科目がアクティブラーニング化された割合は 20％程度にとどまっている。また、覽具（2020）は、同氏を研究代表者とするチームが 2014 年から実施し、日本の大学の中から理工系及び理科教員養成系の 29 学科の授業クラスが参加した物理教育の状況調査では、20 クラスが講義中心型、9 クラスがアクティブラーニング型で、うち 4 クラスが PER に基づく能動的学習を行う改革型授業であり、他の 25 クラスと比べ学習効果が高かったことを明らかにしている。アクティブラーニング型のうち、学習効果の高かった 4 クラスを除く 5 クラスが改革型でなかったことの明記はないが、少なくとも学習効果の高い教授法は、この調査対象に関する限りでは全体の 14％程度にとどまっていたことが分かる。アクティブラーニング型授業が PER の教授法を導入しているとは限らず、この調査から PER の教授法の普及実態が明らかになったとは言えないが、逆に PER の教授法はほぼアクティブラーニング型であることを考慮すれば、いずれにせよ PER の教授法が広く普及している状況にはないことが推測される（大森・斉藤・松葉・鈴木 2022）。

　PER の知見に基づいていなくとも、アクティブラーニング型でなくとも、学習成果が確保されていれば、あまり問題はないであろう。だが、上述の調査結果（覽具 2020）によると、高校での物理教育を反映する大学入学時点の古典力学の基礎概念の理解の到達状況（事前テストで測定）は、米国とおよそ同

程度であるのに対して、大学での古典力学科目履修による概念理解の伸長度（事前テストと事後テストから算定）は、PER に基づく改革型授業を行った 4 クラスを除く 25 クラスでは米国と比較にならない極めて低いレベルにとどまった（マイナスの値をとるクラスも少なくなかった）。すなわち、理系基礎教育としての物理科目履修が古典力学の概念理解の向上を殆どもたらしていない、という憂慮すべき実態が明らかにされた（大森・斉藤・松葉・鈴木 2022）。

なお、「概念理解」(conceptual understanding) は、物理学のみならず、STEM 諸分野において重視され、概念理解を定量的に測定する研究は、諸分野の DBER に共通する主要な研究領域となっている。その際、物理学に始まり他分野でも開発された「概念調査」(Concept Inventory) という理解度を測定する調査問題集が使用される（斉藤 2022）。概念理解が重視される理由は、応用や学習の転移が必要となる場面で、概念理解に基づく定性的議論によって問題の本質を捉えることが重要となる一方、学生はしばしば経験や直感に基づく強固な誤概念を抱いており、その克服が必要だからである（大森・斉藤・鈴木 2022）。

4.3 学習者視点からの教授法と学習成果

以上の背景を踏まえ、筆者ら（大森・斉藤・鈴木 2022）は、理系の大学生・大卒者の全国調査（回答数 2,000 人のインターネット調査）を実施し、大学 1・2 年次に専門基礎科目として学ぶことが一般的な数学・物理学・化学の授業科目について、学習者の視点から見た教授法の実態、自己評価による概念理解、両者の関係等について分析し、日本の理系基礎教育の現状と課題を考察した。

その結果、数学、物理学、化学のいずれにおいても、学習者の視点から見た教授法として、講義型授業の方がアクティブラーニング型授業よりも多い、依然として伝統的講義が一般的な実態が明らかになった。また、予習よりも復習が多く課されている。理系科目の授業に関する従来のイメージに概ね一致する結果である。

そして、数学、物理学、化学のいずれも、授業がアクティブラーニング型であるほど、概念理解の自己評価が高い、すなわち、概念調査等による概念

理解の客観的測定がアクティブラーニングの有効性を示してきたことと整合的な結果となった。概念理解の客観的測定については、日本学術会議（2020）等が物理学についてアクティブラーニングの有効性を明らかにしているが、この調査研究により、学習者の主観的認識においてもこの傾向が裏付けられるとともに、物理学のみならず化学や数学についても同様であるとの知見が得られた。

　この全国調査の結果、理系基礎教育という一断面から捉えたものとはいえ、アクティブラーニング型授業の普及は、大学教育における学習成果の確保にとって、依然として重要課題であることが判明したと言えよう。

4.4 教授法の変革のための課題：組織的な取組と DBER 専門家の育成

　アクティブラーニングがその有効性にもかかわらずなかなか普及しないことについては、教員の視点からの問題の把握が必要である。そこで、筆者ら（大森・斉藤・松葉・鈴木 2022）は、DBER のうち最も早く発展した PER の研究・実践に取り組む研究者・教育者が日本における現状と課題をどのように認識しているかを把握するため、国内の物理教育研究者 10 名を対象に、ビデオ会議システムを用いたオンラインにより、次の質問項目をカバーした半構造化インタビューを行い、その調査結果を分析・考察した。

① PER の普及の必要性をどう考えるか？
② PER の普及において困難に感じること、又は困難と思われることは何か？
③ PER の普及のために何が必要か？
④ PER の普及のためにどのような FD が必要か？

以下、上記項目順に、インタビュー調査の結果を概説する。

　まず PER の普及の必要性について、調査対象者の認識を要約すると、日本の物理教育の現状は課題があり、PER 及びその研究成果に基づく教授法の普及が必要だというものである。また、日本では、PER 研究者が少なく、物理学者の間で研究領域として認知されていないとの課題認識も語られた。

　これらの認識について少し補足する。調査対象者の多くは、日本の物理教

育について、上手くいっていないと認識し、知識・技能を伝えるこれまでの講義型の授業では学生の理解が進まないと感じるとともに、知的関心・好奇心や思考力・判断力などを育成する必要があると考えており、これらの課題に対して PER の手法がとても有効であることは、調査対象者の共通認識であった。しかし、日本では、PER に取り組む研究者は少なく、調査対象者の一人は、20 名から 30 名程度であろうと推測していた。その多くは、教員養成大学・学部又は全学共通教育（教養教育）実施組織に所属しており、理学部物理学科等に籍を置く PER 専門家が殆どいないという。教育に熱心に取り組む教員はいても我流で満足し、研究領域としては考えられていないことが多いという。

　調査対象者が認識する PER 及びそのエビデンスに基づく教授法の変革の普及における困難は、要約すると、①授業担当者に教授法の変革の必要性を認識してもらうのが容易でないこと、②大学のマネジメントや制度が教育の変革を後押ししていないという組織的課題、③ PER を研究し実践する専門家の不足、という 3 つの要因に大別される。これらの要因について、順に解説する。

　まず、一つ目の困難については、教員は熱心に教えていることも多いため、学生が授業を理解できていなくても授業評価が低くならず、問題があるとの認識に至らないとの見解も示された。なお、学生による授業評価が、教員への好悪の印象等に左右されやすい一方、学習成果を反映するものとはなっていない点については、例えば Wieman（2015）等の研究が明らかにしている。また、教授法を学ぶ機会がないため、自分が受けてきた方法で授業してしまうという指摘があった。この背景には、新田（2011; 2016）の述べるように、物理学の大学教員は、学生時代に物理学を自ら能動的に学ぶ学習者であったため、授業は伝統的講義であっても支障がなかったがゆえに、理解度を学生側の要因に帰しがちで、授業変革への動機付けが不足する傾向もあろう。また、忙しくて 1、2 年生の教育にまで時間を割くことが難しい、といった課題も挙げられた。このほか、教えるべき内容をカバーして体系的に授業を行いたいという教員が多いため、なかなかアクティブラーニング手法が馴染まない、

という意見もあった。他方、授業担当者に物理学が能動的に学ばないと真の理解に到達し難い分野だとの認識が不足しているとの指摘もあった。

　二つ目の困難としての組織的な課題については、大学（経営陣、物理学科）が物理教育の変革に注力していないことが挙げられた。教育改革は大学のマネジメントレベルから変えていかないと動かないが、「大学の経営陣が物理教育などに構造的な問題があることを認識していない」という。また、大学間競争の中で研究業績を高めなければならず、教育にリソースを割きにくいといった課題も指摘された。よりマクロレベルの課題として、日本の大学制度や大学教育の在り方とそれに基づく学生の実情の指摘もあった。すなわち、学生の授業外学習が不十分との指摘である。カリキュラムの問題として、特に 1 年生・2 年生の履修科目数が非常に多く、効果的な授業に必要な予習時間が取れていない実情、そこには、就職活動や最終学年を卒業研究に専念させたい（3 年生までに必要単位を取らせたい）との大学側の思惑もあること等が挙げられた。

　三番目の困難については、「PER 専門家の不足、特に研究大学の物理学科に籍を置く PER 専門家が皆無であり、研究体制が貧弱であること。」を指摘した意見が典型である。また、教育の実践研究が低く見られがちで、リスペクトを受けるようにならないと難しいとの課題が挙げられた。「教育は（研究の）おまけであるという考え方だと、優秀な人材が確保できない。」とも語られた。このほか、PER 研究者の多くが所属してきた教員養成大学において、教職大学院が重視されるようになり、教科教育（物理教育はその一部）に力を入れにくくなっているので、理学部物理学科等の取組を期待する声もあった。さらに、PER 研究者間で個別の交流はあるが大きなコミュニティにはなっていないとの指摘、関連学協会等が分散しており連携強化が課題との意見もあった。また、PER 研究者と理学・工学研究者との交流が少ないとの指摘があった。

　PER とそれに基づく教授法の普及のために必要なことについては、以上の 3 つの困難のうち、二つ目と三つ目に対応するかのように、組織的な取組の重要性と PER 研究者の育成の必要性を強調する意見が多かった。

　組織的な取組については、「一人だけで教育の在り方を変えることは不可能である。最小単位として学科レベルで意識の共有が必要である。その上で、学部長、学長の理解と協力が不可欠である」との指摘が典型例である。具体策としては、例えば、教員へのインセンティブの付与として、教育改革プロジェクトに予算を付ける、教育改善計画を条件にアシスタント等の人員を配置する、といった意見が挙げられた。また、既存の教育システムへの組込みとして、例えば、大学教員の初年次研修に含める、大学の質保証システムの評価項目にする、といったアイデアも提案された。

　PER研究者の育成については、若手研究者や学生にPERという研究分野の存在を認識してもらうことが、学問分野としての成長に必要との指摘があった。また、「物理教育でPh.D.が取れるような大学もないのが問題」だと指摘し、これを可能にすることでPER研究者の増加に繋がるという意見が述べられた。さらに、教養教育担当組織にPERを知ってもらうことにより、普及の可能性があるかもしれないとの意見もあった。PER普及運動へのノーベル賞級の学界重鎮の参加等の方策も挙げられた。

　組織的な取組及びPER研究者の育成を含む様々な取組を支えるファンディング（予算措置）の重要性の指摘もあった。PERの研究自体や研究成果に基づく教科書・教材の開発・普及等のための資金投入である。

　PERの普及に効果的なFD手法としては、公開授業（学生の反応や変化を見てもらう）、プレ・ポストテストを用いた授業評価法のFD、全国から大学の物理系新人教員を集めた合宿でのワークショップ等が挙げられた。また、大学等でFDを行う際は、PERを難しいものとして紹介せず、労力がかからずできるなど、ハードルを下げて紹介することも必要だとの意見があった。

5. 国際比較の視点からの課題の考察

　本節では、前節の調査結果から得られる示唆について、国際比較の視点から考察する。本節の内容は、4.4に引き続き、大森・斉藤・松葉・鈴木(2022)に基づいている。

　前節の調査結果において、PERとそれに基づく教授法の普及に必要なこ

ととして、組織的な取組が強調されていたことが特徴的である。その一方で、調査対象者の誰一人として、日本における組織的取組の事例について語ることはなかった。関連事情を熟知していると思われる調査対象者によって、組織的取組の事例が殆どないことが裏付けられたと言える。我が国におけるPER とそれに基づく教授法の普及にとって、組織的取組の必要性が第一の課題として浮かび上がったことになる。

　組織的取組が進んでいない要因としては、まず PER 研究者が少なく、物理学者の間で研究領域として認知されていないことが挙げられる。これに対し、米国では、3.1 において前述した通り、PER を含む DBER の専門家が急増している。また、日本の場合、インタビューで語られた通り、PER の研究者及び実践者の多くが教員養成大学・学部又は全学共通教育 (教養教育) 実施組織に所属しており、理学部物理学科等に籍を置く PER 専門家が殆どいないことも一因と考えられる。米国の大学における PER 研究者のように、同じ学部・学科の同僚として働き掛けることが困難だからである。

　米国では、既に 2010 年代前半に、STEM 領域の学士課程教育について、DBER によるエビデンスやそれに基づく教育変革が、一部の教員や授業における取組にとどまり、なかなか普及しないことが課題視され、学科レベルや機関レベルの組織的な変革のための知見の必要性が重視されるようになっていた。こうした問題意識から、2011 年と 2014 年の 2 度にわたり「大学を変革する」(Transforming Institutions) というタイトルの国際会議が開催され、同会議における発表を基に書籍 (Weaver et al. 2016) が編纂された。同書には、機関レベルや学科レベル等の STEM 領域の教育変革の取組事例が数多く所収されている。その代表的な事例の一つが、同書の序文の筆者、第 2 節で紹介したカール・ワイマン氏が主導した取組である。この取組については次節で解説する。

　米国にあっても、DBER による知見の教育実践への反映については、なお課題が大きいと認識されている。既に 20 世紀末には Redish (2000) によって指摘された課題であるが、Fulmer (2014) によると、依然として授業は伝統的な講義方式が主流であり、DBER による研究の進展にもかかわらず、大規模

な授業変革が進まない現状に、DBER研究者や政策立案者が苛立ちを募らせているという。DBERの研究成果がFDワークショップ等の機会を通じて一定程度周知されてきてはいるものの、実際の授業実践に採り入れられても、継続しないというデータも報告されている（NRC 2012）。それゆえ、次のステップとして、組織的な変革に取り組む実践とその研究が始まっているのだと言えよう。

　組織的取組については、特に北米においてPERを含むDBERに基づく教授法の普及・変革のための組織的取組の事例が少なからず見られるようになっている。日本における課題は大きい。

　インタビュー調査で浮かび上がったPERとそれに基づく教授法の普及のためのもう一つの課題、すなわち、PERを含むDBERの専門家については、北米では博士課程においても育成が進められるとともに、育成したDBER研究者・教育者の就ける教員ポストが増えており、日本とは比較にならない状況であることが分かった。さらに、それらのポストは、通常、理系諸学科に設けられており、PER研究者・教育者の多くが教員養成大学・学部又は全学共通教育（教養教育）実施組織に所属している日本と比べ、理系諸分野の教育の変革に向けた組織的取組に繋がりやすいことも示唆された。

　日本では、海外の事例に見られるような組織的な取組とDBER専門人材の育成が実現していないことが、大きな課題として横たわっていると言える。

　また、特に北米では、各学問分野の教育方法に関する研究がDBERという概念で総称され、いわば一つの学術的運動として組織化されていることの重要性を見逃せない。日本では、日本学術会議（2020）による貴重な提言にもかかわらず、管見の限り、DBERの組織化に向けた具体的な動きは未だ見られない（大森・斉藤・松葉・鈴木 2022）。

6.　課題克服の具体策：組織的取組と専門家育成の一体的モデル

　本節では、第4節及び第5節で明らかにした課題を克服する方策として、海外の組織的取組と専門家育成の一体的モデルを参照し、日本への導入のための具体的提案を行う。

6.1「科学教育イニシアチブ」(SEI) と SEI 方式の普及

「科学教育イニシアチブ」(Science Education Initiative: SEI) は、前述のノーベル物理学賞受賞者にして科学教育研究者でもあるカール・ワイマン氏の著書 (Wieman 2017= 大森・杉本・渡邉監訳 2021) が詳述する通り、米国のコロラド大学ボルダー校 (CU) 及びカナダのブリティッシュ・コロンビア大学 (UBC) の282 人もの教員が 235 科目の授業で DBER のエビデンスに基づく教授法を採用するに至った取組であり、北米の大規模研究大学の学士課程における理系各学科にわたる組織的な教育改革プロジェクトであった (期間：2007 年〜 2013 年)。以下、大森・斉藤・松葉・鈴木 (2022) に基づき、SEI の取組及び SEI 方式とも呼ぶべき普及事例について概説する。

ワイマン氏の著書 (Wieman 2017= 大森・杉本・渡邉監訳 2021) は、SEI の実践においてミクロレベルの授業改善の普及如何を左右する決定的要因がよりマクロな学科等組織の在り方であることを見出し、イノベーション理論や組織変革論等に基づく社会科学的な考察を試み、学科を挙げてのコミットメントやインセンティブの重要性を知見として提示した。また、教員の負担軽減や教育専門性を担う存在として、同書がサイエンス・エデュケーション・スペシャリスト (Science Education Specialist: SES) と呼ぶ DBER 専門人材の育成・活用の必要性を強調している。SEI は、組織的取組と専門家育成の一体的推進を特徴としているのである。

SEI がどのような組織的取組であったか、また、SES がどのような人材か、大要がつかめるよう、主として同書に拠りながら (他の文献に拠る箇所は出典を特記しつつ) ポイントを要約する。

SEI は、中央事務局 (SEI Central) を置いて、プロジェクト管理に当たらせた (UBC の場合、事務局スタッフは、フルタイム換算で 2 〜 3 人であった。)。中央事務局から、授業変革等の取組を学内公募し、各学科は、申請書を作成・提出する。中央事務局は、申請を評価して参加学科 (UBC の場合は 7 学科) を選定し、競争的資金を供給する (学科ごとに 30 万〜 180 万米ドル)。参加学科は、事業責任者を決め、SES を雇用し、授業変革等に取り組む。なお、UBC による SES

の雇用総数は 50 人であった (Chasteen & Code 2019)。中央事務局は、SES の研修・指導を行い、各学科の取組進捗をモニタリングする。UBC の場合、総事業費は、6 年間 (2007 〜 2013) で 1,100 万米ドル (学科への配分額 9 百万＋中央事務局支出額 2 百万) であり (Chasteen & Code 2019)、その財源は大学予算 9 百万と寄付金 2 百万であった (Chasteen & Code 2018)。

　SES は、SEI を成功させた変革のエージェントと位置付けられている。SES の実際の名称は、CU では Science Teaching Fellow、UBC では Science Teaching and Learning Fellow であった。典型的な SES は、博士号 (Ph.D.) 取得後まもない若手研究者から採用された。採用後、DBER に基づく教育方法の研修 (最初の研修期間：1 セメスター。その後も継続的に毎週ミーティングで専門性開発) を経て、当該学問の専門性と教育の専門性を併せ持つ専門家へと育っていった。SES の主な役割は、学科の教員と協力して授業変革を実施することであった。学科内のセミナーやワークショップ開催等を通じ、教員の教授・学習に関する知識を増やしつつ、教員 (集団) に助言し、エビデンスに基づく教育の導入を支援した。SES 任期終了後のキャリアパスは、教育に重点を置いた教員ポストや DBER 研究者のための教員ポストに就くなど順調であったという。

　SEI は、これをモデルとした組織的な教育改革プロジェクトを触発した。SEI のハンドブック (Chasteen & Code 2018) は、そのような SEI 方式のプロジェクトとして 5 つの事例を取り上げている。そのうちの一つ、コーネル大学の「アクティブラーニング・イニシアチブ」は、2013 年に開始され、当時の学部長の主導で文理学部の事業として始まったが、その後、プロボストの下での全学事業となった。資金の大半は teaching fellow と呼ばれる SES 相当の職の雇用に充当されている。コーネル大学のプロジェクトの特徴は、人文社会科学分野の学科 (古典学、経済学、社会学、心理学等) も参加している点にある。もう一つの特徴的な事例として、インペリアル・カレッジ・ロンドンの「学習・教授戦略」は、DBER に基づくアクティブラーニングを大学全体・全学科に導入しようという野心的なプロジェクトである。大学の予算措置により、各学科で Strategic Teaching Fellow と呼ばれる SES 相当職を複数雇用し、カリキュ

ラム改革と教授法変革に取り組むものである。

　SEI やこれをモデルとした SEI 方式の取組には、共通する特徴が二つある
ことが分かる。一つは、教授法の変革の事例の殆どが一つないし少数の授業
科目に関する実践という現状に対峙し、組織的な変革に取り組むとともに、
学問分野に根ざした教育の変革を目指すため、学科を取組の主体としている
ことである。SEI 以外の実践研究においても、学科レベルの変革の取組の有
効性が示されてきている（Quan et al. 2019）。二つ目の特徴は、SES など学問分
野に根ざした教育専門家を雇用し、教員支援に当たらせていることである。

　これら二つの特徴は、4.4 及び第 5 節において見出された 2 つのポイント、
すなわち、組織的取組の必要性及び専門家育成の重要性と整合的であり、両
者の一体的な推進が可能であることを示唆する。

6.2 日本でも SEI 方式は可能か？

　SEI 方式は、北米等では可能でも、日本で導入するのは無理なのか。その
ように決め付けることは誤っている。

　SEI は、大学の授業に変革をもたらした組織的取組としては、おそらく最
大規模のものであるが、オールマイティなトップダウンで実施されたもので
は全くない。そして、取組の舞台となった 2 つの大学は、世界レベルの研究
大学であり、一般的に威信の高い大学ほど組織的改革は困難な傾向があるこ
とが、その実践の普遍的価値を高めている。その取組が遭遇した困難や障
壁は、日本の大学にとってもお馴染みのものが多い（大森・斉藤・松葉・鈴木
2022）。

　例えば、ワイマン氏（Wieman 2017= 大森・杉本・渡邉監訳 2021）は、取組が直
視しなければならなかった現実として、研究の成果は入念に測定され、報酬
に反映されるのに、教育の成果はそうではないということを強調する。教員
にとって教育を改善しようとするインセンティブが欠如しており、それどこ
ろか、「教員は一般に、教育を革新するために研究の時間を減らしたら、公
式のインセンティブ・システムによって罰せられると考えている」(p.170) と
述べるなど、インセンティブの問題に度々言及している。この問題は、他

の研究でも確認されている。例えば、Jacobson & Cole（2020）は、州立の研究大学における質問紙調査により、STEM 領域全 14 学科の 120 人からの自由記述回答を分析した結果、授業変革が多大な労力と時間を要するのに、変化がもたらす便益は小さいので、現状維持が合理的との教員の認識が浮かび上がっている。日本でも共通する課題である。SEI は、これに対抗する非公式なインセンティブとして、授業時間数の軽減やリサーチ・アシスタントの雇用といった方策を講じた。また、最重要の方策は、SES による支援により、教育変革に要する時間的負荷を最小限に抑えることであった（大森・斉藤・松葉・鈴木 2022）。

　また、インセンティブの問題の前に、そもそもエビデンスに基づく教授法の変革の有効性を教員や学科が理解・納得するかどうか、という課題があった。教育改善の「究極の目標は、良い教育は単に教える内容に関する知識と人格の適性によってもたらされるものではないということを、教員や学科に納得させることだと悟らなければならない。良い教育に必要なのは、確固たる学習原理に基づく教育の専門性と、学習原理を特定分野の教育に適用する、エビデンスに基づく教育実践に関する知識である」（Wieman 2017= 大森・杉本・渡邉監訳 2021, p.169）と述べる通りである。この課題は、日本の大学教員についても同様であろう。そして、SEI の取組の経験では、自学科の学生による証言等が有効であり、「出版された研究成果よりも足元の事例のほうがよほど説得力があった」（同書 p.158）という。また、教員は、自分野のエビデンスでなければ受け付けない傾向があり、例えば、化学者なら、物理学で効果のある教育方法が化学でも通用するわけではないといった信念をしばしば表明したという。ここでも DBER の意義が裏付けられる（大森・斉藤・松葉・鈴木 2022）。

　さらに、仮に新しい教授法の有効性を納得したとしても、教員には教育内容を全てカバーできるかという懸念があり、従来扱ってきた内容を全て取り上げるには伝統的な講義形式で急いで終わらせなければならないと考える教員が少なくなかったという。同書（p.166）が「教育内容の専制支配」と呼ぶこの問題は、他の研究によっても明らかにされている。例えば、Erdmann et al.

（2020）は、米国の研究大学における STEM 領域の教員 42 人を対象とする半構造化面接により、彼らの多くが自身の授業の振り返りにおいて教育内容をカバーできたかどうかの自己評価に重きを置き、学生の学修に焦点を置いていないという。日本の大学教育の現場でも、アクティブラーニング導入が困難な理由としてしばしば耳にする課題である。SEI におけるこの問題への対処は、教育内容のかなりの部分（単純な情報伝達や数学的導出）を予習や宿題で取り組ませることにより、授業時間を効率的に使うという方法であり、これを実践した教員の話を聞いてもらうことが説得力を増した（大森・斉藤・松葉・鈴木 2022）。

　SEI の取組を通して得られたポジティブな知見、日本の大学にも共通して当てはまってほしい知見についても、触れておきたい。「エビデンスに基づく双方向の教授法で教える時、教員は一貫して授業に個人的なやりがいを感じた。なぜなら、以前に比べ、学生がより積極的に学び、学習テーマへの関心と教員への注意がどちらも高まったからだ。また、学生との知的な相互作用の水準も上がり、教員は担当科目の豊かな複雑さを学生が学び取ることに以前よりずっと貢献できているとの実感を得た。」(Wieman 2017＝大森・杉本・渡邉監訳 2021, p.159) という。インセンティブ・システムの障害にもかかわらず、SEI が成功を収めた最大の理由は、個人的なやりがいの経験であったというのである（大森・斉藤・松葉・鈴木 2022）。

6.3 日本における SEI 方式の導入のための具体的提案

　以上の知見、とりわけワイマン氏の著書（Wieman 2017＝大森・杉本・渡邉監訳 2021）及び SEI のハンドブック（Chasteen & Code 2018）を踏まえ、日本における SEI 方式の導入試案について論じる。この試案は、日本学術会議主催の学術フォーラム（日本学術会議 2019）で筆者が行った講演（大森 2019）において提案したものである。

　同試案は、日本の大学教育の制度的文脈において SEI 方式の導入が期待される成果を上げるための必要条件を明らかにすべく、SEI 方式の要素として抽出した 6 つの視点、すなわち、①組織的取組、②授業方法、③教育専門家

の雇用、④学部等に対する支援、⑤取組の推進体制、⑥募集・審査等の際の留意事項、それぞれに関する要件を示そうとするものである。以下、順次紹介する。

6.3.1 組織的取組に関する要件

- 学部専門教育における学部又は学科単位の組織的取組、あるいは、全学共通教育等における科目委員会等単位の組織的取組であること。
- 対象授業科目の主担当教員が少なくとも 3 人以上にわたる取組であること。また、対象授業科目の主担当教員は専任教員に限り、授業担当教員に非常勤講師が含まれないこと。

6.3.2 授業方法に関する要件

- 対象授業科目を履修する学生に期待される学習成果を明確化し、これを測定・評価すること。
- 予習・復習を課すなど授業外学習時間を増加させ、授業外学習時間を測定すること。
- 予習を前提として、授業時間中は、教員の話す時間よりも学生の学習活動の時間を長くすること。
- シラバス作成時に、上記 3 点を含む総合的な授業デザインを行うこと。

6.3.3 教育専門家の雇用に関する要件

- 「学問分野に根ざした教育の専門家」(discipline-based education specialist: DBES) を少なくとも 1 名雇用すること。DBES として採用する職種は、教員(特任教員等を含む)とすること。
- DBES は、博士の学位を有するとともに、教育に強い関心と熱意を持ち、授業方法に関する専門性を獲得する意欲と能力を有すること、並びに他の教職員と協力して取組を推進する資質・能力を有すること。
- DBES は、採用後、学部等において職務を開始する前に、FD 担当組織等の実施する研修(1 週間程度の集中研修)を受講すること。

- DBES による授業担当（主担当以外の担当を含む）は、年間 4 コマ以内とすること。

6.3.4 学部等に対する支援に関する要件

- 財政的な支援：DBES 雇用経費、研修経費、対象授業科目の担当教員の負担軽減のための経費、授業方法及び教材の開発、学習成果の測定・評価方法の開発、等。
- 専門性開発のための研修：DBES を対象に FD 担当組織等主催の必修研修（1 週間程度の集中研修）を無料で提供（教材も無償で提供）。また、対象授業科目の担当教員のうち希望者にも同研修・教材を無償提供。
- 専門的な助言・援助：授業方法及び学習成果の測定・評価等に関する専門的な助言・援助。

6.3.5 取組の推進体制に関する要件

- 学部等における推進体制：学部単位の取組の場合は学部長の責任の下、学科単位の取組の場合は学部長及び学科長の責任の下、全学共通教育科目委員会等の取組の場合は全学共通教育等実施組織の長及び科目委員会委員長の責任の下、取組を統括するディレクターを指名するとともに、取組の推進に当たる教員によって構成される組織を整え、取組の円滑かつ機動的な推進を図る。
- 全学的な推進体制：DBER の専門性を有する者を FD 担当組織等の専任教員として雇用する。教育担当理事・副学長の下、FD 担当組織等教員や教務担当事務職員から成る事務局を設け、取組の企画・実施に遺漏なきを期す。

6.3.6 募集・審査等の際の留意事項

　DBER や DBES に関する理解が普及しているとは言い難い現状で、学内公募、申請に関する学部等からの相談及びこれに対する助言、審査・選定等の全プロセスを通じて、取組の趣旨・目的の確保を図ることが極めて重要。

- 公募・申請段階：DBER や DBES に関する参考資料を作成し、事前広報及び公募において活用することが必要。また、申請を検討する学部等に対し、取組事務局（FD 担当組織等）が丁寧に相談・助言に当たることが必要。
- 審査・選定段階：書類審査及び面接審査においては、DBER の専門性を有する教員等が参加し、DBER に基づく授業変革の導入という取組の趣旨・目的の実現が担保されるよう、審査に万全を期すことが必要。
- DBES の採用段階：取組の目的にとって DBES が決定的役割を果たすことから、DBES の採用に当たっては、慎重に適任者を選考することが必要。ついては、DBES 候補者の書類選考や面接には、学部等教員に加えて DBER の専門性を有する教員等が参加することが必要。

6.4 SEI 方式の導入には資金が必要

　日本であれ、どの国であれ、また、どの大学であれ、SEI 方式の導入には、そのための資金が必要である。これは大前提である。国や民間等からの外部資金を含め、資金源は問わない。6.1 で解説した SEI 自体及びこれをモデルとした海外のプロジェクトは、いずれも新たな資金の供給によって開始されている。しかも、大学が自己財源から資金を捻出し、取組を開始している。大学のコミットメントを伴う理想的な展開と言える。

　ただし、組織的取組と専門家育成の両面において出遅れ、課題の大きい日本において、最も望ましいのは、国の資金によって全国的に取組が推進されることである。国において、分野ごとの教育専門家の育成・配置・活用の在り方を検討し、財政措置を含めた具体策を講じることを期待したい。

おわりに：DBER 人材の育成・活用で教育力と研究力の強化が可能に

　本書の第1部第1章の提案する授業・学習に届く教学マネジメント 2.0 へのアップグレードは、分野ごとの教育専門家の育成・配置・活用に懸かっていると言っても過言ではない。我が国の大学において、DBER 専門人材が、学部・学科等のレベルにおける学習者本位の教育への変革の熱心な推進者と

して、学部等がオーナーとなる変革の担い手として、部局長等や大学執行部の全面的バックアップを受けながら活躍するようになれば、内部質保証は実質化し、大学教育の水準向上を期待できる。その際、特に北米で顕著に見られるように、DBER という概念で総称される一つの学術的運動として組織化していくことが肝要である。

　また、教育への注力と研究力の強化は、両立すべきであるのみならず、両立可能である。日本の科学研究の低迷という危機的状況に鑑みれば、学問分野の研究を担う教員は大学院の責任を負い、DBER を研究する教員が学士課程の責任を負うとともに他教員の授業改善を支援する、そうした役割分担を検討すべき時期に来ている。学問分野の研究業績を期待される教員の多くが同時に学士課程の責任も負う現状では、研究・教育とも十分な成果を上げることは期待し難いからである。言うまでもなく、最先端の研究に取り組む教員が、同時に教育の専門家となるのは容易ではない。日本の大学教育が抱える大きな課題は、分かりやすく言えば、講義を聴くだけの授業がまだまだ多い上、授業時間外にあまり学習しなくても単位が取れてしまう科目が少なくないことにより、学生に十分な力が付かないことである。勉強しない大学生と研究力の低下という現状に甘んじるのでない限り、ある程度の分業は不可避である。

　中央教育審議会大学分科会 (2021, p.11) は、「なお、教員における教育と研究のバランスの考え方を各大学において柔軟に取り扱うことができるという観点から、例えば、教育を重視する教員 (ティーチング・プロフェッサー) や研究を重視する教員 (リサーチ・プロフェッサー) などに役割を分化するという仕組みの導入等について検討することも考えられる」と検討課題として挙げたが、その後検討が進展しているようには見えない。日本経済新聞 (2023) によれば、「教育と研究を分離する改革がいる」と政策研究大学院大学の林隆之教授は指摘し、内閣府の科学技術政策担当者も「教育専門は研究専門より下、支援員は研究者より下といった昔ながらの価値観が邪魔し、人材を有効活用できていない」と指摘したという。米国等の DBER 教員や英国等の教育専門教員など、各学問分野の教育専門家として効果的な授業法を研究・実践する

教員が増えている状況を参考に、検討を具体化すべきである。

明日の研究力を育てるのは今日の教育である。また、最先端の研究を期待される教員が研究に専念できる環境を整える必要もある。DBER 専門人材の育成・配置と教育・研究の役割分化の推進により、教育力と研究力を同時に強化することが期待できる。人への投資の一環として、DBER 人材の育成・配置に資金を投入することにより、教学マネジメントのアップグレードと大学教育の質向上を実現するとともに、科学技術イノベーション創出の基盤強化を推進すべきである。

謝辞

本章は科研費（課題番号：18H01028）の助成を受けた研究に基づいている。

参考文献

植松晴子 2011,「チュートリアル方式による物理授業の試み」『大学の物理教育』第 17 巻第 3 号, pp.129-132.

植松晴子 2015,「チュートリアル方式の授業実践を通して実感する米国物理教育研究の成果」『物理教育』第 63 巻第 1 号, pp.2-7.

右近修治 2019,「相互型演示実験授業 (ILDs) による授業研究」『東京都市大学共通教育部紀要』第 12 巻, pp.49-67.

梅田貴士 2021,「『橋渡し』を取り入れた ILDs の有効性：ニュートンの第 3 法則の学習を事例として」『物理教育』第 69 巻第 3 号, pp.129-136.

大森不二雄 2019,「SEI (Science Education Initiative) 方式の事例紹介と日本への示唆」日本学術会議主催学術フォーラム「いま問われる物理教育改革：より効果的な理工学教育をめざして」(於：日本学術会議講堂), 2019 年 9 月 27 日.

大森不二雄・斉藤準・鈴木久男 2022,「理系基礎教育におけるアクティブラーニングと伝統的講義：大学生・大卒者の全国調査による学習者視点からの教授法とその効果」『大学教育学会誌』第 44 巻第 2 巻, pp.29-39.

大森不二雄・斉藤準・松葉龍一・鈴木久男 2022,「エビデンスに基づく教授法の変革を普及するための課題」『クオリティ・エデュケーション』, 第 12巻, pp.1-24.

大森不二雄・杉本和弘・渡邉由美子 2021,「監訳者序文」カール・ワイマン著, 大森不二雄・杉本和弘・渡邉由美子監訳 2021,『科学立国のための大学教育改革：エビデンスに基づく科学教育の実践』玉川大学出版部, pp.7-11.

加賀栄子・宗尻修治 2020,「チュートリアルのワークシートを用いた高校物理の授業実践と評価」『物理教育』第 68 巻第 2 号, pp.87-92.

兼田真之・新田英雄 2009,「クリッカーを用いたピア・インストラクションの授業

実践」『物理教育』第 57 巻第 2 号, pp.103-107.

河合塾 n.d.,「河合塾からの 2015 年度大学のアクティブラーニング調査報告」, 2023.
　12.24 閲覧,<https://www.kawaijuku.jp/jp/research/unv/pdf/2015_houkokusho.pdf>

北村貴文・谷口和成 2015,「ILDs による概念理解に対する学習者の動機づけの影響」
　『物理教育』第 63 巻第 2 号, pp.98-103.

北村貴文・谷口和成 2018,「中学生を対象にした ILDs『電気回路分野』の実践」『物理
　教育』第 66 巻第 4 号, pp.253-257.

斉藤準 2022,「DBER の展開」『物理教育』第 70 巻第 1 号, pp.28-33.

杉本和弘・大森不二雄・森利枝・丸山和昭・夏目達也 2021,「〈ラウンドテーブル報
　告〉英米豪における大学教職員像の変容と日本への示唆」『大学教育学会誌』第 43
　巻第 2 号, pp.129-133.

鈴木久男・武貞正樹・引原俊哉・山田邦雅・細川敏幸・小野寺彰 2008,「授業応答
　システム"クリッカー"による能動的学習授業：北大物理教育での 1 年間の実践
　報告」『高等教育ジャーナル：高等教育と生涯学習』第 16 巻, pp.1-17.

鈴木久男・細川敏幸・山田邦雅・前田展希・小野寺彰 2006,「初等物理教育におけ
　る能動的学習システムの構築」『高等教育ジャーナル：高等教育と生涯学習』第
　14 巻, pp.89-97.

谷口和成 2017,「相互作用型演示実験講義 (ILDs) の展開と課題」『物理教育』第 65 巻
　第 3 号, pp.170-175.

中央教育審議会大学分科会 2021,「教育と研究を両輪とする高等教育の在り
　方について〜教育研究機能の高度化を支える教職員と組織マネジメント
　〜（審議まとめ）」, 2023.12.29 閲覧,<https://www.mext.go.jp/content/20210302-
　koutou01-1411360_00002_003.pdf>

徳井美智代・宮本淳 2015,「アクティブラーニングの現状についてのアンケー
　ト 調 査 集 計」, 2022.10.11　閲覧,<https://8gp.high.hokudai.ac.jp/irnw/wp-content/
　uploads/2015/04/AL2015.pdf>

夏目達也・山田礼子・大森不二雄・渡辺達雄 2020,「〈ラウンドテーブル報告〉教員
　の働き方改革にみる大学の危機」『大学教育学会誌』第 42 巻第 2 号, pp.64-68.

新田英雄 2011,「ピア・インストラクションとは何か」『日本物理学会誌』第 66 巻第
　8 号, pp.629-632.

新田英雄 2016,「研究領域としての物理教育」『日本物理学会誌』第 71 巻第 1 号, pp.40-
　43.

新田英雄・松浦執・工藤知草 2014,「ピア・インストラクションを導入した物理入
　門講義の実践と分析」『科学教育研究』第 38 巻第 1 号, pp.12-19.

日本学術会議 2019,「日本学術会議主催学術フォーラム『いま問われる物理教育改
　革：より効果的な理工学教育をめざして』」, 2023.12.28 閲覧,<https://www.scj.go.jp/
　ja/event/pdf2/278-s-0927.pdf>

日本学術会議（物理学委員会物理教育研究分科会）2020,『提言 物理学における学問
　分野に基づく教育研究 (DBER) の推進』, 2023.12.28 閲覧,<https://www.scj.go.jp/ja/

info/kohyo/pdf/kohyo-24-t295-3.pdf>

日本経済新聞 2023,「学者の多忙、研究力そぐ：社会貢献や事務負担重く、3 割しか時間取れず」、2023 年 12 月 18 日朝刊.

文部科学省 2021,「令和元年度の大学における教育内容等の改革状況について」、2023.12.24 閲覧,<https://www.mext.go.jp/content/20211104-mxt_daigakuc03-000018152_1.pdf>

文部科学省科学技術・学術政策研究所 2015,『大学等教員の職務活動の変化：「大学等におけるフルタイム換算データに関する調査」による 2002 年、2008 年、2013 年調査の 3 時点比較』、2023.12.27 閲覧,<https://www.nistep.go.jp/wp/wp-content/uploads/NISTEP-RM236-FullJ1.pdf>

山崎敏昭・谷口和成・古結尚・酒谷貴史・山口道明・岩間徹・笠潤平・内村浩・村田隆紀 2013,「高校物理に導入したアクティブ・ラーニングの効果と課題」『物理教育』第 61 巻第 1 号, pp.12-17.

覧具博義 2020,「国際共通の評価ツールを用いた我が国の物理教育の現状調査と改革指針の探求」『科学研究費助成事業研究成果報告書』.

Bush, S.D., Pelaez, N.J., Rudd II, J.A., Stevens, M.T., Tanner, K.D., and Williams, K.S. 2013, 'Widespread distribution and unexpected variation among science faculty with education specialties (SFES) across the United States', *Proceedings of the National Academy of Sciences (PNAS)*, Vol.110, No.18, pp.7170-7175.

Chasteen, S.V., and Code, W.J. 2018, *The Science Education Initiative Handbook: A practical guide to fostering change in university courses and faculty by embedding discipline-based education specialists within departments*, 2023.12.28 閲覧,<https://pressbooks.bccampus.ca/seihandbook/>

Chasteen, S.V., and Code, W.J. 2019, 'Embedding education specialists within departments to catalyze change', 2023.12.28 閲覧,<https://ascnhighered.org/ASCN/webinars/2019/edu_specialists/index.html>

Deslauriers, L., Schelew, E., and Wieman, C. 2011, 'Improved Learning in a Large-Enrollment Physics Class', *Science*, Vol.332, Iss.6031, pp.862-864.

Dolan, E.L., Elliott, S. L., Henderson, C., Curran-Everett, D., St. John, K., and Ortiz, P.A. 2018, 'Evaluating Discipline-Based Education Research for Promotion and Tenure', *Innovative Higher Education*, Vol.43, pp.31-39.

Erdmann, R., Miller, K., and Stains, M. 2020, 'Exploring STEM postsecondary instructors' accounts of instructional planning and revisions', *International Journal of STEM Education*, Vol.7, Article Number: 7, pp.1-17, 2023.12.28 閲覧,<https://link.springer.com/content/pdf/10.1186/s40594-020-00206-7.pdf>

Freeman, S., Eddy, S.L., McDonough, M., Smith, M.K., Okoroafor, N., Jordt, H., and Wenderoth, M.P. 2014, 'Active learning increases student performance in science, engineering, and mathematics', *Proceedings of the National Academy of Sciences* (PNAS), Vol.111, No.23, pp.8410-8415.

Fulmer, G.W. 2014, 'Policies for Broadening Implementation of Research-Based Pedagogy in

Undergraduate STEM Education: Possible Models, Limitations, and Solutions', B. Zhang et al. eds., *International Conference on Science Education 2012 Proceedings: Science Education: Policies and Social Responsibilities*, Springer, pp.15-26.

Jacobson, W., and Cole, R. 2020, 'Motivations and Obstacles Influencing Faculty Engagement in Adopting Teaching Innovations', *To Improve the Academy*, Vol.39, Iss.1, pp.137-159.

Locke, W. 2014, 'Shifting academic careers: implications for enhancing professionalism in teaching and supporting learning', The Higher Education Academy, 2023.12.10 閲覧,<https://discovery.ucl.ac.uk/id/eprint/1475606/1/shifting_academic_careers_FINAL.pdf>

Mazur, E. 1997, *Peer Instruction: A User's Manual*, Upper Saddle River, N.J.: Prentice Hall.

McDermott, L.C., Shaffer, P.S., and the Physics Education Group 1997, *Tutorials in introductory physics*, Upper Saddle River, N.J.: Prentice Hall.

National Research Council (NRC) 2012, *Discipline-based education research: Understanding and improving learning in undergraduate science and engineering*, Washington D.C.: National Academies Press.

Ng, O-L., Ting, F., Lam, W.H., and Liu, M. 2020, 'Active learning in undergraduate mathematics tutorials via cooperative problem-based learning and peer assessment with interactive online whiteboards', *The Asia-Pacific Education Researcher*, Vol.29, Iss.3, pp.285-294.

Partanen, L. 2018, 'Student-centred active learning approaches to teaching quantum chemistry and spectroscopy: quantitative results from a two-year action research study', *Chemistry Education Research and Practice*, Vol.19, Iss.3, pp.885-904.

Quan, G.M., Corbo, J.C., Finkelstein, N.D., Pawlak, A., Falkenberg, K., Geanious, C., Ngai, C., Smith, C., Wise, S., Pilgrim, M.E., and Reinholz, D.L. 2019, 'Designing for institutional transformation: Six principles for department-level interventions', *Physical Review Physics Education Research*, Vol.15, 010141, pp.1-22.

Redish, E.F. 2000, 'Discipline-Based Education and Education Research: The Case of Physics', *Journal of Applied Developmental Psychology*, Vol.21, Iss.1, pp.85-96.

Rodriguez, M., and Potvin, G. 2021, 'Frequent small group interactions improve student learning gains in physics: Results from a nationally representative pre-post study of four-year colleges', *Physical Review Physics Education Research*, Vol.17, 020131, pp.1-11.

Sokoloff, D. R., and Thornton, R.K. 1997, 'Using interactive lecture demonstrations to create an active learning environment', *The Physics Teacher*, Vol.35, Iss.6, pp.340-347.

Weaver, G.C., Burgess, W.D., Childress, A.L., and Slakey, L. eds. 2016, *Transforming institutions: undergraduate STEM education for the 21st century*, West Lafayette, IN: Purdue University Press.

Wieman 2015, 'A Better Way to Evaluate Undergraduate Teaching', *Change: The Magazine of Higher Learning*, Vol.47, Iss.1, pp.6-15.

Wieman, C. 2017, *Improving How Universities Teach Science: Lessons from the Science Education Initiative*, Harvard University Press. ＝ カール・ワイマン著, 大森不二雄・杉本和弘・渡邉由美子監訳 2021,『科学立国のための大学教育改革：エビデンスに基づく科学教育の実践』玉川大学出版部.

第 2 章 教学マネジメント 2.0 に向けた現場における知見としての茨城大学の実践事例

嶌田敏行[1]

1. はじめに

　ここでは、教学マネジメント 2.0 の実践に向け、茨城大学における現場を巻き込んだ活動事例について紹介したい。茨城大学では、現場、特にカリキュラムを運用する教員集団による自律的な改善活動を教学マネジメントの主軸に据えている。そのため、入口から出口まで、さまざまな場面で学生には調査に協力をしてもらい、得られたデータを使いやすい「情報」に変換し教員集団に提供することで、さまざまな「改善のための議論」を促している。本学での取組のポイントは 1) ディプロマ・ポリシーを共通目標として学内で共有することで組織的一体感を醸成しつつ、2) 各種データの収集、分析、提供を大学 (IR) が担当し、現場教員はそれらにもとづき自律的に改善活動を進めることに注力してもらう、という役割分担で進めた点である。本章では、それらのポイントを中心に報告したい。

2. 教育の内部質保証が進まない理由として考えていること

　本書でも、教学マネジメントの仕組みが十分に機能しない背景、理由、メカニズムについては調査、分析結果を踏まえ詳述されているが、茨城大学においても簡単に教育の内部質保証が進んだわけではない。本学の固有の事情は既にとりまとめたもの[2]をご覧いただくとして、教育の内部質保証が進ま

1　執筆当時は、茨城大学全学教育機構副機構長・教授。2024 年 3 月末日現在、独立行政法人大学改革支援・学位授与機構 研究開発部教授。

2　太田寛行・嶌田敏行編「茨城大学コミットメント」プロジェクト著『現場が動きだす大学教

ない要因について整理してみよう。

　一般に、我が国の高等教育機関は、欧米に比べ入学後の学生の流動性が低いために「一旦学生を入学させてしまえば、そのまま一定数の学生を維持できる」という特性を持っている。また、多くの大学においては就職や進学についても一定程度十分な実績を挙げられるために、在学中のさまざまなプロセスについて、組織的かつ継続的な改善を図ろうとする動機が希薄である。加えて、多くの大学では、学生定員や教員数についてなかなか自由に変更できないため、教育の質の根幹となる「教員 1 人あたりの学生数」などのバランス調整を自らの意思で十分にできない。その上、授業料についても、少なくとも国立大学においては変更(値上げ)しづらい状況にある。即ち、大学経営を行う者が、教育の質と収支バランスの根幹について動かすことができない、というのが我が国の高等教育機関の特性であると考えられる。そのため、いざ教育の内部質保証システムを導入し運用せよ、ということになっても、その内発的動機の少なさ、メリットの希薄さのために外形的な整備に留まってしまう傾向にあるものと推測している。つまり、せっかく機関別認証評価を受審しても、一部の担当者が「作業としてこなす」だけになってしまうケースが散見され、本質的な改善への仕組み作りのはずが、実質的な改善につながっていない取組に終始してしまっているのではないかと思えるケースも少なくない。その結果、IR (Institutional Research) などの情報収集機能を持つ部署を学内に設けても、改善に直接結び付かないケースも多々目にする。もっとも継続的な改善を行うのは、IR や教育の内部質保証の担当者ではなく、教育現場(教育プログラム構成員)であり、各学部であり、各大学である。教育の内部質保証があまり機能しない、というのは現場に課題はあるもののそれが組織的な課題として認識されていない状況ではないかと推測される。即ち、教育改善に関して、学内でどのような状況になっているのか組織的把握が行われずにいるために、組織的な対応がなされていない状況ではないだろうか。それは、教育に関する情報の目詰まりが学内で発生しているような状況ではない

だろうか。逆に言えば、現場の教員集団に対して、彼らが欲しい情報を欲しいときに欲しいだけ提供することができるならば、教育改善を支援することができるのではないか。また、そのようなコンテンツだけでなく、議論する「場」や「きっかけ」も提供できるならば、内発的動機が薄くとも、目の前の学生のために教員集団が動いてくれるのではないか、と考えたわけである。

3. 授業・学習にインパクトを与えた教学マネジメントの実践事例

3.1 ディプロマ・ポリシーの工夫

　茨城大学は、茨城県内に3つのキャンパスを持つ国立大学である。人文社会科学部、教育学部、理学部が水戸キャンパス、工学部が日立キャンパス、農学部が阿見キャンパスにあり、学部1年生は水戸キャンパスで学んでいる（工学部フレックスコースの学生を除く）。本学は、いわゆる「地方総合大学」であるものの、キャンパスも分かれているなどの要因もあり、なかなか「総合大学」としての力を発揮できないという課題があった。そのためディプロマ・ポリシー（DP）策定時には、「せめてDPは1つにしよう」ということで、全学のディプロマ・ポリシー（茨城大学型基盤学力）を全学共通の1階部分として策定した。その上で、学部や学科の特色については、2階部分、3階部分として上乗せしてもらう、という建て付けとした。即ち、全学ポリシーの文言に対して、学部・学科は、「全学ポリシーの○○に加えて、本学部では○○を身につけさせる」などの要素追加、「全学ポリシーの○○は当学部では○○という意味である」という再解釈のみを許容することで、全学共通（1階）部分は茨城大学のすべての教育活動の共通要素（目標）をとして設定した。右に、本学のディプロマ・ポリシーを示す。

　これらディプロマ・ポリシーの達成度（DP達成度）は、各学年および卒業時、卒後3年後など、さまざまな場面で学生にその達成度を聴取している。例えば、1番目のディプロマ・ポリシーを例に取ると、要素分解を行い、その要素別に在学生であれば「身につけつつあるかどうか」、卒業時であれば「身につけたか」かどうかなど、それぞれの状況に合わせた状況聴取を行っている（図2-2-1）。

学位授与方針

　茨城大学の教育目標は、変化の激しい21世紀において社会の変化に主体的に対応し、自らの将来を切り拓くことができる総合的人間力を育成することである。そのために茨城大学の学生が卒業する時に身に付けているべき能力を、以下に示す5つの知識及び能力で構成されるディプロマ・ポリシー（卒業基準）として定める。これら5要素の比重は分野毎に異なるが、茨城大学を卒業する学生は、どの分野で学んだとしてもこれらの知識・能力を備えていることが必要である。

① 世界の俯瞰的理解

　自然環境、国際社会、人間と多様な文化に対する幅広い知識と俯瞰的な理解

② 専門分野の学力

　専門職業人としての知識・技能及び専門分野における十分な見識

③ 課題解決能力・コミュニケーション力

　グローバル化が進む地域や職域において、多様な人々と協働して課題解決していくための思考力・判断力・表現力、及び実践的英語能力を含むコミュニケーション力

④ 社会人としての姿勢

　社会の持続的な発展に貢献できる職業人としての意欲と倫理観、主体性

⑤ 地域活性化志向

　茨城をはじめとする地域の活性化に自ら進んで取り組み、貢献する積極性

（世界の俯瞰的理解）自然環境、国際社会、人間と多様な文化に対する幅広い知識と俯瞰的な理解

自然環境に対する幅広い知識

国際社会に対する幅広い知識

人間と多様な文化に対する幅広い知識

世界を俯瞰的にとらえるための視点、視野および素養

合成する場合もある

在学生：
身につけつつあるか

卒業時：
身につけたか

卒業3年後：
役に立っているか

就職先企業：
本学学生がこのような知識などを持っているか

※要素分解の際にリテラシー、コンピテンシーについて、あまり意識はしていない

図 2-2-1　DP 達成度の聴取例

3.2 DP 達成度の変化

　茨城大学では、平成28年度からこれらディプロマ・ポリシーの達成度を学生から聴取しているが、学習成果の測定としては、このような「学生にその達成度を聞くやり方」（間接評価）は十分ではないかもしれない。しかしながら、我々としては、まずは1) 学生に入学目的を達成してもらい満足してもらうことが重要ではないか、そのために2) 学生自らの学習状況をDP達成度として把握してもらい「次にどのように学ぶか」ということを考えてもらいたい、という思いがあった。

　ディプロマ・ポリシー測定について検討している際、本学入学生の中にはやや漠然とした学習目標しか持たない学生が一定数存在するということがデータから明らかになってきた。4年間なんて、ボンヤリしていていればあっという間に過ぎてしまうので、せっかく茨城大学に入学してくれたのだから4年後には入学目的を果たし満足して卒業してもらいたい、と考えたわけである。加えて、各授業科目を履修してもらう際にも「必修だから」「時間割が空いていたから」取ってもらうのではなくて、「4年後にこのような状態になっているためにはこの授業科目の内容を学ぶ必要がある」と思ってもらった方が、意欲も高まり学習にも身が入るだろう、とも考えたからである。

　そこで入学してからなるべく早く「4年間どのように学んでいくか」、とい

うことを学生に考えてもらおう、ということになった。その際に「せっかく作ったディプロマ・ポリシーを学生と共有して、学びの指針として活用してもらえばよいのでは？」というアイデアが学内から持ち上がり、「コミットメントセレモニー」として結実した。「コミットメントセレモニー」とは、入学式の直後に「ディプロマ・ポリシーを達成するために 4 年間どうすべきか」ということを新入生が考える時間である。学長らがディプロマ・ポリシーについて説明し、先輩学生がそれぞれの学内外での経験の中で、それをどのように実践し学んでいるのか（ロールモデル）、ということ新入生たちに伝え、彼らにディプロマ・ポリシーを踏まえた「4 年間の学びのデザイン」を行ってもらう、という仕掛けである。

茨城大学 基幹 web サイトより転載
https://www.ibaraki.ac.jp/news/2023/04/07011953.html

　図 2-2-2 は、例年 6 月に新入生に対して「入学式当日のコミットメントセレモニーやコミットメントブックをとおして、ディプロマ・ポリシーで定めた 5 つの力の理解が進みましたか？」(左)、「茨城大学の教育をとおして、ディプロマ・ポリシーで定めた 5 つの力を身につけることが期待できますか？」(右)ということについての聴取結果だが、データからも概ね、ディプロマ・ポリシーは理解され、4 年間の学びを考えて行く上での「道しるべ」として活用してもらうことができていることが伺える。なお、コミットメントブックとは、ディプロマ・ポリシーなど本学全般の学びについて説明した冊子である[3]。

3　参考 https://www.ibaraki.ac.jp/commit/

入学式当日のコミットメントセレモニーやコミットメント
ブックをとおして、ディプロマ・ポリシーで定めた5つの力
の理解が進みましたか？

茨城大学の教育をとおして、ディプロマ・ポリシーで定
めた5つの力を身につけることが期待できますか？

図2-2-2　新入生に聴取したDP期待度

3.3 ディプロマ・ポリシーの測定結果

　ディプロマ・ポリシーについて、2年生から4年生は毎年4月に前年度分の達成状況を振り返ってもらい、卒業時には4年間を通しての達成状況を聴取している。結果は**図2-2-3**に示した。図2-2-3左は、令和5年3月に卒業した学生の1年次から4年次におけるDP達成度の変化である。ディプロマ・ポリシーには複数の要素があるが、このグラフはすべての要素を合算したものである。これをみると、学年が上がるに従い、「達成した」および「概ね達成」したと回答している学生の割合が増加していることから、少なくとも学生の実感としては、ディプロマ・ポリシーに沿った学習が進んでいることが伺える。

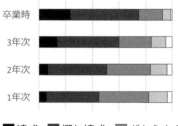

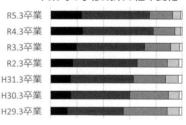

図2-2-3　ディプロマ・ポリシーの達成度の学年推移と経年変化

　図 2-2-3 右は、卒業時の DP 達成度の経年変化を示したものである。原則的に毎年「達成した」および「概ね達成」したと回答する学生の割合が増加しており、学生らの「ディプロマ・ポリシーに照らした学習が実現できた」という実感は着実に上昇している。

　これらの要因については次節で触れるが、ここでは先に DP 達成度の経年変化における令和 5 年 3 月調査分での達成度低下に注目したい。要素別のデータを見てみると DP 達成度が低下したものは、①自然環境、①国際社会、①人間と多様な文化、①世界の俯瞰的理解、③実践的英語能力、④社会人としての姿勢、⑤地域活性化志向であった。これは学生たちの DP 達成に対し、新型コロナウイルス感染症影響下での学びの不自由さが影響を与えていることが推測される。茨城大学では、3 年生の第 3 クォーターには原則的に必修科目を入れないようにし学外での自主的な教育活動を推奨するプログラム (iOP プログラム) を導入しているが、当然のことながら十分な運用ができなかった。また、オンライン主体での授業や登校制限により教員と学生、学生同士のコミュニケーションが十分に取れていないのでは、という懸念もある学年と言える。加えて、留学など準正課活動が十分できなかったことも大きいだろうし、社会人としての姿勢、地域活性化指向についても、社会や地域において十分な活動ができなかったため達成度は低下したのではないかと推測される。しかし、このような厳しい制約の中でも、②専門分野の学力、③課題解決力、③コミュニケーション力について学生たちは十分に学べたことが伺える。

　学習成果の測定に「これを測ればすべてが分かる」という万能の手法はないため、さまざまなデータをもとに関係者が議論していくことで見えてくるものだと考えている。本学における DP 達成度は、これまでは単純に上昇していただけであったが、今回、社会情勢などから説明可能な動きを示したことで、これらは学生の主観による回答とはいえ、学習成果を一定程度代理するもので、教育改善には有効なデータではないかという思いを強くした。少なくとも、学生の学びに際し主体性を引き出すための「振り返り」ツールとしては、十分に機能しているのではないかと考えられる。従って、学内で学習成果の測定についてどのようにすればよいか十分に定まらないのであれば、

まずは、とっかかりとして、単純に DP 達成度を聴取し全学で共有する、ということをお勧めしたい。なお、実際には、本学においても企業の方々に、本学から採用いただいた学生の DP 達成状況を聴取したり、本学教員にも同様の調査は行なうなど「直接評価」としても測定は実施しており、その達成度も年々向上していることも確認している。

3.4 なぜ上がったのか？学習成果は？

　DP 達成度が上昇した要因を考えながら、学生の主体性を引き出しつつ、組織として教育および教育改善に取り組むための考え方を整理してみたい。

　まず DP 達成度の上昇要因だが、共通の DP を活用することで、出口のイメージが全学で共有できたことは大きい。国立大学の場合、一般に私立大学の「建学の精神」に相当するものがない。そのため、例えば、学内で大きく意見が分かれた際に「創立者の〇〇先生の思いはこうではないか？」「開学の経緯から考えればこの案ではないか」などの「依って立つもの」への依拠ができないために議論が紛糾する場合がある。しかし、ことあるごとにディプロマ・ポリシーについて学長、副学長、学部長など言及したり、内部質保証の担当者も FD などの際に、学生のディプロマ・ポリシーの達成度などを示したり、教員自らもシラバスにディプロマ・ポリシーと担当科目との関連を明示していれば「何となく全学的にこういうポリシーでみんなで頑張っている」という認識は多くの教員にあるものと推測される。学部ごとにバラバラのディプロマ・ポリシーであれば、全学的な共通ゴールのような使い方はできなかったのではないだろうか。

　ディプロマ・ポリシーは、一般に曖昧かつ崇高に書かれていることが多く、大学名を伏せると「どこの大学のものなのか分からない」と揶揄されることもある。また、他大学で FD/SD の講師を引き受けた際に参加した教職員に自大学のディプロマ・ポリシーを列挙してみることを求めることも多いのだが、多くの大学で参加者が頭を抱えることも少なくない。しかしながら、実際にディプロマ・ポリシーは「改めて見てみれば、だいたいこんなもの」という意見に落ち着くことが多いのも確かである。これはディプロマ・ポリシー

策定時に、これまでの大学の歴史や経緯、その大学の特色や大切にしてきたことを、まったく無視して策定することはおそらく無いはずで、その大学のこれまでの歩みや目的が、直接とまでは言えなくともある程度反映されたものになっていることが多いからだろう。

　つまり、何が言いたいのかと言えば、繰り返しになるが、学習成果をどのように厳密に可視化するか、精緻に測定するかという課題は一旦脇に置いて、教育改善や方向性のとりまとめが、あまりうまく行っていないのだとすれば、せっかく作ったディプロマ・ポリシーをもっと活用してみてはどうですか？ということである。大学教育は、学習指導要領もなく設置基準を満たせば最低限の質についてはクリアできるために、それぞれの大学が内容、手法、質、水準についてかなりの裁量権を持っている。この自由を活かすためには、ディプロマ・ポリシーという緩い縛りを最大限に活用すべきではないだろうか。即ち、緩い全学的な縛りがあるからこそ、教員による授業運用の自由度、教育プログラムにおけるカリキュラムの運用の自由度を担保できる部分があるのではないだろうか。このような緩い枠組みの中で本学は、どのように教員に「楽しく」やってもらうか、という部分を最も重視してきた。「データやエビデンスがあるからこのようにせよ」というような改善の押しつけは基本的に行わず、データは他の教員らと自分たちの教育について盛り上がってもらうためのコミュニケーション・ツールとして使ってもらうことを主眼に置いてきた。これは、本学の場合、教育の質マネジメントを担当してきた役員や副学長たちが、大学教員という専門家をなんだかんだ言いながらも信頼しており、「教員は学生のためにはあらゆる努力を惜しまない」はずだから「大学としては、どのように現場教員が工夫・改善すればよいかを考える材料や仕掛けを提供できれば十分なのではないか」と考えていた部分はある。そのような中で DP 達成度が上がっている、という事実は、教員に改善のための「場ときっかけとコンテンツ」を十分に提供できれば、自ずと学生にとってよい方向に向かう、ということを示唆している。そうなれば、教育の内部質保証の担当者としては、いかにそれを阻害するものを取り除くか、例えば、教育改善に必要な情報流通の目詰まりをなくすなどして学内の教育改善情報のロ

ジスティクスをどのように整備できるのか、ということになる。

3.5 学生の「振り返り」を教育改善に活用

　ここまでは、継続的な教育改善について、教員および教員集団による組織的な改善力をどのように引き出したのか、という点を説明してきたが、一方で、学生に「振り返り」を通して、いかにしてさらなる高みに向かってもらうか、ということも重要である。そこで、本学における工夫を少し紹介したい。

　茨城大学では、さまざまな学生調査を実施しているが、最も学生にとって身近なものは「授業アンケート」であろう。なお本学では、授業アンケートであり、授業「評価」アンケートではない。これはこの活動の主たる目的が「学生自ら授業の『振り返り』をやってもらうこと」であり「その結果を教員は授業改善に利用させてもらっている」わけで、そもそも教員を評価するためのものではないからである。理解度や満足度、授業外学習時間、アクティブに学生が学ぶことができたかどうかについては全学共通設問となっており、共通教育（基盤教育）から学部専門科目までどの科目であっても学生は必ずこれらの項目を用いてその科目における自らの学びを振り返ることになっている。また、授業アンケートは学生の振り返りの時間であるため、授業中に実施することを推奨している。授業時間内に実施した方が回収率自体が高くなるということもあるが、本学においては BYOD（学生によるパソコン必携）導入済みなので、全学生がデジタル端末を持っていることから授業中に授業アンケートを実施しても教員はどの学生がどのような回答をしたのかは分からない状況であることもこれを後押ししている。

　全学共通設問の理解度や満足度などについて5段階で学生に判断してもらっているわけだが、授業改善に活用するための工夫としては選択肢の直後に判断理由の自由記述を配置することで、かなり高い割合で「その選択肢を回答するために学生が思ったこと」を記述してもらうことができる。教員には、学生の特定はしないものの満足度や理解度と判断理由は紐付けて提供するため、例えば、高い満足度の学生はなぜ高いのか、低い満足度の学生はなぜ低いのか、ということが分かるため授業改善のヒントが直接得られるようである。

このようなデータをすべての教員が自分の授業について確認し、授業点検として、1) 十分な成果を上げているのか、2) 改善点は何か、3) 前年度の改善点は解消されているのか、ということを点検・報告している。部局によっては、その結果を教育プログラム単位 (学科等) で共有し議論している。このような地道な活動も教育改善には着実にポジティブな効果を上げていると考えられる。例えば、**図 2–2–4** は、授業アンケートの回答総計である。共通科目と学部専門科目に分けて経年で示しているが、理解度、満足度とも年々着

この授業の内容を理解できましたか？

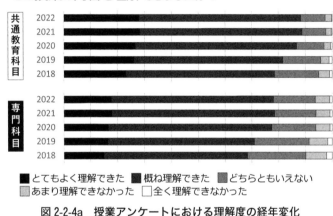

図 2-2-4a　授業アンケートにおける理解度の経年変化

この授業に全体として満足しましたか？

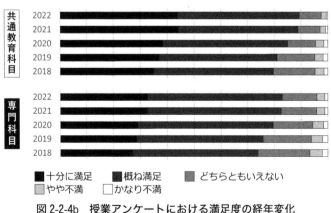

図 2-2-4b　授業アンケートにおける満足度の経年変化

実に向上していることが読み取れる。

4.　まとめ（2.0 に向けて）

　教育改善に際し、画一的な同調性から多様な創造性へと拡げて行くために、茨城大学では教員と学生がディプロマ・ポリシーを共有し、教員へは「場ときっかけとコンテンツ」を提供することで組織改善力を引き出し、学生へは「振り返り」による現状把握と学習動機を一定程度引き出すことに成功した、とも言える。

　これらの実現のためには以下のことが重要であったと考えられる。教育の内部質保証システムの導入と運用は決してこれまでの点検評価の延長線上にあるものではなく、マネジメント改革の側面も有している。その場合、経営者側の理解が十分になければ、どんな仕組みを作っても、円滑に回るというところまでは進まないのではないかと考えられる。それは内発的動機が薄い中で「何のために教育の内部質保証を行うのか」という問いが明確でなければ組織的な改善活動は継続できないからである。その際に、建学の精神がなかったり曖昧であっても、ディプロマ・ポリシーがあれば十分に改善の「仕掛け」を回すことができることは本学の事例を通して説明してきた。つまり、漠然とした問題意識ではなく、目標を明確にし、なぜ改善しなくてはならないのか、と現場教員らに思ってもらうことができれば、教員は研究者であるから問いとデータがあれば課題を明らかにして解決策を考え実行できる集団である。現場の教員を改善の主体者として位置づけ、IR などが教育改善情報のロジスティクスを整理・運用し、授業、カリキュラム、学位プログラム等、各階層内での教員間のコミュニケーションが円滑に進むように支援すればよい。

　どのように学習成果を測るか、ということについていろいろ考え込んでしまう大学も見受けられるが、例えば、1 つの調査で、学習成果をすべて捉える、といったような便利な方法はおそらくない。地道に、さまざまなデータをもとに構成員で議論しながら学習成果を捉えていくしかないのではないだろうか。実際に各大学では、さまざまな調査を行っておりデータも豊富に保有しているが、それらが現場教員のところまで提供できていないケースが散

見される。つまり、学内に眠っているデータをみんなで使う、みんなに見てもらうことができれば、少なくとも改善の「とっかかり」を提供することは可能ではないだろうか。目標（ディプロマ・ポリシー）があって現状が分かれば差分をどうするかを考えることが可能であり、それが大学における自己点検・評価の本質ではないだろうか。

　教育改善のゴールはない。その大学が存続する間、永遠にそれをやり続けるためには、正直に言えば、ある程度「楽なもの」にしなければ日常的な営みにすることは不可能であろう。毎年、ある時期になると「そろそろ新入生調査のデータが来るころだな、みんなで確認しなくちゃ」などと思ってもらえるような状況にどのようにしたら持って行けるかである。繰り返しになるが、教育改善は大学が行うものではなく、現場の教員らが「改善しよう」と思ってもらえない限り、それは続かない。そのために我々、教育の内部質保証担当者ができることは、「場」として既存の会議体などを活用してもらいつつ、「きっかけ」として「緩いが具体的」なルール化で改善活動の定例化を促し、とにかくデータを見て議論することが日常になるように学内の空気を変えていくことである。その上で「コンテンツ」を、現場の方々が欲しいものを欲しいときに欲しいだけ提供できれば、IR 機能は活きてくるだろうし、逆に言えば、それができるようになれば意思決定支援機能である IR を導入した甲斐があったと実感してもらえるのではないだろうか。

　　※使用したデータの出典は、R5.9.8 に開催した「茨城大学 公開拡大 FD「現場が動きだす大学教育のマネジメントとは『学修の質保証』への転換」茨城大学の『現場が動きだす教育マネジメント』」における配付資料からのものである。

文献

太田寛行・嶌田敏行編「茨城大学コミットメント」プロジェクト著 2023,『現場が動きだす大学教育のマネジメントとは―茨城大学「教育の質保証」システム構築の物語』技術評論社

第3章　総合教育部長、地雷を踏む

──教育改革の現場から──

鈴木久男

1. 晴天の霹靂

　そんな馬鹿なことがあるか！　筆者が2013年4月に北海道大学の1年生が所属する総合教育部の部長に就任してすぐ、教育担当理事から理事室で、ある中期目標計画遂行の担当を言い渡されたときに発した言葉だ。その中期目標項目は「GPA等による厳格な卒業判定基準の導入」で中期目標期間残り3年以内で達成しなければならない。このときの憤りを説明するためには、さらに過去に遡らなければならない。

2. 学術研究から教育研究へ

　筆者の専門は、物理学である。実験はない理論物理学なのだが、助手として働いていた阪大では同じ研究室での二人の教授のうち一人は高等教育機構長にあたる職についており、もう一人は後に副学長ということで、学内政治的なことは良く聞いていた。ただし、基本的に助手である筆者にとっては研究中心の生活であった。1996年に阪大から北大に助教授として赴任してから、2000年ごろから教育改革に情熱をもった物理学科の教授の方から全学教育の物理学の授業改革の手伝いを依頼された。これは全学的な方針にも関わっており、主として物理系向けの数学的抽象的な物理学を全学教育科目としても提供していたが、これを国際標準の内容の物理学へと変更しようというものであった。当時筆者は海外の多数あるテキストを参考に物理概念のわかりやすい説明の仕方ばかりを考えていった。

　テキストを作成してテスト的に授業を開始した矢先に、平成15年度文部

科学省「特色ある大学教育支援プログラム、進化するコアカリキュラム」の補助を得て、2004 年にカリフォルニア大学バークレー校へ視察に行くことになった。教育関係の上層部からのお達しで行くので気が進まなかったが、そこでクイズ形式エンターテイメント型のアクティブラーニングに出会った。この授業にショックを受けて帰国した筆者は、エビデンスベースの教育研究が重要だとわかり研究論文などを参考にして、2005 年からクイズ形式の授業によるアクティブラーニングを開始した。当初紙によるプレートを配り一斉に答えてもらっていたが、匿名性が重要だと思い、クリッカーを使いたいと上層部に相談していたら、購入資金を出してくれるとのことだった。そのため、購入先を探して 2007 年度から日本で初めてのクリッカーによる授業を開始した。もちろん、執行部にしたら特色ある大学教育支援プログラムの成果として、日本で初めてのアクティブラーニングのためのクリッカー導入実績がほしかったことと、そして、筆者の教育改善の欲求という利害が一致したのだ。当時大学教育全体の改善の夢を抱き、後に大学教育学会会長にもなった小笠原正明氏に目を付けられたことも大きかった。クリッカーを用いての授業の紹介については、大学教育学会や物理教育学会での特別講演を依頼され、読売新聞のコラムに出たこともある。また、テレビ番組の「一分間の深い一話」でも紹介されたことがあるのだ。これに関しては極めて残念な一幕もあった。いろいろ説明をした後にクイズを出す場合、クイズで試されているのは実は学生でなく、教員の説明の善し悪しなのだという話をしたら、ディレクターは「それは深いお話ですねー、でも一分間にはいるかどうか。」と言われた。実際放送ではその深いはずの話はカットされて、単に奇をてらって学生を楽しませるためだけの授業話と扱われたのは悲しかった。

　またアメリカでは授業分だけで半期 3 単位 (週 3 時間) なのに、日本では週 1 時間半しかないため、クリッカー導入に際しては説明を効率よく行う必要があった。そのために、コンピューターグラフィックスで 3D の動画を学生たちと共同して多数作成して、動画を PDF に埋め込んだ CD ロム入りのテキストも作成した。むろん研究大学では、研究業績を第一とするので、それらの教育と研究との両立は大変であった。それでも、研究室の大学院生の中

には、教育研究を教育実績として大学に就職したものもいた。これは、別な面でも有益なことであった。大学院学生に対して研究だけでなく教育業績の付加価値をつけるのは、私立大学などへの就職で有利なので、筆者の研究室では教育関係で大学に職を得たものも多いのだ。

3. 理学部における GPA 等による卒業判定基準の導入の検討

　その後教授に昇格して学科長を経験したあと 2011 年、理学部の教務委員長になった。就任早々に同じ物理学科の教授で大学本部の教育改革室におられた教授の方から、理学部でアメリカのように GPA2.0 以上が卒業要件とするような仕組みを検討してほしいと言われたのだ。どうやら中期目標の中に「GPA 等による厳格な卒業判定基準の導入」ということを書いてしまったらしい。これに驚いた筆者は、まず理学部の現状を調べてみた。すると、理学部では GPA2.0 を下回る学生数が全体の約 4 分の 1 になる学科もあり、そのままでは到底卒業要件化は導入できないことは明らかであった。成績の付け方には、分野ごとの文化も反映されているため、成績評価基準の変更は容易なことではないのである。世界の動向を調べてみると海外では成績インフレが起こっているらしく、GPA2.0 というのは実際にそれほど影響がないことがわかった。ただし 20 年ほどかけて変化してきたので、すぐには変化しない。一方で、全学教育では GPA の目標値が設定されていた。そこで、現在から早期に全学教育での GPA の目標値を徐々に上昇させ、最終的には GPA を 3 程度までもっていくべきであり、このためにも早急に対策を立てるべきとの報告をまとめた。秀 4.0、優 3.0、良 2.0、可 1.0 なのでこれは優平均ということで、大変違和感があったが、こうしなければとても GPA2.0 以上の卒業要件設定は不可能である。そして、2011 年 7 月に理学部将来構想委員会で承認を求め、その案を本部に返答したのである。それ以来 1 年以上音沙汰がなかったので、本部のほうではあきらめたかあるいは代替案を作成したのだろうと思っていた。

4. 苦労が仇となった卒業要件化担当の任命

　以上が冒頭までの経緯である。2013年4月に同じ理学部出身の総長に交代になり、総長から総合教育部長に任命すると言い渡された。以前理学部に依頼があったときから1年半以上の間、何の対策を立てられることなく、筆者は卒業要件化の担当を言い渡されたのであった。筆者にしたら、あれだけ早期にと提言しておいたのに何を今さら、という感じが憤慨した大きな理由である。もっとも執行部にしたら、筆者の約2年前の詳細な報告書が評価されたことが評価されて今回の担当決定となったわけで、筆者にとっては以前の詳細な報告書の苦労が徒になってしまったことになる。

5. 無理ぎりぎりの計画──それは教育改善の一つの手法

　ところで、中期目標や文科省のプログラム採択のために、無理した目標を設定することがある。少しでも良く見せよう、あるいは他大学と差別化するために無理した計画を盛り込ませるのである。スーパーグローバル申請時に、ちょうどAmerican Counsel of Education（ACE）の Annual meeting で知り合いの他大学の理事と一緒であったが、申請書を書いているところのようであった。彼は他大学より良いものにしようと他大学の情報を仕入れて書き入れるのがまるでチキンレースのようだと言っていたことがあった。こうしたことから、大学の尻をたたく意味では、文部科学省のプログラムには意味があると思われる。ただし、教員の研究を圧迫すると逆効果でもある。教育改革案を部局などに諮るときに、学内説得の理由として一番やりやすいのは、多くの他大学が実施しているという理由である。ただし、これは学内を説得しやすい反面、対外的には他大学の後塵を拝していることを認めることにもなるので、決して褒められたものではない。そのため、教育改革には他大学との差別化できるプロジェクトを盛り込むことも重要である。大学も差別化によるニーズの開拓が重要なのだ。このように新規の教育改善プロジェクトでは、多少無理する程度の計画であれば実際に教育改善につながるのも確かなのだ。中期目標や文部科学省などのプロジェクト申請に新規の教育改善案を盛り込むのは、ともかく学内向けには、すでに計画として公表されたことだ

からとか、あるいは採択された計画でやらなければならないことになったからなどと言い訳が立つので、教育改善にはまことに便利なのである。しかし、GPAによる卒業要件は訳が違う。これはそのままでは学部教育に関して直接的に被害が甚大であり、執行部や事務方にとって、とてもできる見込みがない。しかもおそらく誰も本気に検討はしてこなかったのでそれがどれだけ大変なのかを理解していないのである。筆者はこのような計画を地雷と呼んでいる。学内の多くの人々に気づかれずに埋伏していた地雷である。そして今回のGPAによる卒業判定基準の導入は、地雷の中でも最たるものであり、それを筆者が踏んでしまったことになる。

6.　総合教育部長の役割

　総合教育部長としては、先に見たGPA対応はいわば副業であり、部長としての本業とする役割はちゃんとある。なぜそうしたこともやらないといけないかの仕組みを見てみよう。北海道大学では、1年生の所属する総合教育部の部長が総合教育部長と呼ばれる。旧教養部長と言ってもいい。どこでも専門課程の研究が蓄積して肥大化して、教養課程が1年だけになってしまっている。現在ほとんどの学生が全学教育の必要単位数を1年次に取り切ってしまっている。もっともこれは、教養の上に専門があるわけでないという声もあり、変更すべき理由もあるのだが、全学教育科目（共通教育）は必ずしも1年生だけが履修するわけでないので、教務を扱う全学教育部長という職種が、総合教育部長とは別におかれている。これらの職は、高等教育推進機構の副機構長を兼務する。副機構長は機構長（教育担当理事）の下におかれる中間管理職であり、教育改善計画遂行の実働部隊として、本部と学部・学科との間の調整役、あるいは調整方針を決めていく。調整役とは聞こえが良く、実感としては板挟み役である。通常中期目標の担当を複数担当する。就任当時の筆者担当の一つには、「国際的な単位互換システムの構築」もあった。こちらは海外の成績を変換するときのルールが、学部学科ごとにバラバラであったのを、全学的な指針を基にまとめようというもので、その他「早期卒業制度の導入」も担当となった。

7. 教学マネジメント──それは教学経営

　読者の中には、本書の扱う教学マネジメントでなぜ制度改革なのかと思われている読者もおられるだろう。そのためここで少し教学マネジメントの話をしておこう。マネジメントと言うとある枠組みでPDCAサイクルにより改善していくといったイメージがあると思う。これはマネージャーという役職者がすることと見られる。しかし、マネジメントは新規の企画を含み、社会のほとんどの経営が絶えず新しい企画が必要不可欠である。単にPDCAサイクルをまわすのは運営であり、経営者は教育向上に渡るすべてのことを検討する必要がある。たとえば、ドラッカーの"Managing the nonprofit organization"の日本語版でのタイトルは「非営利組織の経営」である。ちなみに同書は非常に示唆に富んでいるが、世界に完全な教育手法が存在しないことから、カスタマーである学生のためには不断の向上と社会的変化によるニーズの開拓も重要である。こうしたことから、カリキュラムの制定や改善など教育改善にかかわる企画は、すべて教学マネジメントに属する。ドラッカーはマネジメントとは「顧客の創造」というが、これは教学マネジメントとしては、学生の隠れたニーズにあった教育の創造と言っても良いと思う。むろん職業系学部以外では、学生の将来予測は困難であるため、多様なニーズに個々に応えるか、あるいは共通して重視すべき学習成果を重視することになる。むろん、北海道大学のような研究大学としては、この教学マネジメントは、研究力の向上となるもの、あるいはそれを妨げるものであってはならず、またそうならなければ通常部局の同意が得られない。そうならないためには、労働生産性、労働効率性を重視し、教育負担の軽減と教育効果の向上の両者を同時に実現するのが理想的であろう。北海道大学は研究大学でもあるので、研究力向上も重視する必要があるのだ。大学を大名とするならば、単に教育という治世に優れるというよりも、やはり研究という武功が重視されざるを得ない。むろん文部科学省という幕府の意向に沿わなければ、将来どんなしっぺ返しがくるかわからない。ちなみに、部局に無茶を強いると総長は次の選挙で勝てなくなるので、総長は2期目など次がないときに多少無

茶をする傾向がある。しかし、あまり無茶をすると関連する理事たちに将来の目がなくなり止められるので、それほどひどい無茶はできないという仕組みである。北海道大学では、重要な教育改革案に対しては、一端学部・学科への意見照会を行い、その意見を基に変更を行い、合意にこぎ着ける。また、それほど大きな問題ではないと思われる案については、教育改革室で検討した後教務委員会や学部長会議に直接提案する。ただし最終段階である学部長会議などで反対意見や修正するのが妥当という意見が出ると、また振り出しに戻ってしまうので、本部の教育改革を担当する教育改革室などでは、様々な意見を出しておくのが重要である。そのため、教育改革室では何も意見を言えない委員は要らないとも言える。また、研究畑から来た学部長の場合、教育に精通していないため、教育関連の困った案が学部長会議などでそのまま通ってしまうこともたまにある、そのため、学部の教務委員長あたりに本部から直接知らせるルートも重要であり、北海道大学では現在筆者が座長を務める総合教育委員会がその役割を担っている。実際、学部長会議では何も言われなかったが、総合教育委員会では非常に反対された事項もあったのだ。

8.　GPA による卒業判定基準計画の滑り止めを作る

　GPA による卒業判定基準導入の話に戻ろう。先の見通せないときにはリスク分散が重要である。北大では、事務方がしっかりしている。というのも、教員はいわば研究や教育の片手間で担当するので、通常そうした教育改善案の策定には詳しくないからである。筆者は情報収集癖があるので、国内外他大学の動向をすぐ調べるのだが、そこまでする教員はそう多くない。そのため、問題解決のための事項のほとんどについて事務方の担当者と相談することになる。大学の計画は教員と事務方との共同作業である。ただ、このGPA による卒業判定基準導入に関して言えば、精通しているが故に事務方も最初から諦めムードであった。まず、中期目標では「GPA 等による厳格な卒業判定基準の導入」となっているので、必ずしも卒業判定に用いるのはGPA に限る必要がないとも解釈できる。一般的に中期目標などで達成に自信がないときには「等」を付ける。これは「ほかでもいいでしょ」という逃げ

を作るためでもある。規則に「原則」などを入れるのもテクニックの一つである。原則 GPA2.0 だが、○○ならよしとするなどである。ただし、この場合 GPA に匹敵する何かは思いつかないし、新たに作成するのであれば GPA より面倒になる。二つ目の案は、海外のように GPA2.0 以上でなく GPA1.7 以上程度とするのでいいのではないかというものである。実際、当時一橋大学などもそうしたことをしているが、それでは欧米の通常の GPA に比べて卒業要件が甘いと見られて国際的信用にかかわると思われた。3 つ目の案は、中期目標では何も全学的に行うとは言っていないということであった。これも姑息な案だが、ときとしてそうしたことで乗り切る場合もある。たとえば当時筆者が担当した計画で「早期卒業制度の導入」というものがあった。こちらも全学的に導入は到底受け入れられそうもなかったので、筆者の関係する物理学科に頼み込んで、物理学科のみ実現したのである。執行部にしたら、学部に縁のない高等教育研究関係者を責任者にした場合、こうした対策は望み薄であるので、担当者はバックに学部が控えている人とした方が、遂行上都合がいいのである。理事などに頼む手もあるのだが、バックとなる学部をまとめられない理事がいると、しっかりしてよと言いたくなることもある。ただし、GPA と異なり、早期卒業には学部の方でもある程度利点がある話である。たとえば東工大などでの早期卒業には、学生が近傍大学院に出にくくさせるという思惑もあると思われる。このため、北大物理学科の利益にもなるということで、物理学科での早期卒業の実施の了承をいただいたのである。これと同様に、GPA による卒業判定基準の導入についても、少なくとも一つの学科で導入してくれれば外部に対しては達成できたとして逃げることができる。そして、全学的な導入は今後の検討課題であるということで中期計画の報告の中でお茶を濁すのである。もっともそのためには人柱となる学科が必要であり、犠牲となったのはやはり筆者の担当の物理学科であった。筆者は、物理部門の教員会議において、秀、優、良、可の判定基準を変えて、優中心の成績評価としてなんとか GPA2.0 以上の卒業要件導入を頼んだのである。これには早期卒業と異なり物理学科のメリットは全くないので一方的なお願いであり、とても教育改善に結びつくようには思えなかった。いや物

理学科は卒業できにくい学科と解釈されて2年次進級振り分けで、学生達に敬遠されるおそれが大いにあった。つまり、どう考えても物理学科に不利なのである。本来評価は教員の専権事項で厳密に付けたいと思っている教員が大多数なのはわかっていたが、物理学科の教員は優しくて鈴木さんが困っているのでしょうがないということで、しぶしぶ承認していただけたのである。しかし、物理学科だけでの実施はあくまで最終的な滑り止めであり筆者としても物理学科の不利益になることなのでどうしてもやりたくなかった。当時一橋大学では、GPAによる卒業判定基準の導入を行ったが、判定基準にかかる学生の指導が非常に大変であるという話を聞いた。北大も同様の制度を導入すれば、同じ事態になるのは目に見えており、筆者は前途が暗然たる思いであった。一橋大学に倣えば、学生や教員への影響は甚大で、現場の混乱は大きいことが予想できた。

9.　教育改善のための情報収集

　筆者は総合教育部長になると、大学教育学会に入会し、教育改善全般に関する情報収集を開始した。教育改善には学術研究と同じで、情報収集が重要であることは、クリッカー導入のときに経験したことであった。それまでは、物理教育メインで物理教育研究は世界的に盛んに研究される分野でもあった。ただ物理がどのように役立つかを見るためにも物理だけでなくむしろサイエンス全体を包括的に知る必要があると認識し、物理、化学、地学、天文学、生物学、環境科学を統合して学ぶべきだというアメリカでの教育運動に感銘を受けて、「ゼロから始める科学力養成講座」の授業を、小笠原正明氏、細川敏幸氏らと始めた。この運動は、大学教育学会の会長であった小笠原先生と一緒に改良していったこともあって、学会でもある程度評価されたのだ。教員側がサイエンスリテラシーを持っているべきだということで、筆者一人が講義部分を担当し（PBL部分は小笠原先生と細川先生が担当）ということをしたため、担当する教員を選ぶという問題もあった。その後、大学教育学会などで知り合った他大学の方と科学教育に関する共同研究をして、シンガポール、オーストラリア、イギリス、アメリカ、韓国、台湾、中国などの大学を

視察した。アメリカ大学協会 AAC&U の会議で発表してほしいと依頼されたので統合科学での PBL について発表したこともある。大学教育学会に参加しての情報収集では、最も有益なのは懇親会において様々な人に知り合い本音を聞き出すことであった。もっとも懇親会で酒を飲み過ぎて翌日にはあまり覚えていないことも多かったのだが。

10.　総合教育部長の心得

　GPA による卒業判定基準の導入は喉に刺さったとげのようであったが、総合教育部長としての業務は進んでいく。例年と同じ業務は、アンケートや意見を基に改善していく。就任当初総合入試が始まって間もないこともあったので、学部や学生のアンケートで問題点があれば改善していく必要があった。少なくとも筆者の関わってきた北大の事務方は非常に優秀な方ばかりであって、総合教育部長はそれを確認したり、意見というより感想を言ったりして、事務方が気持ちよく業務をこなすことができるようにということを心がけた。理想としているのは、津本陽の『大わらんじの男』に出てくる徳川吉宗である。基本的に事務方に不首尾があっても通常十分反省しているため、別段叱ることはないし、事務方の不首尾でも外部に対して筆者が頭を下げれば済むだけの話である。小説では、人を使うときは「堪忍」の2文字を忘れてはならないとあったが、元々筆者はずぼらで何かをいつまでも気にする性格でもないのでそこまで大げさに考える必要もなかった。総合教育部長は事務方からしてみれば外部からの防波堤としての役割がふさわしい。また、書類作成はほとんど事務方が黒子のようにして行っているので、逆に最終的な責任くらいは教員が取って楽をさせてあげなければ精神的に持たない。事実他の部署では精神的に疲れてしまう職員もいた。ミスしても私がなんとかするからと言ってくれる上司がいなければやってられない。学生対応では、カンニングなどの不正行為などの処分決定では、前例にないケースも多いが、対応は原理原則に立ち返ればそれほど難しくない。また、北海道大学では、総合入試といって、1年次の成績をもとに順位付けして移行する仕組みがある。実際学科所属した学生たちが必要な基礎科目を履修してきてい

ないなどの問題もあるため、学科で要望する科目とのすり合わせも必要となり、着任当時はその調整も必要となった。必要な手順も事務方が教えてくれたので、調整だけで済んだのだが、就任してしばらくして基準表の改定を行ったが、一部の学科からは意見を聞いてもらえてないと恨まれたこともあった。全体を満足させる案は難しいのだ。

11.　総合教育部での移行順位決定での問題点

　当時最も問題と感じていたのは、移行にかかる決定方法であった。移行成績では GP 値を基に移行点を算出するのだが、秀 4.0、優 3.0、良 2.0、可 1.0 が GP 値であるので、順位付けでボーダーラインに同点者が出ることも多々あった。ボーダーラインが同点なら二人とも入れてやろうと思っていてもそうはいかない。それは、医療資格系では、文部科学省の認可事項でもあるので、移行人数は厳格に守る必要があるためであり、そのため同点者の取り扱いの規則もいささか複雑にならざるを得なかった。 東大のように 100 点法を導入するべきであったと思ったが、筆者が就任したときにはすでに決まっていたことであり、今更 100 点法への切り替えは難しそうであった。

12.　入試関係業務のための情報収集

　総合教育部長は高等教育推進機構副機構長でもあるので、入試関連の企画や調整にもかかわる。ただこれは、「大学入学者選抜改革推進委託事業」(平成 28 年度〜 31 年度) で広島大学代表の「高大での教育改革を目指した理数分野における入学者選抜改革」において、なぜだか筆者が北海道大学での代表として任命されたことと関係する。おかげで、アメリカの入試の視察に行き、実際の書類選考の仕方などを学ばせてもらった。もちろん、新しいことをしなければ成果とならないので、近郊の進学校で平行テストを行った。これは 2 日間で 2 次試験相当の異なる問題セットを解いてもらい合格者がどれくらい入れ替わるかを見るものであった。つまりテスト問題との相性で入学者がどれくらい入れ替わるのかを北大レベルの問題と受験者層によって検証してみた。これは、大変珍しい試みであると他大学の入試関係の先生などからも

評価していただいたし、何より他大学のアドミッション関連の人たちと知り合えたことが一番大きかった。筑波大学の本多正尚先生がアドミッション関係教員のコミュニティーを作ってくださって助かった。入試関連に限ったことではないが、調整には部局と本部のどちらにも有益な落とし所がないと先に進めない。

13. 成績評価制度の調査から学んだこと

GPA による卒業判定基準の導入は、GPA 制度を導入している国ではほぼ普通に行われている。そのため、GPA 制度について詳しく勉強し直すことになった。これは、もう一つの担当である、「国際的単位互換制度の構築」という中期目標のためでもあった。

13.1 日本の GPA 制度

そもそも日本の GPA 制度は、大学審議会の 1997 年 12 月の「高等教育の一層の改善について（答申）」に機を発しているといわれている。GPA による履修指導は、教育改善の一環として欧米にならって行われた。日本の大学における成績評価は優、良、可、不可の 4 段階が主流であった。日本の大学では、成績評価が各教員に一任されており、成績評価の基準もばらばらであったが、GPA を目安にすれば教育水準についての認識が深まり、成績評価の信頼性と標準化に一定の役割を果たすと考えられた。実際、教員による成績付けの監視などにより客観性を導入するためにも GPA は現在でも役割は大きいといえる。GPA が A, B, C, D, F の評価に対応するために、「秀」評価を GP 値 4.0 として、ほとんどの大学で導入したのである。ただし、これには反対する意見もあったであろう。それまで、おそらく多くの教員は、良を中心として成績を付けていたのだが、秀評価導入により平均という成績が存在しなくなった。いわば、「優」は平均よりも上で「良」は平均よりも下という扱いになった。本学でも当初全学教育科目での GPA2.2 程度からスタートして経年変化で次第に 2.5 程度にまで上昇した。本部で制御できるのはこの値であるが、本部が一気にこれを 3.0 にすると言い出しても混乱が生じるだけで、反発は必至だ。

13.2 アメリカでの GPA 制度

それでは、アメリカ型の GPA の運用とはどのようなものであろうか？

使い方での最大の特徴は、アメリカの多くの大学では、通常の卒業単位数 120 単位などと共に、GPA2.0 以上とする卒業要件が課されている点である。また、大学院入試でも GPA3.0 以上を入学要件としており、大学院では GPA3.0 以上が大学院の修了要件でもある。これは、高度な科目には平均 GP を高く付けるといった科目間価値を成績に反映させる習慣と関係していると考えられる。また卒業要件だけでなく、履修についての以下の制度がある。

- 再履修制度 (repeating)：日本でも不可の評価を再履修することは一般的だが、D 判定 (GPA1 台) の評価を受けた科目でも再履修が可能である大学が多い。また UCLA などのように再履修の回数を卒業までに 18 単位までというように制限している大学もある。

- 学術的監査状態 (Academic Probation)：GPA2.0 を 3 期続けると退学勧告がなされる。しかし、こうした事態になる前に適切な履修指導が必要となる。そのため、GPA が 2 期連続で 2.0 を下回った場合や、1 期 1.5 以下となった場合、学生が学術的監査状態にあると呼ばれ、適切な履修指導を受けなければ、履修登録ができない。つまり、履修管理として有用な使われ方をしているのである。

13.3 アメリカの大学における成績インフレーション

以上のような GPA の運用は比較的古くからあったと思われるが、アメリカで最も変化が大きかったのが以下の成績インフレである。30 年ほど前までアメリカの大学は入学しやすく、卒業しにくいと言われていた。1960 年代ではアメリカの大学もエリートしか大学に入学せず、しかも卒業するには週 20 時間以上の自習が平均的であった。しかし、現在 4 年制大学の数も 2,900 以上 (2 年制まで含めて 4,706 校) となり、高校生の 60% 以上が 4 年制大学に進学する (2 年制まで含めて 80% 近い) というユニバーサル段階を迎え、アメリカの大学の様子も変貌した。特徴的なのは、以前よりも有名大学への競争率が

上昇していることである。たとえばハーバード大学の入学倍率は12倍、プリンストンは10倍などの倍率である。他方、選抜性の高い大学や州立大学の6年卒業率は概ね率が90％以上となり、アメリカの大学は入りにくく出やすいといった、以前日本で言われていた状況のようになっている。

13.4 現在のアメリカの大学でのGPAによる卒業要件の役割

　1960年代のアメリカの大学GPAは約2.4程度であったようだ。つまり、1960年代であれば、日本において秀評価導入による内外格差はさほどなかったと言えるだろう。おそらく、日本でGPAを導入した当初はこの時代のアメリカのGPAを参考にしたのだと推測される。ただし、現在では州立大学でもGPAは3を超えており、3.5を超える大学も多い（**図2-3-1**）。

　米国の大学では、授与される成績の43％が「A」である（Rojstaczer & Healy, 2012）。公立大学では成績の73％がAとBで、私立大学では86％である（Rojstaczer & Healy, 2012）。DとFの合計は、レターグレード全体の10％未満

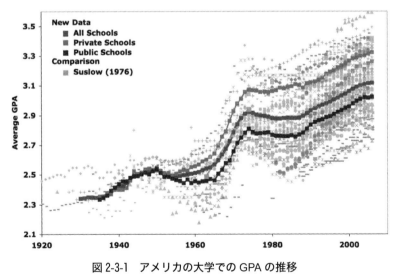

図2-3-1　アメリカの大学でのGPAの推移

（出典：Rpkstaczer, S., & Healy, C.（2012），"Grading in American Colleges and Universities," *Teachers College Records*, 112-4; Rojstaczer, S., & Healy, C.（2012）"Where a is ordinary: The evolution of American college and university grading, 1940-2009," *Teachers College Record*, 114-7, pp.1-23. https://www.gradeinflation.com）

である（Rojstaczer & Healy, 2012）。公立校の平均 GPA は 3.0、私立校は 3.3 である（Rojstaczer & Healy, 2010）また、Hermanowicz. J. C & Woodring D . W. Innovative Higher Education 44, 497-510（2019）"The Distribution of College Grades across Fields in the Contemporary University"では分野別に平均が大きく異なることを明らかにしている。たとえば、数学は 2.83 で音楽が 3.75 となり、全体的に理系の方が文系よりも低い傾向がある。このため、GPA 値に日米で差異が生じたのである。エリート段階での教員の評価基準は、マス化、ユニバーサル化段階を経て、学生の多様化などにより教員は評価基準自体を変更せざるを得なかった。成績インフレは、入学者の増加に伴い、学生からのクレームが増加し、教員がクレームをできるだけ避けるためや、専攻に良い学生を引きつけるために、高い評価を与えることも要因だとされている。学生も高い評価に不満を持つことはなく両者共に幸福であり、評価が高ければその学科を進路の選択肢として考える学生が増加することが期待される。ちなみに、このような成績インフレは大学だけの問題ではなく、入試の激化に伴い高校においても生じている。これはアメリカに限ったことでなく、最近では、イギリスでは共通資格試験である A level の採点を高校の教員が行うことになったとたん、A グレードの割合が大幅に上昇したことが話題になった。

13.5 D 判定と F 判定の役割

　F や D スコアの割合はワシントン大学などでは GPA を公開しているが、F、D の割合は平均しても 10％程度であった。また、カリフォルニア大学バークレー校でも科目ごとに GPA を公開し、学生の履修スケジュール管理に役立てている。日米を比較するときに、学生のパフォーマンスの比較として妥当かどうかも気になるところである。National Survey of Student Engagement（NSSE）2012 年調査は、米国の 546 大学で 285,000 人の大学生によるアンケート結果の集計である。週の自習時間が 15 時間であり、C- 以下の評価の学生の平均も 1 年生 12.3 時間、4 年生 14 時間とかなりの自習時間である。トップ 10％ の大学での平均では、週 1 時間から 5 時間の自習時間の学生は新入生で 7％、4 年生で 9％程度である。これらの学生が F、D のグレードを取る

とするのが妥当であろう。もっとも日本の大学生では週平均でも1時間程度というのも多く、勉強量での比較は困難であるが、ともかく北海道大学が比較すべき大学としては、F、Dは実際には不可のグレードとするのが妥当である。事実、多くの大学においてD評価において再履修制度（repeating）がある。

　このようなD評価が本来不可であると明確に認識できたのは、ワシントン大学のFDで使われていた成績評価ガイドラインであった。現在は公開されていないが、D評価は「コースのすべての側面において、学習はごくわずかで、パフォーマンスの質も非常に低い。その後のコースで成功する可能性は極めて疑わしい。」とあった。またF評価には「学習の証拠がまったくない。その後の分野別コースへの準備が全くできていない。」と、レポートも試験も全く受けていない状態を指していたのである。つまり大まかに言って、秀はA+、優がA、良がB、可がC、そして不可がDという対応がほぼ正しいが、この対応が完全に正しいわけでもないのである。言い換えれば、日本型GPAとアメリカ型GPAに格差が生じており、あたかもシンガポールドルとアメリカドルの通貨換算比率が生じている状態と同様なのである。また、レポートも試験にも出ない状態で学習の証拠のない状態をFとするのが妥当であった。それでは、なぜアメリカではD評価を合格扱いにするのだろうか？それは、おそらく1コースの単位数が3単位から5単位あり、あまり多くの科目を履修できないことに関係しているのだろう。これらの単位を落とせば卒業しにくくなる。そのため、他の科目の成績が良ければ卒業できるという形でGPA2.0以上を卒業要件とする形で機能している。日本でも以前同じような現象が発生したことがある。1年通年での科目を半期でI、IIなどとした場合の対応である。1年通年での単位の場合、前期で成績が悪くても後期で挽回すれば合格であったのが、半期にするとそうしたことができなくなるのである。そのため、東大などでは前期と後期の平均が合格点を上回っていれば両方とも合格とする制度があった。アメリカにおいてD判定があった場合、他で挽回できるようにしたのは同様のことができるようにしたものであろう。

14. 新 GPA 案による国際的な単位互換システム構築問題と進級振り分けの問題の解決へ

　先に述べたように、総合教育部では進級振り分けの移行点としては、整数のみの GPA では精度が足りないという問題があった。理系的な言い方をすれば、整数値の GPA では誤差はプラスマイナス 0.5 であり、16 科目程度の平均値での誤差はプラスマイナス 0.1 を上回る。そのため、これを下回る桁での進級振り分けは科学的には妥当でないというわけである。もっとも試験などで苦手な問題あるいは得意な問題が出たなどの偶発的要因も大きいので、あまり誤差論に固執するのは妥当でもないが、同点者が多いのは問題でもあった。また、国際的な単位互換システムの構築というためには、アメリカ型のプラスマイナス付きの高精度な GPA に移行するのが最善の解決策であった。つまり、日本円に代えてアメリカドルに切り替えれば為替問題は発生しないのと同様である。これらの北海道大学での数々の問題は、現行の GPA 制度からアメリカ式の高精度の GPA を導入することで一挙に解決できるのである。

15. 執行部との交渉と新 GPA 移行案の作成

　筆者は、アメリカ以外での GPA 制度の国の評価やヨーロッパの ECTS 評価との対応など、さらに証拠を添えて、アメリカ式の高精度の GPA の導入案について 26 ページの報告書を作り理事に提出した。しかし、当初担当理事には現行の GPA の付け方がアメリカのものと対応していないことを信用してもらえなかった。そもそも日本の GPA はアメリカにそろえるように作られたということが信じられていたためでもある。これは、筆者が総合教育部長として 10 ヶ月ほどしかたっていない段階ということで信用が足りなかったためでもあろうが、報告書が長すぎたこともまずかったかもしれない。しかし、その後理事が国立大学の理事会議に出席し、東大が GP 値の付け替えを検討していると聞いてきて、態度を豹変させた。東大と同じことということで筆者は逆に信用してもらえることとなり、新 GPA 案は一挙に前に進むことになったのである。もちろん現状の GP 値を秀 4.3、優 4.0、良 3.0、可 2.0

などと付け替え、GPA2.0 以上を卒業要件と言ったら、それは現在よりも厳格にならないので中期目標達成とはならない。ちなみに、筆者はざっくり企画はするが細かいつめは苦手なのであり、事務方の面々が大変優秀で細かいところをつめてくれた。特に直接的な担当である芳岡氏の貢献は大きかった。案として当初ワシントン大学の FD で用いられたガイドラインにより A+ などのグレードの意味などの表を筆者が作成したが、和訳すると変な言い回しになってしまったので、当時の全学教育部長や教育担当理事が文系の方で丁寧に直していただいた。また、現在のグレードとの対応表も用意した。A+ はそれまでの「秀」評価と異なり、非常に優秀で概ねトップ 5% 程度を目安とすることになった。これは、進級振り分けにおいて、成績トップ層の解像度を上げるためでもあった。ちなみに、進級振り分けに使う意図があるので、A+ の GP 値は韓国にならって 4.3 とした。対してアメリカの多くの大学では A+ の GP 値は 4.0 で、A+ の数が別途優秀さの指標として使われる。

16. 部局との交渉開始

　実施には部局からの抵抗が予想された。教員にとって新 GPA 制度に変更する必要性が感じられなかったからである。だれでもわざわざ新しいことをするのは嫌なので、新しいことをするのに反対があるのはよくあることだが、学内にこのような変更の噂すらなかったのである。突然新 GPA 案を出すのは、反発を招くのがわかっていた。通常、各所にそれとなく噂を流すような形で非公式な意見を聞いて根回しをするのが結果的には早道だと思っていた。中期目標最終年度に次年度からの方針案を示して中期目標達成とすべきだと考えた。筆者としてはこれを企画して上層部がその方針で動いてくれた段階で筆者の役割が終わったと思っていたのだ。ところが、執行部は翌年度に案を学内合意し、最終年度の入学者から実施すると方針を決めた。そのため、本部から新 GPA 制度への移行案が部局代表の WG に突然のように提示されたのである。ほとんどの部局にとって成績評価の大幅な変更は寝耳に水という変更だったため、相当反対が出てしまった。おそらく筆者が部局側の人間であったとしても、このような唐突なやり方には反発しただろう。総合

教育部長は、執行部にも部局にも属しているといった中間管理職であるので
どちらの気持ちも理解できるし、板挟みにもなる。ちなみに当時筆者は、企
画はするが調整には自信がなかった。しかし、執行部に調整能力のある信頼
できる方が加わってくれて、反対が強い部局には、筆者とともに個別に事情
説明やお願いに伺ってくれた。まず、ほとんどの部局で「GPA 等」の中期目
標を知っている人がいなかった。考える方向性は同じで、GPA 等とあるの
で様々な案があるだろうが、どれも筋が悪いということを理解すると、誰が
こんな中期目標を立てたのかと怒り出すのは当然である。私もそれには同調
して、「全くそうです。前執行部がこんなことを書いてしまっていて私たち
も大変苦労しているんです。ですからなんとかよろしくお願いします。」と
言って回ったのである。その実、前執行部の教育担当理事が当時の総長だと
いう不利益になることは言わずに黙っておいた。現に総長は何かの懇親会で
ご一緒のとき、この中期目標の達成を心配しておられたようで、アメリカ型
の GPA に移行する本案に大変喜んでいた。誰も言わなかったが、卒業要件
化できなければその計画を認めた自分の責任でもあると思っていたからであ
ろう。他方、おそらく悪者とみなされた当時の前総長は、中期計画にこのよ
うな時限爆弾がしかけられていたことなどつゆとも知らなかったであろう。

17.　部局との調整のポイント

　部局との調整には執行部案をそのまま押しつけるのではなく、部局の意見
を最終案に反映させるのも非常に重要なポイントになる。それは部局側の人
間からしたら部局の意見が反映されたということで、自分たちの意見が反映
されたという満足感が得られるからである。たとえば、GPA2.0 以上の要件
を付けるが、D や F 評価も GPA の母集団に含まれることになるので、2.0 以
下の学生が多く出る懸念のある学科もあった。そのため、そうした学科は、
GPA が 2.0 以下でも単位数を多く取ることでそれに代えることができる規定
とする部局からの案を採用した。これは学生側からしても大変助かるはずで
ある。苦手で落としてしまった単位を取り直すよりも、新たな科目で単位取
得するほうが容易であることが多いからである。もちろんそのような意見を

出してくれたところには感謝の言葉を忘れてはならない。断固反対されない
ことには感謝しかないと思うのである。

18. 各グレードの学習成果の質と相対評価との矛盾点

　最ももめたのが、各グレードに対応する学習成果の質を記述していなが
ら、全学教育科目では相対評価を導入することであった。つまり、学生集団
の平均を B と規定するため、教員が思う学習成果の質とはずれることがあ
るということである。絶対評価は、成績の計算がしやすく、学生も課題や
試験の点数に直結しているのでわかりやすいという利点があるが、競争的な
環境では選別のために十分な精度が得られない可能性がある。また、外部か
ら見て、教員の絶対的な評価基準が客観的な絶対基準とみなすことができな
い。つまり教員による絶対評価を真に絶対評価と称するためには、キャリブ
レーションが必要なのである。他方、相対評価では、相対的な順位で選別
するため、競争的環境下での選別に適している。しかし、自分の成績に対し
てはあくまで相対的なものであるのでフィードバックが受けにくいといった
欠点がある。また母集団の質にも影響を受けるので運不運も出てくる。こう
したことから、北海道大学の全学教育科目では相対評価としているが、これ
が新 GPA の制定下で矛盾を引き起こす。すなわち、相対評価であれば、そ
のグレードが定義した学習成果の質とはほぼ関係なくなるのである。この点
に関しては、全学教育において過去に相対評価でないときには、甘い成績付
けをする教員に数百人の受講生が集まるといった事態が不公平を招いていた
ことなどを説明して、なんとか成績評価ガイドラインにおける自己矛盾を容
認してもらうことにした。ただし、合否については絶対評価とすべきである
とした。そもそも、相対評価がいいのか絶対評価が良いのかについて世界的
に正解が存在しない。たとえば、アメリカではほとんどの学士課程において
は絶対評価であるが、プロフェッショナルに関係しやすいロースクールやビ
ジネススクールなどは相対評価である。ヨーロッパでは、ボローニャプロセ
スでの単位互換のために、同一ディシプリンの質を同一にすべくチューニン
グを行い、ECTS 単位の成績付けは相対評価を基本としている。ただし、実

際には成績付けは国ごとに文化的な要素（たとえば初等中等教育までの成績付けの慣習や分野による文化の違いなど）があり、実際には必ずしもガイドラインに従わないことが容認されているようである。

19.　高精度 GPA の施行とその効果

　以上のような困難を乗り越え、北海道大学において現状のような高精度 GPA 案が実施されることになった。筆者が一番気にしていたのが成績インフレである。全学教育科目では GP の目標値を 3.0 に設定しているが、以前の GPA では年によってはわずかであるがインフレしていたのである。そのため新 GPA でも欧米のように GPA がインフレを起こすと思っていた。本学では全学教育授業においては成績評価結果検討委員会が、一定の範囲の GPA を指導しているが、日銀の長期金利と同様に、インフレ局面では通常はこの指導範囲であっても平均値は上昇していくと予想していた。ところが試行から 5 年ほどたっても GPA は 3 のまま推移している。これは、B が平均を表すということが教員にとって安心な点であるからであろう。A、B、C に対して人によって異なるが B を中心として成績分布を取るのは比較的容易なのである。筆者の感覚でも、以前の平均に相当する成績のない評価制度より現行の高精度な GPA のほうが付けやすい。またそれほど解像度が出ない科目では、プラスマイナスを付けなくても A、B、C のみで成績を付けることもできる。また、進級振り分けでは同一学科志望者での同点者がほぼなくなったのも狙った通りである。国際的単位互換制度においては、GPA 値がアメリカの大学に比べて低いのは不利益に感じられたが、これは日本だけでなく他の国などでも同様のようで成績に全学生の GPA の平均値を掲載することで対応できる。また、アメリカの大学では GPA3.0 以上を要件としているが、現状アメリカの大学志望者はこの要件にかかることはまずないので問題なさそうである。

20.　教育改善の方向性について考える

　大学教育学会などに参加していると、学習成果の可視化でこうした取り組

みをすると向上したというデータを得る研究が主流となる。しかし、多くは教員側に多大な労力を強いるものになる。学会で教員の多大な努力が必要な発表を聞くと、そんなに時間をかければ学生の学習成果が向上するのは当然だろうと言いたくなる。製品に例えると、これらは高性能だが量産に適さないプロトタイプである。しかし、一般の教員に対しては、できるだけ楽して教育改善ができるのが量産可能なものである。学生が、最小の勉強時間で最大の成績を取りたがることを筆者は「最小努力の法則」と呼んでいる。これは学生だけに限らず、教員も最小の努力で最大の教育効果を得たいわけである。少なくとも教育にかける時間が一定のもとで最大の教育効果がほしい。すべての学生が最高の学習ができるというのは理想的すぎるので、教育の最大値は理想でしかない。しかし、教育と研究と会議や事務作業に忙しい教員からすれば、教育を含めた生産効率性は最大の課題でもある。こうしたことから、実践教育の現場で最も重要なのが、新たな教員負担の少ない普及型の教育改善なのである。今ではスマートフォンのアプリで代用できるが、筆者がクリッカーを導入したのは、大規模授業でもアクティブラーニングが容易にでき、しかも概念理解に有効なことが研究により証拠付けられているからである。ただし、アメリカにおいても授業スタイルを変更するのは容易ではなかった。全学規模で 1 年次理科教育のアクティブラーニング化には、一時的に金銭的補助を出していることもある。教育熱心な一部の教員のみが良い教育を提供する体制から、すべてのクラスでアクティブラーニングを行うなどの組織的教育改善を行っている大学もいくつか視察したことがあるが、維持するのはやはり容易ではなさそうである。他方、北海道大学では現在でも少人数 PBL クラスの必修化と基礎理科科目の組織的アクティブラーニング化の検討と調整が進められている。読者の中にはこうした組織的教育改善の話題に興味をお持ちの方も多いと思う。教員の担当科目の大幅な移動を含むこれらの立案と調整には筆者もかかわっているが、内部事情の公開には時効といえる段階とは言えず、本章でお話しできないのは残念ではある。

21. 総合教育部長再び地雷を踏む

　総合教育部長に就任してから1年半後、上記のようにGPA問題が一段落し、肩の荷を下ろした。就任後すぐに難題を押しつけられたが、なんとか切り抜けてほっとしたのである。ところが、そのころスーパーグローバル申請の話が出て、学内で準備が始まった。国際化担当理事の方から呼び出されたところ、そこには他学部の先生がおられて、英語で卒業できる学部のプログラムを作りたいとのことであった。自分には到底まねできない、大変意欲のある先生がおられるのだと感心した。当時北海道大学は情けないことに英語で卒業できる学士課程プログラムがなかった。英語で卒業できるプログラムを支援するグローバル30に採択されなかったのがその主たる理由だが、本来他大学に負けないように補助を得なくてもそのようなプログラムを作るべきであった。しかし、スーパーグローバル申請の話を聞きつけた執行部は焦った。学部にそのようなプログラムがないのにグローバル大学というのはおこがましいというわけである。外国にはスーパーグローバル大学というタイトルの大学がないのでネーミングに違和感があったが、文部科学省に逆らうわけにはいかないので、とにかくそうした名称のものに採択されなければならない。こうした事情から、学部からの留学生特別プログラム設置の申し出は大学執行部にとって大変ありがたいものであった。そして、理系学部であるので物理学など基礎の部分の教育があることから、物理学科も参加を持ちかけられたのだ。このようにしてこれが、筆者が理事室に呼ばれた理由であることがわかったのである。やる気のある他学部の教員がいることには大変勇気づけられた。他学部が同じ物理系であるので他学部を教育面で助けるだけなら良いと思い、日本人教員に新たな授業負担が生じないことを条件に物理部門の会議で方向性については了承してもらった。しかし、その後やりたいと言っていたはずの学部が降りてしまって、物理学科だけが取り残される形となったのだ。どうも学部内での根回しがなされていなかったのが原因のようだ。学部長などに十分仁義を切ってから執行部に話を通さなければならなかったのである。はしごを外され、一人残された物理学科は哀れである。執行部と学部の中間管理職である筆者には、やめてしまえばスーパーグローバル申請

自体に影響するため、すぐに断る勇気がなかった。こうしたプログラムなしに学部留学生数を飛躍的に増加させる手段はないのは明らかであった。そのため、物理学科もやめるとは筆者には言えなかった。このようにして、理事室に呼ばれ、比較的軽い気持ちで引き受けたことで単独で留学生特別プログラムを作るという地雷を踏んでしまい、頭を抱えたのであった。

22.　理学部単独での留学生特別プログラムの差別化戦略へ

　とにかく事態を理学部長に相談することにした。当時の理学部長石森浩一郎氏は大変素晴らしい方で、北大のためにということで、理学部から 3 学科が参加する形でまとめてくれた。石森氏の調整能力が突出していた。結局、筆者はスーパーグローバル大学申請のために立ち上げられた学士課程・修士課程留学生特別プログラム（Integrated Science Program（ISP））の企画・立案から実施・運営段階まで携わってきた。こちらは、与えられた教員コストの下で既存の科目とで特色を出して行く必要があり、調整を含めて非常に苦労した。理事と ISP 担当の学部長の間に入って互いの情報を元に調整しなければならなかった。部局が執行部の方針に協力しても、結局不利益が利益を上回ることは避けなければならない。そのためにも、一般的に部局は執行部の口約束は信用しない。それは、執行部が変わると反故にされる場合もあることを経験しているためである。そのため、重要なことは執行部と申し合わせ書を交わすことにしている。今回も理学部長を理学部事務方がしっかりサポートして決めていった。また、教務関連の調整では、学科ごとに事情が異なるので、主として学科の要望をどれだけかなえられるかに苦労した。もちろん一番大事なのは教育目標である。プログラムの差別化が重要であるので、海外のニーズから理学とビジネススクールを合わせたようなプログラムで差別化を図ることに決めた。理事からは決してリベラルアーツ型でなく、専門教育では大学院に接続できるようにという要求があり、文理融合型としてはカリキュラム的な制約も大きかった。また、学士課程は秋入学 3.5 年で卒業できるということにした。これは秋入学で日本人学生と同一時期に専門教育を始めるのに便利だからでもあった。プログラムに関しての調整の詳細については、ま

だ関係者が定年になっていないのでここでは述べないでおこう。現段階では、立ち上がった ISP は受け入れ人数が少ないことにより、学内の多様化に寄与しているとは言えない。現状として修士卒業後、理学の博士課程進学するものもいれば、国際的コンサルティング会社に就職するものもおり、文理融合型の新しい価値を創るための教育という意味では良かったが、教員コストを含めて対費用効果は極めて悪いと言わざるを得ないので、経営という観点からは今後の改革が重要となると思われる。

23. 地雷を踏んで学んだこと

　これまで筆者が総合教育部長や高等教育推進機構副機構長という中間管理職で、どのように教育改善に取り組んできたかを例示してきた。教育改革は多くの教職員を巻き込み、負担を強いる場合が多いので、理想通りには進まない。特に研究大学では、研究と教育の双方に有効な改革という視点が重要である。ただし、創造性が重視される社会において、大学の研究を通じた教育が見直されている。問題は、研究を通じた教育でどのようなコンピテンシーを修得すべきかについて、教員も学生も十分に理解していないことであると思っている。筆者の現在の教育研究におけるテーマの一つは、アカデミックな研究を含めて社会において新しい価値を創出するためのコンピテンシーであるアカデミックアントレプレナーシップである。2019 年にスタンフォード d.school の教員研修を受け、現在デザイン思考の英語での授業を担当しているが、少なくとも筆者には、研究のために修養してきたコンピテンシーが、社会においても役立つものと確信している。事実、筆者にとって、教学マネジメントと学術研究とは、同一のコンピテンシーが必要であったのだ。ただ、現在開講しているデザイン思考のクラスのためにも、経済誌や新製品情報誌を読むなど通常の教員がしない苦労をしている点などが、中間管理職と教員との両立をより難しくしているのだろう。今までいくつかの地雷を踏んだことを紹介した。一時期総長が変わって総合教育部長が廃止され、また総長が謹慎して同職に戻った期間を含めると、10 年もこの職にいることになる。組織はいくら特定の人材が重宝されても、長期間同一人物が担当すると、

その後反動が起こることが多いので、筆者は今年度で辞める予定である。総合教育部長としては、教育関連の情報を仕入れ、文部科学省の通達や答申を読むなどの情報収集をしなければならないし、関連する会議が多すぎるので、管理職手当だけでは割に合わない。総合教育部長は、管理職手当の少ない中で残業代が支払われないという中間管理職の悲哀を十分味わえるポジションであった。

　これらの経験から筆者は結局何を学んできたのだろうか？　PBL では学習は経験によって発生するというのを理論的根拠としているが、大学での業務もまさに日々の学習であった。地雷を踏んだ苦い経験から、筆者は新しい中期目標や申請案が出るとすぐに、どこかに地雷が潜んでいないかチェックする習慣ができてしまっている。それは、後輩に同じ苦労をさせたくないという優しい気持ちと、いやこっそり地雷を仕掛けておき、後輩にも自分と同じような苦労をさせてやろうという、深い後輩思いの気持ちから来ているのである。

第4章　内部質保証のための外部評価の効果と課題
──京都文教大学における協働的実践の摸索──

森　正美

はじめに

　京都文教大学が、大学基準協会の認証評価を受審したのは、コロナ禍直前の 2019 年である。2018 年度の実績を基準とした評価受審であったが、当時、本学は、2014 年度に採択された文部科学省の COC 事業とその後の COC+ 事業の推進の一貫として、積極的に外部評価機能を活用していた。その経験を生かし、その後も全学の内部質保証の取組につなげようとしてきた。ただコロナ禍での中断なども影響し、2023 年時点では、全学的な外部評価活動を実施していない。

　本章では、まず、外部評価の実施と外部評価に基づく改善活動の効果について、2014 年度から 2019 年度までの COC（COC+）事業期間中の年度ごとの外部評価の経験から整理する。この期間の外部評価は COC 事業を起点としているもののその対象範囲は全学の活動に及び、当該事業の改善および全学の内部質保証を検討する上でも、その後の本学の活動につながる非常に大きな契機となった。

　次に、COC（COC+）事業期間終了後、つまり前回認証評価受審後の 2020 年度から現在までの内部質保証制度の改善と点検・評価システムの充実に向けた取組について述べる。この期間は自己点検・評価プロセスの充実と、基準ごと、部局単位での外部評価を実施し質の向上に努めている状況である。

　最後に、「形式的ではない」外部評価を実施するための課題を整理し、今後の外部評価制度の実質化に向けたいくつかの提案をまとめとして述べたい。

1.　京都文教大学の概要

　京都文教大学は、1996 年に人間学部（文化人類学科、臨床心理学科、収容定員 1,040 名）として開学し、2023 年 5 月現在、総合社会学部、臨床心理学部、臨床心理学研究科、こども教育学部（収容定員 1,836 名、現員 1,998 名）で構成されている。

　京都府南部に所在する地理的利点を生かし、様々な地域連携活動を、自治体や企業、団体、住民と連携しながら展開してきた。また数多くの臨床心理士や小学校教員、保育士などを地域に輩出しており、実習や実践学習の場としても、各学部の専門的教育・研究を通じて地域社会と連携を深めてきた。

　また、2007 年特色 GP「現場主義教育充実のための教育実践〜地域と結ぶフィールドワーク教育」を皮切りに、2008 年教育 GP、2010 年就業力 GP、2012 年産業界ニーズ「大学間連携共同教育推進事業」に採択されるなど、積極的に教育改革にも取り組んできた。後述する COC（COC+）事業終了後には、2019 年度に内閣府「地方と東京圏の大学生対流促進事業」に採択され、首都圏の淑徳大学、埼玉工業大学とも、単位互換協定に基づく連携活動を開始している。

　ここで、外部資金に基づく事業活動を列挙したのは、本学の外部評価制度が、自己点検・評価活動の充実による内部質保証の向上努力だけでなく、これら補助事業の枠組みや成果指標を活用した点検・評価活動を通じて培われてきた側面があるからである。

2.　外部評価制度の設計

　本学は、それまでの長年の地域連携活動の実績に基づき、2014 年度に「京都府南部地域ともいき（共生）キャンパスで育てる地域人材」というテーマで COC 事業に採択された。建学の理念である「共生」を具現化する方向性を明確に打ち出した。大学の教育に地域のパワーを生かすと同時に、地域のニーズを把握し学内のシーズを活かし地域課題に取り組む「ともいき」キャンパスの創造を目的とした。

2.1 COC事業で求められたこと

COC事業は、教育、研究、社会貢献の全ての活動を「地域志向」をめざすものに変革し、それらの活動を通じて「大学全体のガバナンス改革を目指す」という要件に基づく事業であった。

この要件が、本学のガバナンス改革に大きく寄与した。つまりそれまで「地域連携」や「社会貢献」として、大学内の一部の活動とみなされがちであった一連の活動が、「地域志向」という軸の元に整理され、設定された目標値に沿って個別事業および事業成果を通じた大学全体の「地域志向化」を評価することが可能になったのである。

2.2 委員会の設置と外部評価委員の選定

本学のCOC事業の概要は**図2-4-1**のようになっている。これらの事業の趣旨と協働を適切に反映することのできる外部評価委員の構成を検討した。

その結果、地域志向に基づき大学全体のガバナンス改革を実践している大学の学長、総合社会学部、臨床心理学部臨床心理学科、教育福祉心理学科(当時)の教育研究の専門分野に適合する学外有識者、主たる連携自治体である京都府宇治市、京都市伏見区の市長と区長、地元経済界から宇治市商工会議所、京都中小企業家同友会から評価委員会に加わって頂いた。この委員構成は、COC+事業に合流した後も継続した。

事務分掌としては、それまで地域連携を担当してきた「フィールドリサーチオフィス」が担当し、外部評価を受審する前段階の自己点検作業は、COC事業採択と同時に設置された「地域協働研究教育センター」が担当した。体制については、学内規程を整備し、委員会の権限根拠と継続性を担保した。COC実施体制は、地域志向を組み込みともいき人材の育成を目指す「教育」活動や、本COC事業の中核を成すこととなった「ともいき研究」事業などを社会貢献活動と有機的に接続し、従来学内で縦割りで担当されてきた業務範囲の内容を横断的に担当するという新たな試みであった。

図 2-4-1　京都文教大学 COC 事業概念図

2.3　委員会開催に向けての準備

2.3.1　自己点検・評価書の作成

　以上のような体制で実施することになった外部評価委員会であったが、全学で最初の外部評価委員会であったため、資料としてどのようなものを準備すべきか、外部評価の結果として何を得るべきかなど、全てが正直手探りであった。筆者がそれまでに関わってきた他大学の外部評価委員としての業務、行政計画の進捗評価や事務事業評価などを参考に進めた。

　まず取り組んだことは、従来から大学の各部局や委員会単位で作成してきた自己点検・評価報告書を、COC 事業に合わせて作成することだった。それは、各事業項目ごとに取り組んだ活動内容、計画通りできたこと、できなかったことを事業項目として作文するという通常の作業から始まった。

　その際に工夫したことは、地域協働研究教育センターの専任・兼任研究員、COC推進委員会メンバーに報告書作成を分担してもらい、その作文のための根拠資料の提供や文章補足などを職員がサポートするという教職協働での作成を目指したことである。職員が原案を作成して教員が確認するのではなく、立場を超えて相談し合う過程を共有してもらうことを目指した。全てが上手く行ったとは言えないが、その後の改善事項の要因分析や外部評価委員のコメントの主体的な活用につながる効果があったと考えている。なぜならば、自己点検・評価の作文作成過程での振り返り（リフレクション）を通じて、分析的に活動を考察する時間が生み出されたからである。また、自己点検・評価報告書の草案を共有した段階で、その報告書を成果目標に照らし合わせて、目標を達成できたのかできなかったのか、その要因は何かなど、アウトプットに視点を移動するための議論の場を委員会の時間を活用して設けた。

2.3.2　補足資料の準備

　自己点検・評価報告書は、各事業についての実情を一定示したものにはなっていたが、外部評価委員に実感をもって理解してもらうためには、具体的な補足資料の提示が必要となった。例えば、各事業項目についての写真、チラシ、配布物などの印刷物、また授業履修者や各事業への参加者に対するアンケートの結果など、年度を追うごとに詳細な情報が加わっていった。最終的には補足資料だけで、厚さが5センチを超えるような分厚いファイルに収めなければならないほどになった。

2.3.3　外部評価委員への評価内容依頼

　以上のような資料の準備過程は、大学関係者にとっては、1年間の事業の棚卸しを可能とする貴重な機会となったが、外部評価委員の立場からすると、実施段階で関わっていない事業の詳細を資料を通じて理解することは膨大な時間と労力を要することになる。ましてや全ての分野について網羅的に意見を述べることも不可能である。

　そういう意味では、いかにコンパクトに要点を絞って自己点検・評価書を

提示し、助言や指摘を頂きたいポイントや論点を被評価者側から資料や事前の打ち合わせを通じて伝えておけるかが重要である。そのためには、自己点検・評価段階での課題抽出に至る議論や葛藤があってこその外部評価であるということを理解しておかなければならない。

　それと同時に、文書だけでは伝わりにくい活動の実感をどのように評価委員に共有してもらい、その上で率直で前向きな指摘を得られるように限られた時間にならざるを得ない貴重な機会を活用するかが重要である。本学では、年度ごとにどのような形式で外部評価委員会を開催するかの形式や学内外の参加者を検討し、少しでもその質を高められるように議論が重ねられた。

3.　COC（COC+）事業における外部評価の実施と工夫

　外部評価において最も重要かつ難しいことは、外部評価委員からの指摘や助言をどのように内部の構成員に共有し、内部の質の向上に生かしていくかである。ここでは、COC（COC+）事業期間に実施した具体的な工夫について紹介する。

3.1 外部評価委員の内部への接続

　外部評価委員に、学内の実情を具体的に理解してもらうと同時に、委員の助言を学内教職員が理解し受容するためには、外部評価委員、とくに学外学識者の委員がどのような方々かを知ってもらうことが必要だと考えた。いかなる経験や背景に基づいた助言であるのかを理解すれば、外部評価委員の指摘を受け止め活動の質の改善に生かしてもらえると考えた。

　そのため、まず初年度には、外部評価委員の大学学長に、自大学での地域・社会連携の先進的な内容とそれらの活動を通じた全学改革について講演をして頂いた。それは、他の評価委員も同様で、それぞれの専門分野で社会連携活動の実践を重ねていらっしゃる先駆者の先生方のお話は、非常に具体的で、日常的に地域連携に携わっていなかった教職員にも、地域志向を通じたガバナンス改革のイメージ共有の土台となった。

　さらに、外部評価委員には、可能な範囲で、COC 事業の重要項目である「と

もいき地域志向研究」の研究成果報告会に出席頂き、コメンテーターの役割を果たして頂いた。時間的な拘束は長くなってしまうが、行政、住民、地域企業や団体と大学の教職員が協働する新たな枠組みでの共同研究を具体的に理解して頂き、専門的見地から助言頂いた。

3.2 委員会開催方式の工夫

外部評価委員会は、事業2年目の2015年度から開始し、毎年、その開催形式を少しずつ変えた。京都工芸繊維大学が主幹校であるCOC+事業に合流した2016年度以降も、協働校全体での数値指標に基づく報告書作成と並行して、本学独自の外部評価委員会は継続開催した。

3.2.1　会議形式での開催

実施初年度は、事業初年度の2014年度の自己点検・評価報告書を元に、外部評価委員会で、事業項目ごとに説明し、「教育」「研究」「社会貢献」という3つのカテゴリーについて、評価委員に検討・議論して頂いた。委員会には、学長をはじめ、学部長、学科長、教務部長、学生部長などの執行部と、地域連携委員などの教員、関係事務局メンバーも列席した。

委員会の所要時間は約2時間、その後、各委員に振り返りコメントシートを作成頂き、インフォーマルな情報交換会も開催した。委員会前には、各委員の属性ごとに、特に評価を希望する項目についてお伝えし、議論を深めて頂いた。

3.2.2　当事者参画型公開外部評価委員会

教育・研究・社会貢献と多岐にわたる事業内容を文書や資料などで実感してもらう難しさ、また活動に関わっている多様なステークホルダーが、COC事業の全体像を理解する機会がないなどの課題も存在していた。

そこで、2年目は、学生、教員、宇治市内のシニア、企業の方々などから、直接活動報告をしてもらった。その上で、それらの活動についてコメントして頂く、公開型の外部評価委員会を開催した。直接、学外の有識者からコメ

ントを受けることができた報告者は大いに励まされ、会場で参加した学外の
関係者を含む大勢のステークホルダーに、外部評価委員の意見を直接伝える
ことができる重要な機会になった。

3. 2. 3　関係企画との連動による外部評価委員との情報共有

　COC 事業の一部である協働研究報告会の外部コメンテーターを外部評価
委員に依頼し、COC 事業についての理解を深めて頂く工夫をしたことは先
に述べた。

　それと同様の趣旨で、地域で活動している「地域連携学生プロジェクト」
団体の年度末報告に出席頂き、学生の活動内容を知って頂くだけでなく、
その場でやりとりされる企業や行政のゲストとのやりとりを聞いて頂いたり、
学生と直接対話をする機会を設けた。

　また、市民、学生、教職員、行政、企業などからの参加者がテーマごとの
テーブルに分かれて地域課題について話し合い、その後の研究教育、事業の
シーズを取り出す「まちづくりミーティング」も関心のある外部評価委員に
は見学して頂き、どのように地域のシーズと学内のニーズがマッチングされ
るのかの実態を理解頂いた。

3.3 外部評価を事業改善に生かすサイクル

　外部評価委員によって作成された報告書は、再度学内の自己点検・評価委
員会、大学運営会議などで協議するとともに、各関係部局にもフィードバッ
クをし、事業改善、次年度事業計画立案に生かせるように共有した。

　しかし、ただフィードバックをしただけでは、せっかくの外部評価が生か
されず、一つの意見としてそのままにされてしまうことが危惧された。その
ため、次年度事業計画を作成する際に、必ず、外部評価委員会の意見を参照
し、改善するようにした。これは、COC 事業という事業実施責任体制が明
確であったために、比較的実現しやすいことであった。

4.　自己点検・評価システムの充実と外部評価の存在意義

　COC 事業での外部評価の実施は、内容的には従来の大学評価基準と整合性をもつものであったが、その範囲に関しては限定的であった。2019 年度の大学認証評価を受審するにあたり、学長室では、大学基準に即して各部局の多様な活動、それらの記録や報告書に基づき、各部局の自己点検・評価報告書を大学基準に則した大学全体の 2018 年度の自己点検・評価報告書として整理していた。大学基準協会による認証評価の受審は、大学全体におよぶ徹底した外部評価の実施とも言えるが、その経験は、その後の内部質保証活動の改善につながる多くの気付きを与えてくれるものであった。

　受審時には、部局単位の個別事業評価と指標設定にとどまっていたものを、部局間の関係性を検討しながら、全学成果指標を設定することを目指して議論を深めていった。その結果、「何をしたか」の活動報告的な思考から、「何を生み出せたか」「何につながったか」という成果重視の視点での議論が少しずつできるようになってきていると感じている。

4.1 個人レベルの活動計画と自己点検・評価

　2019 年度の受審時にも、「個人→部局単位→大学全体」という形で、自己点検・評価のサイクルは設定されていた。しかし、部局単位での自己点検・評価と比較して、個人レベルの自己点検・評価は十分に機能しているとは言いがたかった。教員の「年次活動報告書」は、十分な「自己点検・評価報告書」としては不足する部分があった。

　また同時期に、法人全体で、人事評価制度の検討が進んでいた。職員については、目標設定型の評価の実施が検討されていた。教員については、従来から実施していた、年度当初の教員活動計画書と活動報告書の形式を工夫することで、なんとか個人レベルの自己点検を充実させられないかと考えた。項目内容に、教育・研究・社会貢献・学内運営というカテゴリーを明示し、毎年、様式の変更などを試みている。2023 年度は、各カテゴリーについてのエフォート配分の設定や学科長・学部長と各教員の全員面談などを実施し、目標設定内容をすり合わせるなど、点検・評価活動以前の成果目標設

定の観点や到達レベルなどについての共通理解を創出する作業に取り組んでいる。とはいえ、独立した研究者が集合した大学という組織の中で、率直なコミュニケーションを構築することには一定の困難は存在し続けている。

4.2 部局レベルおよび部局横断的な自己点検・評価

　2021年度からは、新たな試みとして、オンラインでの自己点検・評価の中間報告会を実施している。各部局からの自己点検・評価を動画でも共有し、全教職員が自部署を含め、最低3つの委員会や部署の自己点検・評価についてコメントをする、という形式をとっている。この中間報告会は、自己点検・評価の充実を図り、中期計画策定（2021-22検討策定、計画期間2023-27年度）に生かしたいという発想から始められた。

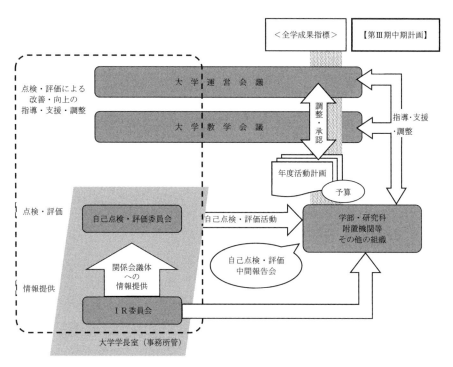

図 2-4-2　京都文教大学全学内部質保証推進の組織体制

　年度ごとの中間報告会を9月から11月頃に実施しているが、進捗管理と来年度事業計画に生かせるタイミングということを意識している。予算・事業設計を専業担当する部署を設置できるほどの組織的規模の余裕はなく、また社会状況の変化への対応をスピーディーに行うためにも、このオンライン／ハイブリッド形式での自己点検・評価中間報告会は有効に機能しているように思われる。

　プレーヤー自身によるボトムアップの自己点検・評価は、部局による課題抽出の機会となるだけでなく、大学認証評価の基準に基づき共通の報告枠組を学長室が事前設定することで、IR担当との連携で成果根拠を分析提示する活動を生み出し、実施事項の活動報告ではなく目標や成果に基づく点検・評価への変容を少しずつではあるが促すことにつながっている。また各部局の状況を共有しつつ横断的、俯瞰的に調整する視点も必要となるので、全学企画部局(本学では学長室)にとっても、各部署、教職員一人ひとりにとっても、情報収集・共有の重要な場として機能している。これらの活動を踏まえ、今後、自己点検・評価や外部評価の過程で発見された課題をいかに計画に反映し、活動を改善していくがが重要であると考えている。

4.3 特定領域の外部評価の工夫

　COC事業の際には、その事業範囲に限定することでの、質的にも充実した外部評価活動を展開できた。しかし、全基準にわたり、全学規模での外部評価を実施するには、内容が多岐にわたり、正直、どのような委員会を構築し外部評価を実施すれば効果的なのかという点について明確な答えが出ていない。そのような試行錯誤の中で、個別分野において外部評価で得られるような助言を積極的に取り入れる工夫をしてきた。

　COC(COC+)事業の成果として、本学の研究教育活動に協働してくださる企業や自治体と連携協定を結び、さらに83の事業所(2023年12月現在)が登録する「京都文教ともいきパートナーズ」というネットワークを構築してきた。

　これらの企業や自治体とは、就職・採用をテーマにした研修、企画、懇談会などを企画するだけでなく、学生のPBL型教育やインターンシップなど

にも参画して頂いている。学生の教育プログラムを評価してもらうことで、どのような教育が今後必要であるかを検討するだけでなく、採用側も認識変容が必要とされるという気付きが生まれている。

行政との懇談会も定期的に開催しており、定例の事務連絡会だけでなく、年度単位での課題の共有や次年度事業についての意見交換などを実施している。ただ、COC事業と違い共通の成果目標の設定が難しい部分もあり、今後どのように取組を深化させ事業予算化していくのかなど課題も多い。

一方、特定の分野を深く具体的に改善したい場合には、専門的な知見を有したコンサルタントに伴走してもらうことにも一定の意義があると考える。本学では、カリキュラムマネジメントに基づく教育改善を進める際に、内部の当事者による議論だけでは膠着してしまいがちなところに外部の専門的事業者に関わって頂いた。

外部評価委員会は、多角的な立場から活動全体を検証するには有効であり、課題に気付くためのサポートとしては素晴らしいきっかけとなる。しかしいざそれらの課題を改善しようとすると、そのための知識や手法が組織に内在していない、あるいは外部リソースを活用した方が円滑に進むことがある。そういった時に、外部評価者だけでなく、外部の伴走支援者をどのように見いだしていくか、その転換点も重要であると考えている。

これは、財務状況の改善などについてもあてはまることではないかと考えている。大学基準協会認証評価の基準10は、「大学運営・財務」となっている。大学運営については、問題なく大学だけで点検・評価ができるが、財務事項が含まれるため大学単体では自己点検・評価ができず、他の設置校の状況も含め法人としての自己点検・評価や改善が必要になる。本学園でも、2022年度末に私学事業団の経営相談を依頼した。専門的知見に基づく様々な指摘／助言は、今後の改善活動に大変参考になるものであり、学園の中期計画の策定にも生かすことができた。

おわりに

ここまで、本学の外部評価の取組や内部質保証に向けた改善活動を紹介し

てきた。活動を充実させるための、外部基準の存在と外部評価の重要性が再認識されたが、同時に、本学規模の大学で、全ての基準網羅が可能な外部評価委員会の設置の難しさも見えた。もちろん形式的に外部評価を実施することは可能であるが、それでは意味がない。今後は年度ごとに課題事項を絞り込んだ外部評価を実施するなど、さらなる工夫が必要になると考えている。

　そして、効果的な外部評価活動を生かし、内部質保証の仕組みを整えようと思うと、質の高い自己点検・評価、それらに基づく計画立案・実施ができる能力を学内で養成しなければならないという、教職員の質の向上の重要性も改めて確認できた。本学では、前回の認証評価受審後、SD研修の充実など、教職員の資質向上に重点を置こうとしている。コロナ禍によるオンライン研修の増加は、結果的には教職員による外部の様々な研修への参加率を向上させている。COC+事業参画当時も、他大学、国立大学法人とも協働し事業に関わり、継続的に成果指標の点検・評価作業を実施したことが、教職員にとって大きな学びとなっていると感じていた。限られた会議体での外部評価の実施だけではなく、外部の多様な評価軸、それを支える考え方に実際に触れるという経験も指標の妥当性を検証できる能力獲得のためには大変重要である。そのためには、他大学の教職員との交流研修など、外部評価委員会という場だけではない、外部の評価軸の内部化の工夫も求められているのではないだろうか。

　以上のような難しい課題に対応するためには、大学間の連携、協働が必要となる。そしてそのためには、本書のような場を通じて、より多くの大学の試行錯誤や知恵が共有され、ネットワーク化されていくことが求められているのである。

第5章 淑徳大学における「ボトムアップ志向」の教育改革

──コミュニケーション重視の教学マネジメント──

荒木俊博・下山昭夫

1. はじめに──本学の特徴・現況と本章の主題──

淑徳大学は社会福祉学部社会福祉学科の単科大学として、1965（昭和40）年4月に千葉県千葉市に開設した。現在は、千葉市に千葉キャンパス及び千葉第二キャンパス、埼玉県三芳町に埼玉キャンパス、そして東京都板橋区に東京キャンパスを有している。この4つのキャンパスに、総合福祉学部、コミュニティ政策学部、看護栄養学部、教育学部、地域創生学部、経営学部、人文学部の7学部13学科を設置している。千葉・埼玉・東京の各キャンパス間は離れており、千葉キャンパスと埼玉キャンパス間を移動するのに2時間以上は必要である。本学が教育研究活動を展開するにあたり、このキャンパスの配置状況は決して恵まれているとは言い難い。

本学の2023年5月1日時点の入学定員は1,455人、収容定員は5,115人、在学する学生数は5,162名[1]である。なお、2023年度に2学科設置、1学科の定員増を行ったため2026年の収容定員は5,820名となる見込みである。学部学科によって異なる多様な教育活動の実情、キャンパスごとの学生数の違いなど、「それぞれの教育現場の声や考え」を受け止めつつ、「社会や時代の要請」に応えた教育改革の取組を行っている。本学は、各キャンパスの学部・学科等において、それぞれがより質の高い教育サービスの提供につながるような教育改革に取り組んでいる。

1 　2023年度に人文学部人間科学科（入学定員100名）、地域創生学部地域創生学科（入学定員95名）を開設し、経営学部経営学科の入学定員を110名から150名に増やした。そのため、2026年5月1日の収容定員は5,820名を予定している。

本章では、教育改革に取り組む必要性とその意義の共有化の仕組みから、論じていきたい。

2. 教育改革への理解を深める

2.1 教育改革の必要性の共有化

学校教育法や大学設置基準などの法令遵守は自明のこととして、大学は外部環境である初等・中等教育の改革動向、経済界などからの人材育成への期待や要望、さらには DX（デジタルトランスフォーメーション）といった経済社会の変化に対しても、事業体の社会的責務として適切に対応しなければならない。さらに言えば、大学には抜本的なイノベーションが求められているのではないかと、われわれは受け止めている。社会的機関としての大学は「時代への適応」、「社会への対応」はもとより、大学本来の社会的機能である「先進的な取組」にチャレンジすることに躊躇すべきではないだろう。大学において、それを担う教職員に対して、教育改革への主体的・積極的な取組が期待されている。大学の教育改革への取組こそが、学生への教育サービスの向上につながるのであり、その認識の共有こそが、「はじめの一歩」であると考えている。

「社会や時代の変化」への対応、教育改革への取組は、その必要性の認識、改革の方向性の共有などが不十分な場合、かえって混乱や非効率化することがある。例えば、教員が教えたいことを授業科目としてカリキュラムに無秩序に追加すると、その結果として順次性・体系性が失われる。大学にとって、「最大の受益者である学生」への教育サービスの質の低下につながりかねない。本学の教育改革は、その必要性や意義、そして方向性の教職員全体での情報共有から始めている。

教職員が教育改革やその方向性、求められる知識を理解するため、大学（執行部）が組織的・計画的に FD・SD を推進するとともに、大学内の組織間で情報共有するためのさまざまな仕組みを構築している。

2.2 組織的・計画的な FD・SD

　本学の FD・SD では、全教職員が教育改革の必要性などを共有するための、一つの方法としての役割を想定している。2017年度に策定した「淑徳大学ファカルティ・ディベロップメント（FD）の実施に関する基本方針と当面の課題」及び「淑徳大学スタッフ・ディベロップメント（SD）の実施に関する基本方針と当面の課題」には、FD・SD の目的、実施方針、対象者、そして当面の課題を示している。

　これらの「基本方針と当面の課題」をもとに、大学教育向上委員会が教育研究の改革・改善に関する具体的事項を審議し、3か年の FD・SD の研修計画を策定している。この研修計画は、実施主体レベルとして大学、そしてキャンパス・学部の2層構造としている。また、年間を4つに区分し、それぞれの研修のテーマ例などを示している。例えば、大学レベルの 2023 年度 7 〜 9 月には「対面授業及びオンライン授業等における著作権について」、「基幹教員制度の導入へ向けて」をテーマとした研修計画が示され、2023 年 8 月にこのテーマにより大学としての「特別研修会」を実施している。キャンパス・学部の FD は、各学部の教育向上委員会が企画・実施するが、大学教育向上委員会が示した研修テーマの方向性を踏まえ、キャンパスや学部等の必要性に応じた内容を展開している。なお、この3か年の研修計画は、キャンパス・学部の意見等を聴取しつつ、大学教育向上委員会において年度末に見直しと修正を行っている。

　さて、大学主催の研修計画は、全教職員を対象に年に数回程度行う「淑徳大学特別研修会」である。年間予定として、学園全体の研修会開催に合わせ第1回を6月第3土曜、そして夏季期間には第2回を8月第1水曜と、開催日を固定し毎年実施している。第3回以降はテーマに応じて開催している。教職員参加率は9割の水準を超えている。この特別研修会では、所管庁の政策の方向性、社会情勢そして本学が目指す教育改革の方向性を踏まえ、教職員として理解すべきテーマを設定している。近年の特別研修会のテーマは、学修成果の可視化、新しい基盤教育、改正大学設置基準、さらに大学としての中期事業計画などである。

　なお、本学の高等教育研究開発センターにおいても、並行して、成績評価の在り方、アセスメントプランの改革等々の、直面する教学上の解決課題に関する調査研究を行い、その成果を踏まえての全学的なFD・SDを実施している。

　各キャンパス・学部では全ての専任教員及び兼任教員を対象とした「全教員会」を年2回開催し、大学の教育改革の方向性や取組の周知、各学部・学科カリキュラムの理解、科目間の連携を深める機会を設けている。

　2022年度からは、新たに採用された新任教職員対象の研修会を実施している。ここでは、建学の精神、大学の理念・目的、教育方針の理解、さらに地域連携や社会連携に対する考え方についての理解を深めることを目的としている。この研修は録画することで、学内の教職員に対してオンデマンドシステムで配信している。

　これらのFD・SDについては、2023年度からは、大学の中期事業計画に掲げた50項目の一つである「組織的な人財育成」という目標のもとにも位置づけられている。また、後日、FD・SDによる教職員の行動変容などの効果測定と研修評価を行うことを予定している。

2.3 情報の積極的開示と共有化

　本学は、さまざまな方法を用いて、情報共有に積極的に取り組んでいる。

　学長の意思決定の補佐機関である大学協議会の議事録・資料等は、教授会で配布されるとともに、専任教職員が常時、閲覧できる。教育研究活動の基軸となる教務、学生厚生そして教職課程といった各種委員会はキャンパスや学部ごとに設置されているが、それぞれの活動状況を情報共有するために、大学教務委員会、大学学生厚生委員会、大学教職課程委員会等の連絡調整機関が、大学協議会のもとに設置されている。教学マネジメントの基軸となる業務・活動内容は、大学協議会にて情報共有される、さらに専任教職員が情報共有できるようにしている。例えば、大学教務委員会の昨今の協議事項は、補充授業、オンライン授業の各学部の進捗状況などの議論が情報共有されている。分散したキャンパスの配置状況にあるために、同種の委員会・活動等

に関しては、各キャンパス等での取組状況やその情報共有を積極的に行っている。

　大学全体の情報共有の仕組みとして、必要に応じて行う「パブリックコメント」が挙げられる。例えば2023年度からの中期事業計画を策定する際は、ワーキンググループや委員会で議論がされた提案を大学のポータルシステムで配信し、全専任教職員へ共有と意見の募集を行い、これらの意見を踏まえて中期事業計画が策定されており、大学と学部・学科で双方向のコミュニケーション稼働するように努めている。

　学部長会議や大学協議会のなかで報告される「業務・教育実践紹介」を紹介したい。これは、学内の学科等を含めた諸組織が取り組んでいる日常業務や先進的な取組について紹介し、周知を図るものである。発表動画やスライド資料は全教職員に共有されている。この取組をきっかけに千葉キャンパスと埼玉キャンパスの学部・学科や研究所がコラボレーションをするといった効果も見られる。このように淑徳大学では、全ての教職員がアクセスできる学内ポータルと連携した「フィールド」を用意し、上記の事項の他に、中期事業計画、各大学委員会の資料、学生調査や授業アンケートの集計表や報告書、前回の機関別認証評価の資料などに専任教職員は自由にアクセスができるようにしている。

3.　質保証システムの確立に向けて

3.1 方法としての自己点検・評価、成果指標

　学校教育法第109条により大学は自己点検・評価を実施し、その結果を公表することが求められている。自己点検・評価の実施方法は大学によって様々である。

　本学の自己点検・評価の考え方では、大学としての実施例の提示や基準となる目標は示しつつも、学部・学科等の各組織が主体的・自律的にPDCAサイクルを展開し、組織的な教育改善につながることを期待している。学部等が行った自己点検・評価の結果は、大学自己点検・評価委員会の点検を経て、内部質保証推進委員会における点検と確認が行われる。不十分なところ

がある場合、学部等の委員会に対して再度の点検を求め、内部質保証推進委員会が改善支援の役割を担っている。本学の自己点検・評価制度の一つは、このようにして年度ごとに作成される「自己点検・評価報告書」に集約される。いま一つは、本学独自の「成果指標」制度である。この「成果指標」とは、大学の中期事業計画のなかに盛り込まれた事項の「達成すべき定量的・定性的指標」のことである。

　自己点検・評価と成果指標は、独立したものではない。年度ごとの自己点検・評価報告書には、どの組織がどのような指標と関連しているかを明確にするように記入する箇所があり、成果指標と連動させている。

　自己点検・評価制度を大学の構成員に分かりやすく示すために、「淑徳大学自己点検・評価の指針」（以下、「指針」）を作成している。この指針は①淑徳大学の内部質保証と自己点検・評価について、②自己点検・評価の実施方法について記載され、例えば**図 2-5-1** に示すような自己点検・評価と達成すべき成果指標の点検のプロセスを明示している。

　本学の自己点検・評価等のサイクルは、点検・評価の負担感の軽減という観点から、毎年度すべての事項・項目や領域を対象とはしていない。例えば、三つの方針に関わる教育や入試・募集、FD などは毎年度実施することとしているが、他の事項・項目や領域は2〜3年に1回のサイクルとし、自己点検・評価を行わない年度には、モニタリングを行うこととしている。このモニタリングでは、例えば目標及び計画の進捗状況を年度末にとりまとめ、該当する組織内で共有化を図るように求めているものである。

　以上が、本学の質保証システムを確立していくための、自己点検・評価制度と成果指標制度の概略である。

3.2 主体的・自律的な取組を促す自己点検・評価

　本学の自己点検・評価には、教職員自らが主体的に教育改善に取り組む姿勢の醸成がねらいの一つにある。また、学科・委員会等の各組織の自己点検・評価では、大学や学科単位の三つの方針、それ以外の各種方針、成果指標を踏まえることを求めている。さらに、実際の自己点検・評価においては、当

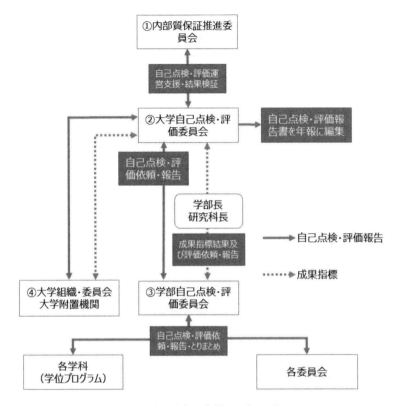

図 2-5-1　淑徳大学自己点検・評価のプロセス

該組織において会議等で議論・意見交換を踏まえた点検・評価の結果の提出を求めている。これは、自己点検・評価に組織的に取り組むことで、その「実質化」を強く意識しているからである。

　大学共通の自己点検・評価の様式は**図 2-5-2** に示すように「目標及び計画　Action・Plan」「計画の取組み状況　Do」「点検・評価　Check」「改善方策及び改善計画　Action」で構成している。また三つの方針や大学基準ごとの方針、成果指標とどのように結び付いているかを分かるように「関連方針」と「関連成果指標」の欄を設け、計画の取組状況に関しては簡潔な記載で済むように根拠資料を明記するよう求めている。

　質の高い自己点検・評価につなげるには、適切な目標設定がポイントにな

　　　　年度　淑徳大学自己点検・評価様式（年報様式）

| 前回点検評価実施年度 | 年度 | 目標・計画策定日 | 年 | 月 | 日 |
| | | 点検・評価実施日 | 年 | 月 | 日 |

組織名	
関連方針	
関連成果指標	

１．2021年度（〜○○年度）の目標及び計画　Action・Plan（前年度3月記載・4月確認）

２．計画の取組み状況　Do（3月記載）
　　(1)
　　根拠資料：〜〜〜
　　(2)
　　根拠資料：〜〜〜
　　(3)
　　根拠資料：〜〜〜

３．点検・評価　Check（3月記載）
　　(1)
　　(2)
　　(3)
　　(4)

４．改善方策及び改善計画　Action（3月記載）
　　(1)
　　(2)
　　(3)…

| 次期評価実施年度 | 20○○年度 |

図 2-5-2　淑徳大学自己点検・評価報告書様式

る。目標設定では、人事や予算などの一部の組織だけの力では達成が難しいインプット型の目標ではなく、アウトカムやアウトプットの目標設定となるように「自己点検・評価の指針」において明示している。実際の点検・評価にあたっては、どのように評価を行い、改善をするのかといった評価の観点も示している。例えば「教育課程・学習成果」の評価の観点として、点検・評価を実施する際は、①卒業認定・学位授与の方針及び教育課程編成・実施の方針に対応できているか、②学修者本位の教育の観点に基づいているか、

③学生の学習状況や学修成果を適切に自己点検・評価に活用しているか、④教育方法に関して自己点検・評価を実施しているか、⑤自己点検・評価の結果が教育改善に活用されているか等の検証を求めている。

　ただ、上述のような自己点検・評価がすべての教職員や各組織において実行されているかどうか、そのあたりの確認が「自己点検・評価の実質化」の観点から現在の課題でもある。

3.3 成果指標の位置づけと機能

　「成果指標」制度は 2013 年度より運用を開始している。10 年の実績を有する「質保証システム」確立のための学内制度である。この仕組みは、本学の創立 50 周年の際に策定された、今後の 50 年を見据えた中長期の計画を目指した「淑徳大学ヴィジョン」を具体化した、「3 つの展開軸」を達成するための「教育・研究・管理運営等に関する目標・成果指標」である。策定時は、3 年後に達成する教育課程・教育組織・就業支援・在籍管理・研究活動・社会貢献・国際交流・社会人受け入れに関する指標を明示し、3 年に 1 回見直しがなされている。この成果指標は見直しのたびに、自己点検・評価報告書との連携などの観点から手が加えられている。2023 年度からの成果指標の見直しでは、大学の中期事業計画との関連性をさらに強化している。

　この成果指標の構成は表 2-5-1 に示すようなものとなっており、カテゴリーは教育、研究、学生支援、社会連携・社会貢献、大学運営、財務戦略、教育研究等環境が設定され、合計で 50 個の重点施策が設定されている。また成果指標には、「No」、アウトカム・アウトプットやプロセスかを記載した「種類」、「5 年後の指標」が示され、例えば No は自己点検・評価報告書に記載することで、自己点検・評価と成果指標の関連付けを行い、該当組織は重点施策について点検・評価をすることとしている。

4.　学修成果の可視化への取組

4.1 ルーブリックの作成

　本学では、質的転換答申以後、2012 年度からの文部科学省の大学間連携

表2-5-1　淑徳大学　成果指標例

カテゴリー	区分	今期の重点施策	成果指標				取組主体（左　主体組織、右　協働組織）	
			No	種類	指標（説明）	5年後の指標		
1.教育		03.S-BASIC の実施及びプログラム改善	1-3-1	結果	高等教育研究開発センターの基盤教育部門及び数理・データサイエンス・AI教育部門によりS-BASICの運用がされ、開講年次に合わせてコアシラバス・共通シラバスを策定、科目が開講されている。また定期的に科目ごとに評価がなされ、プログラムの改善（共通シラバス、授業形態、クラスサイズ、履修年次、評価方法、評価方法等）が図られている。	・S-BASIC科目R8に開講100％	高等教育研究開発センター	学長室各キャンパス
			1-3-2	行動		・全学共通の評価・評価方法による点検・評価：1回/毎年度		

共同教育推進事業に採択されたのを契機に、本格的な教育改革に取り組んでいる。この「連携事業」のなかに、「学生の学修成果の評価（アセスメント）」があり、学位プログラム共通の考え方や尺度、具体的実施方法などについて定めた「学内の方針（アセスメントプラン）」を策定している。アセスメントプランに基づいて、ディプロマ・ポリシーに基づく「学士力ルーブリック」を作成し、毎年度学生がルーブリックを活用してリフレクションすることを全学的に推進している。さらに、各学部が学修成果の可視化を推進するために、専門教育課程においても独自の「ルーブリック」を作成している。各学部・学科が、専門教育課程の学修成果の可視化をどのようにするかという議論の中でルーブリックが作成されている。卒業研究、卒業論文、実習教育などでも作成・活用されている。

　されど、各学部が作成したルーブリックについては、学習成果の可視化の観点からの検証が必要と考えている。

4.2 アセスメントプランの見直し

アセスメントプランが作成されているが、その実効性が上がっているとは言い難い。現在のアセスメントプランは、大学全体、学部・学科、そして学生個人の 3 層構造で設定され、それぞれ測定方法、評価・改善活動も明示されている。ただ、日常的な教育活動の場面において、十分に稼働しているとは言い難い。実際は、「冬眠状態」にあるといって良いであろう。

そこで、本学の教育開発の先導的な役割を担う高等教育研究開発センターにおいて、近年は学習成果の可視化につながる調査研究プロジェクトを展開している。「成績評価の方法と基準に関する調査研究」、「アセスメントプランの再構築に関する調査研究」、「コモン・ルーブリックの再検討に関する調査研究」そして「成績評価分布の公表に関する調査研究」などが進められている。これらのプロジェクトの成果は、報告書として学内に公表され、FD として実施されている。

なお、「特別研修会」において、「各学部の学修成果の把握と可視化」というテーマにて各学部の教員よりアセスメント関連の実践例の発表機会を設け、取組事例を共有している。この事例ではミクロの授業レベルのアセスメントから、マクロの教育課程レベルでのアセスメント活動があり、学修成果測定ツールの開発や試行、結果の活用といった事例、卒業論文におけるルーブリック評価と活用、学部で開発しているディプロマサプリメントなどについて報告がなされている。

4.3 三つの方針の見直しと基本型の学位プログラムの検討

本学の「学習成果の可視化」への取組は、一部について「仕切り直し」の状況にあると言える。昨年の大学設置基準の改正を踏まえ、現在、本学としての三つの方針の見直し作業に取り組んでいる。各学科においても、それぞれの専門教育課程の 3 つの方針の見直し作業に取り組んでいる。「学習成果の可視化」についても検討・議論している。各学科には「学位を授与する教育課程」であることを念頭に、DP に基づく CP に立脚した「基本型の学位プログラム」の編成の検討を依頼している。履修体系図の精緻化が不可欠であり、

大学全体の三つの方針を踏まえるとともに、日本学術会議の大学教育の分野別参照基準を参考に検討することを求めている。基礎教育科目は高等教育研究開発センターがその役割を担っている。

なお、教職課程を有する学科については、個々の授業科目や科目群に関する到達目標と教職課程のコアカリキュラムとの整合性の観点からの検討も依頼している。

5.　終わりに──これからの課題──

本章では複数キャンパスを持つ本学の学部・学科が中心となって教育改革を行ういくつかの仕組みや取組を紹介してきた。これらに共通として言えるのは大学としての一定の方向性を定め、指針などで一定のルールを定めることの重要性と学部・学科が自主的に教育改革に臨むことが肝要と考え、インナーコミュニケーションに取り組んできたことである。

最後に課題を挙げる。一つは人材育成である。教育改革に必要な知識を身に付け、推進する人材の育成である。いま一つは、組織改革である。大学の教育改革は、教育研究実施組織として教職員が一体的に進めていくべきものであり、教員と職員の協働や連携の在り方、さらに意識改革が今後の課題である。

第6章 「学び」をマネジメントする大学総出の教学マネジメント

――桐蔭横浜大学の事例――

河本達毅

1. 組織改革

1.1 学部依存型ガバナンスからの転換

　桐蔭横浜大学（以下「本学」）は、1988年に開設された、収容定員2,140名の都市近郊に立地する中小規模大学である。法学、工学、体育学の異なる3つの専門分野を持ち、法学部、医用工学部、スポーツ健康政策学部（2023年度よりスポーツ科学部に改組転換）の組織に分かれ教育研究活動を展開してきた。2019年度より全学的な教学改革に着手しており、2023年度には学部等連携課程制度を活用し現代教養学環を開設し、現在は3学部1課程の教学体制となっている。

　改革以前、各学部においては公務員職、医療系専門職、学校教員職など専門資格取得に向けた教育に注力されてきた。また比較的少人数制の教育組織は学生との距離が近く、教育課程内外で、目の前の学生への指導に集中することで資格取得という教育成果をもたらし、学生満足度を確保し、教員集団の自己評価を上げてきた。教育成果は専門人材をどれだけ輩出したかによって測られてきたが、それが教育課程による成果なのか、あるいは徹底した個別指導の成果なのか、検証されてこなかった。専門人材輩出の成果が志願者獲得に直結する経営モデルであったため、学部依存型の教学ガバナンス体制が定着していた。

　学部の専門分野教育に依存する教学体制は、そこに悪意がない場合、目の前の学生の試験合格や資格取得に向けてリソースを集中する傾向がある。それこそが大学経営への貢献であるという考えのもと、またそれが学生のため

であるという信念のもと、教員集団は我が身を捧げて教育に臨む。「教育目的を達成するための運営」が教学マネジメントであるならば、それは決して否定されるべきものではなく、教学マネジメントの一つの形態であろう。しかし、教学マネジメントが説明責任（accountability）と改善（improvement）を成すべき内部質保証の根幹をなすのであれば、この学部依存型ガバナンスは現下に求められるものとは相当に距離があると言えよう。なぜならばこの形態では、資格取得など各専門分野において可視化しやすいターゲットがあり、また教員が徹底的に伴走することにより得られる学生の「成長の肌感覚」が成果と捉えられる傾向がある、つまり、現に目の前の学生が成長していて、それ以外に何をする必要があるのか、という言論が支持されやすいからだ。

　言うまでもなく世の中の動きは目まぐるしい。人材の需給は激しく変動するし、資格保持者が独占できる職業にもやがて人材の飽和がやってくる。専門知識や資格だけで活躍できる時期は遠い昔となり、職業社会は教養という付加価値、知識と経験の両輪を学生たちに求めてくる。大学生活を通じた学生の学びと成長を可視化しなければならず、学内外に向けてそれを説明する必要性が生じてきた。それゆえに本学においても、学部依存型教学ガバナンス体制の限界を迎えていた。

1.2 二項対立からの脱却

　まず取り組んだのは、全学の教学ガバナンスの責任と執行の主体を明確にすることである。学部依存型で、課題に応じアドホックに会議体を立ち上げ学部間調整のみを行うというガバナンスの慣行を廃し、学長執行部のもとに意思決定システムを再構築した。学長、副学長、各学部長、各研究科長により構成される「執行部会議」は、全学的な教学イシューをもちろん中心に、そして各専門分野にも聖域なく介入する。この最高会議体による新たな教学ガバナンス体制のもと、学生の学びと成長のための教学改革を推し進めていくことになった。

　このことは、単に分権から中央集権に移行したということを意味しない。学部依存の「成長の肌感覚」型の教学ガバナンスには登場し得なかっ

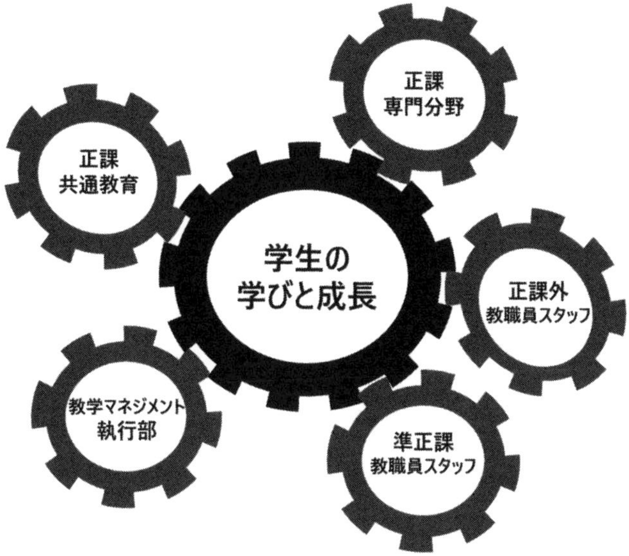

図 2-6-1　桐蔭横浜大学の Student-centered

た「第三者の視点」を学内に導入することを意味するのであって、説明責任 (accountability) が強く求められるこの時代において必須の取組であると理解している。教学マネジメントには外部者からの評価が欠かせないが、その状況は、まずは学内で創出しなければならない。教育課程に対する客観的な視点を導入するためにも、全学執行部による教学ガバナンスは不可欠であるという考え方である。実際、新たな体制で取り組んだことは、教学マネジメントの導入と、全学と各学部の二層構造による学生支援体制の構築、実績ある各専門分野教育への付加価値の創出である。「学部か全学か」という二項対立ではなく、学部も全学も、学生の学びと成長の前ではどちらも歯車の一部に過ぎない。

2.　マネジメントすべき教学とは何か：大学総出の「学び」システム

2.1「教学」の定義、「学びと成長」の可視化

　まずもって取り組んだことに、「ユニバーシティ・ポリシー」の策定がある。

これはいわゆる全学ディプロマ・ポリシーに相当するものであるが、本学では、教育課程内外の活動を通じて学生の学びと成長を中心軸とした取組を進めていくことを明らかにするために、このような呼称を選択した。マネジメントすべき教学を、「教える」から「学ぶ」に広げ、そして「学ぶ」ための環境は教育課程の内外に広がっている。学生の学びをマネジメントするのであれば、それを教育課程のみに限定するのはむしろ不自然である。

　ユニバーシティ・ポリシーでは、人生と学びの基盤となる６つの力（考動力、複眼的思考力、共感力、リーダーシップ、探究力、自律的キャリア）を定義し、これを「TOIN6」と総称する。この TOIN6 は、これまで各専門分野教育における「成長の肌感覚」や、部活動等の教育課程外における成長実感も踏まえながら、全学として学生に身につけてほしい力を言語化し、可視化したものである。これは言わずもがな全学の教学マネジメントの起点となるものであり、各専門分野教育のディプロマ・ポリシーにビルトインされる。

　これまで学部依存型ガバナンスでは「桐蔭横浜大学の学生」のカラーがないことを企業等から指摘されていた。資格などの職業能力だけなら、桐蔭横浜大学の学生を採用する意味がない、と言うのである。ユニバーシティ・ポリシー、TOIN6 の策定と実装は、「桐蔭横浜大学の学生」像を初めて定義するものでもあり、外部社会への説明責任（accountability）の起点にもなるのである。

　マネジメントすべき教学を「学ぶ」に広げ、その対象を３つに整理した。各学部等の正課プログラムの充実はもちろんのこと、学生と教職員が協働してキャンパス内の課題解決に取り組むことを通じて、学生が自らのキャリア意識を醸成する準正課プログラム「CANDLE (Campus and Career Design and Learning) プログラム」を立ち上げ、またクラブ・サークル活動等も正課外プログラムと位置づけた。この３つのプログラム（学生視点では「アクション」）はすべて TOIN6 の伸長を目標とし、学生は、キャンパスライフ全てを通じて自身の成長を可視化する。教職員は、その可視化された学生の成長にもとづき、正課のプログラムはもちろん、準正課、正課外プログラムの PDCA を行っていく。このように、大学総出の「学び」システムは、全学がアクターとし

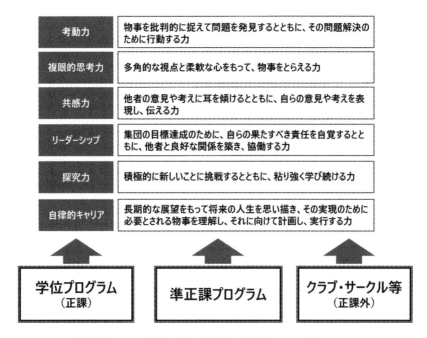

図 2-6-2　TOIN6 と、それを身につける 3 つのアクション

て参画するからこそなし得るデザインである。

2.2 学位プログラムの改革

　然り乍ら、大学総出のシステムをデザインしたとしても、本書を通じた課題意識のとおり、学部や個々の教員のレベルにおける教学マネジメントへの意識変容なくして大学教育の質保証は実現しない。それこそがこの 20 年にわたる高等教育政策の主旨であり、いまだ解決しない課題となっている。本学の大学総出のシステムは、学生と教職員の意識に働きかける上で有効であったが、「教え学ぶ」の本丸である正課の学位プログラムの改革なしに、教学マネジメントの成立はあり得ない。学生は、キャンパス生活の大半を正課プログラムの中で過ごすからである。本学はここに全学共通プログラムの構築と、学部等連携課程の開設を施した。学生の成長に寄与する、既存プログラムへの直接的アプローチと間接的アプローチである。

　分野の特性が大きく異なる既存3学部に依存する教学体制では、カリキュラムの大部分が専門分野教育に割かれてきた。その既存のカリキュラムのままでは、新たに取り組むTOIN6の獲得を目指した学びは実現できない。そこで全学共通プログラムを構築し、現代的な諸課題への視点とスキルを養うことをプログラムの学修目標に据え、既存カリキュラムにビルトインする学位プログラム改革を行った。前述したディプロマ・ポリシー改正とセットとなるものである。

　この全学共通プログラムは「MAST（マスト）」と呼び、船の帆柱を喩える名称としている。学生の針路（進路）を支える幹であるという意味と、全員が学ばなければならない（マスト）という意味を持たせた名称である。MASTプログラムは、現代的諸課題を、本学が提供できる地域、ビジネス、異文化、心理、環境の5つの視点から捉える構成としている。また全学必修科目としてキャリア、スキル、データサイエンスの入門、英語の科目を配置し、本学の学生の学びの起点となるように設計した。このMASTプログラムを全学に導入することが、既存カリキュラムに対する直接的アプローチとなっている。

　続いて実施したのが、学部等連携課程の開設である。既存3学部の教育資源を活用し、2019年に施行された新制度を活用した新たな学位プログラム「現代教養学環」を設置し、70名の入学定員を割いた。現代教養学環は、MASTプログラムを構成する地域、ビジネス、異文化、心理、環境の5つの視点をより深めるとともに、本学が定義するTOIN6の獲得に向けたアクティブな学びを提供する学位プログラムとしている。この70名にとっては、直接的アプローチとなるプログラムである。

　一方、学部等連携課程制度を用いた新プログラムの開設は、既存プログラムとの間における知見と経験の往還と、教学マネジメントのモデルの提供を狙ったものである。TOIN6をディプロマ・ポリシーに掲げ、主にそれに向けて駆使する授業方法や教育手法の知見や経験は、参画する既存プログラム教員の実践と交わり化学反応を起こすことが期待される。またTOIN6に向けた学生の学修成果を把握するため、随所にアセスメント科目を埋め込む現代教養学環の仕掛けは、既存プログラムの更なる改革を促すモデルとして、

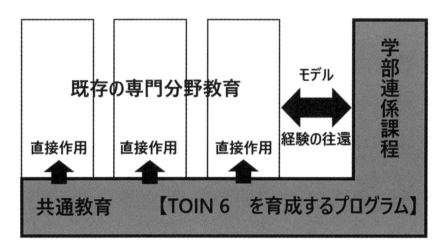

図 2-6-3 新たな教育の導入に向けた学位プログラム改革

本学が全学による教学マネジメントを推し進める上での身近な教材として活用できる。これが、間接的アプローチと言った所以である。

　学部等連携課程は、全学のマネジメントなしでは開設できない。もちろん、新たな学部等を設置する際にも全学の意思決定が必要である。学部等連携課程の場合は、それにも益して既存学部に介入し、連携し、協働することが求められるため、開設に労力を要するが、その分の全学・既存学部への見返りが期待できる。仮に新学部として開設していたら、本小節で紹介したデザインは実現しなかったであろう。国の制度が想定したかは定かではないが、うまく使えば有効な教学マネジメントのツールとなり得る。

3. 教学 IR を活用したセーフティネット

3.1 共通プログラム MAST を起点とした学習支援体制

　学生の学びに「全振り」した教学マネジメントを遂行するためには、セーフティネットとなる学習支援の機能が欠かせない。キャンパス全体が学ぶ学生のためにデザインされるので、学びの習慣が厳しい学生はキャンパスに適応できなくなる可能性があるからだ。本学では学長直下に IR 機能を置き、

全学的な学習支援体制のハブとして機能させている。IR は、そのエフォートの大半を教学 IR に振っている。ここでは事例を 2 つ紹介したい。

　まず 1 つ目は、MAST プログラムを起点とした学習支援体制である。MASTプログラムには全学必修科目を設定した。この必修科目における授業の出席状況や課題提出状況などの学修状況は IR に集約され、予め決めておいた基準に基づき「学修適応への不安がある学生」を抽出する。この学生情報は学務部に報告され、学務部の職員は直ちに不安学生にコンタクトを開始する。うまく連絡がとれない場合は保護者にも協力を仰ぎ、どうにかしてでも不安学生をラーニングコモンズに常駐する学習サポーターに繋ぐ。学習サポーターは、不安学生と面談を重ねながら必要な学習支援メニューをつくり、実施する。

　学習支援メニューは、全学必修科目の授業担当者とともに組み上げる。それゆえに、表面的なサポートに留まらず、授業における課題の中身に関わるサポートや、そのための基礎となる学習スキルのトレーニング等が可能となっている。MAST プログラム、学習サポーター、IR の 3 者が、全学のマネジメントにより濃く密接に連携できているため、授業内外で一貫した学習支援が実現している。この必修科目における学生の状況は、IR を通じて各学位プログラムと定期的に共有する。MAST プログラムと各専門分野教育が、

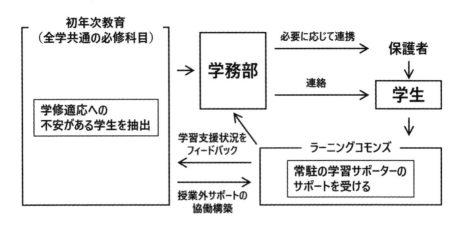

図 2-6-4　初年次教育の学習支援の連携

学習支援を通じて一体化していく。既存カリキュラムに対する直接的アプローチ、のもう一つの側面である。

　また、この学習支援をラーニングコモンズにおいて実施していることもポイントである。例えば個室等の閉鎖された空間で学習サポートを行った場合、学生と大学との関係性の変容はその場に限定的となる。閉じた対面サポートはもちろん安全で有効であるが、その閉じた関係から学生が一歩踏み出す勇気は、学生次第になってしまいかねない。そこで、ラーニングコモンズのような開かれた空間であえて行うことで、学生は学習サポートを受けることがネガティブではないことを認識できる。むしろ、同じように悩む学生が多数いて、サポートを受けながら学びに向かうことが当たり前の空間になる。ラーニングコモンズを利用する友人ができ、また学習サポーター以外の教職員との接点も増える。ラーニングコモンズが「居場所」として機能すれば、学生の学修行動のポジティブな変容が期待できる。

3.2 初年次全員面談の実施

　教学マネジメントは、説明責任（accountability）を果たすことのみならず、教学マネジメントを通じて大学の課題を解決していくこと（improvement）がその本質である。取組の矢印が学生に向かず、あくまで外部に向けた外形的な取組に終始することになると、それは仕事のための仕事になる。改善しないと意味がないのだ。

　本学が取組の矢印を学生に向けたとき、少なくない不本意入学者がもたらす退学率と大学満足度が課題であることが明らかになってくる。（ネガティブな）退学は学生の人生に間違いなく悪影響であるし、満足度が低い状態では学びが成果につながりにくい。この両課題を解決するアプローチとして、初年次全員面談を実施することとした。

　しかしながら全員面談は、実施する上での体制やタイミングの難しさがあり、執行部で旗を振ってもすぐに実現できる取組ではない。そこで IR が活躍することになる。IR では、学生の入学前教育の状況、入学手続書類の提出状況やそこに記載されている学生情報、電話や窓口での相談状況、ガイダ

表2-6-1　初年次全学面談

	時期	対象	基準となる資料
面談①	5月	退学不安者＋希望者	・入学前の書類提出状況 ・電話相談 ・健康診断、新入生ガイダンスの出席状況 ・4月授業の出席状況 ・4月受業の課題提出状況
面談②	7月	退学不安者 （①の学生を除く）	・前期の出席状況 ・前期の課題提出状況 ・入学前資料
面談③	後期中	①②のうち継続して退学不安の学生＋残りの学生	・前期の出席状況 ・前期の課題提出状況 ・前期（主に必修）の成績

ンス等の参加状況などの入学時データの他、MAST プログラムに対する取組状況、成績データなどを集約し、退学不安者をまず特定する。対応が急がれる学生群から優先的にアプローチできるよう面談時期を分け、段階的に、全員に面談を実現する。面談は、大学執行部が有志を募り、学生に熱情をもって接することができる教職員が担当している。所属学部の教員や限られた担当部局だけが担当する必要はなく、IR により提供されるデータと熱意があれば、十分に学生と向き合える。また IR が分析することで学生へのアクセスを段階的にでき、時期を複数回に分けることで、多忙な教職員の参画ハードルを幾分か下げることができた。一人一人の学生の「顔を見る」この全員面談は、退学予備群への早めのアプローチだけではなく、学生の満足度を上げる、原始的だが本質的な取組であると、構成員全員が理解しており、またそこで新たな「学び」が発掘されることもある。

4. 終わりに

　この得難い機会を得て、桐蔭横浜大学が取り組む、まさに大学総出の教学マネジメントの具体事例を紹介させていただいた。大学の組織風土や歴史により、出発点は千差万別であろう。解決すべき課題の本質を見抜き、有効な手段を講じることは他者が指摘できるほど容易いものではない。国も、長ら

く大学改革の旗振りをしてきたが、誰もが望む高等教育の形になったとはとても言えない。本学においても、動きとしては大学総出の改革であるが、解決すべき課題群の、ごく一部にアプローチしているに過ぎない。それゆえに、教学マネジメントの事例紹介としてはピンポイントの取組に終始したことは自覚している。しかしながら、もし本学の取組に共感していただけるならば、それは「学生の学びと成長」だけに真剣に向き合った取組だからであろう、という希望的観測を述べておきたい。

参考文献

河本達毅 2023「大学のブランディングに向けたアセスメントプランの再構築：桐蔭横浜大学の事例」『大学教育学会誌』45（1）、23-25 頁。

溝口侑・前川悠・古賀友樹 2022「ラーニングコモンズの利用と学生エンゲージメントの関連についての検討」『日本教育工学会研究報告集』JSET2022（3）、101-108 頁。

溝上慎一 2022「アクティブラーニング型授業と学習パラダイムへの組織的な転換を図る桐蔭横浜大学の事例」『大学教育学会誌』44（1）、14-16 頁。

森朋子・紺田広明 2018「教育プログラムの内部質保証に寄与する教学 IR とは：学習の視点を中心に」『大学論集』50、209-221 頁。

あとがき

大森 不二雄

『ブルシット・ジョブ — クソどうでもいい仕事の理論』(Graeber 2018＝ 酒井・芳賀・森田訳 2020) という本をご存じであろうか。お読みでなくとも、聞いたことのある方は少なくないであろう。「ブルシット・ジョブとは、被雇用者本人でさえ、その存在を正当化しがたいほど、完璧に無意味で、不必要で、有害でもある有償の雇用の形態である。とはいえ、その雇用条件の一環として、本人は、そうではないと取り繕わなければならないように感じている。」(同書, pp.27-28) と定義されている。どんな仕事かというと、「人材コンサルタント、コミュニケーション・コーディネーター、広報調査員、財務戦略担当、企業の顧問弁護士」(同書, p.1) などが例示されている。「ブルシット・ジョブ」については、同書出版後に起こったパンデミックの下で、医療・介護、物流・交通、製造・小売、食糧・農業等に従事する「エッセンシャル・ワーカー」との対比で、低賃金で劣悪な労働環境も少なくない後者に対し、一見なくても困らないような前者が快適な労働環境で高給を稼ぐことに感じられる不条理が、この概念の認知度を上げた。

　ただし、同書が強調するのは、ブルシット・ジョブに従事する本人たちが意味の無い仕事で不幸だと感じているという点である。また、「部分的にブルシットなだけの仕事」についても触れており、その例示として真っ先に「高等教育の教員たちは、日夜増大する管理上のペーパーワークの手続きに多大なる時間を割いているのである」(同書, p.45) と述べる。たしかに、大学教員の多くは、増大するペーパーワークに不幸を感じているであろう。そして、同書の中では、頻繁に、大学における完全なブルシット・ジョブや部分的にブルシットな仕事が登場するのだ。

　一例として、ある実在の大学におけるシラバスの作成について、職員から

教員への要請という1回のアクションで済むはずのものが、主任監督者というブルシット・ジョブが設けられることにより、①シラバス作成の依頼、②シラバスのアップロードの報告、③フォーマット変更の依頼、④③への返事、⑤主任監督者への報告、⑥主任監督者からの変更の依頼、⑦⑥への返事、⑧承認、という8段階の手順へと煩雑化している様を図示している（同書, pp.338-339）。同書の手にかかれば、教学マネジメントや内部質保証もブルシットな仕事ということになるのであろう。

　同書の主張に対する疑問はとりあえず脇に置いて、編者が同書に抱いた感想は、約40年前に読んだ記憶のある『パーキンソンの法則』（Parkinson 1957=森永訳 1981）の焼き直しではないかというものである。「パーキンソンの法則」とは、役人の数は仕事の量とは無関係に増大し続けるというもので、その動因は、①役人は部下を増やすことを望む、②役人は互いのために仕事をつくり合う、という2つの公理であるという（同書, p.12）。同様の指摘は、英誌『エコノミスト』のコラムニスト執筆記事においても行われている。同記事は、ブルシット・ジョブ理論が、「官僚制には自らのために仕事を増やし作り出す本質的な傾向があると主張したC・ノースコート・パーキンソンの洞察を部分的に改訂しただけだ」（The Economist 2021）という。

　編者は、ブルシット・ジョブ理論は、全体としては極論であり、高度化・複雑化した社会をそのように一刀両断にできるものではないと考える一方、パーキンソンの法則ともども、官僚制化する組織が陥りやすい問題を指摘した教訓としての意味はあると思う。

　本書の主題に即して言えば、教学マネジメントは、決してブルシットな仕事であってはならない。ところが、教学マネジメントの現状は、部分的にブルシット化しており、この陥穽から抜け出すため、「教学マネジメント2.0」へのアップグレードが必要なのである。それは、大学の教職員の働き甲斐のためでもあるが、究極的には学生の学びの充実のためである。本書がそのための一石を投じることになることを願うばかりである。

　本書を閉じるに当たり、関係各方面へのお礼を申し述べたい。まず、アンケート調査やインタビュー調査など、本調査研究に対して多くの大学の協力

は欠かせないものであった。学事多用の中、ご理解・ご協力を賜った各大学に対しては、改めて感謝申し上げたい。そして、実際にアンケートに回答くださった先生方、インタビュー調査に応じていただいた先生方や学生各位に対して心より御礼申し上げる。また、本書の各章の執筆者、とりわけ第2部の取組事例の執筆者として加わってくださった先生方にも感謝したい。最後になるが、かなり大胆な提言に至る調査研究部会を設置・運営し、その成果である本書を選書として出版することを決定した大学基準協会の関係者に敬意を表するとともに、とりわけ、調査研究と本書編集の両段階で実務を担った加藤さんと浅井さん、並びに、担当管理職として全体を取り仕切った上に同協会としての応答まで執筆した松坂課長をはじめ、同協会事務局の各位に感謝して筆を置く。

2024年1月

大森 不二雄

（東北大学 高度教養教育・学生支援機構 教授、
大学基準協会 大学評価研究所 一般研究員）

参考文献

The Economist 2021, 'Why the bullshit-jobs thesis may be, well, bullshit: David Graeber's theory isn't borne out the evidence', *The Economist*, 5 Jun 2021, 2024.1.3 閲覧, <https://www.economist.com/business/2021/06/05/why-the-bullshit-jobs-thesis-may-be-well-bullshit>

Graeber, D. 2018, *Bullshit Jobs: A Theory*, New York: Simon & Schuster. = デヴィッド・グレーバー著, 酒井隆史・芳賀達彦・森田和樹訳 2020,『ブルシット・ジョブ：クソどうでもいい仕事の理論』岩波書店.

Parkinson, C.N. 1957, *Parkinson's Law*, Boston: Houghton Mifflin Company. = C.N. パーキンソン著, 森永晴彦訳 1981,『パーキンソンの法則』至誠堂.

〔補足説明〕

　訳書『パーキンソンの法則』には、原著の書誌情報として、出版社が Houghton Mifflin Company であることは明記されているが、原著の発行年は記載されていない。また、原著の書名は、Parkinson's Law とだけ記されている。

　例えば次の Web サイトで明らかな通り、米国ボストンの Houghton Mifflin

Company が出版した同書は、1957 年発行で、書名は Parkinson's Law and Other Studies in Administration となっている。

https://search.worldcat.org/ja/title/Parkinson%27s-law-:-and-other-studies-in-administration/oclc/336429

https://www.journals.uchicago.edu/doi/10.1086/222381

https://read.dukeupress.edu/south-atlantic-quarterly/article-abstract/57/3/382/347428/Parkinson-s-Law-and-other-Studies-in?redirectedFrom=fulltext

また、次の Web サイトに記載の通り、翌 1958 年には、英国ロンドンの John Murray という出版社から、同書は、副題が変わって、Parkinson's Law or The Pursuit of Progress という書名で発行されている。

以上を踏まえ、英国よりも 1 年早い 1957 年に米国で Houghton Mifflin Company が出版しており、訳書は米国の同社の原著を訳していることから、発行年は 1957 年とすべきことは明らかである。他方、副題については、米国と英国で異なること及び訳書に原著の副題の記載がないことも踏まえ、副題を付けないこととした。

索　引

欧字

AAC&U	181
CHE	108-110
COC 事業、COC+ 事業	iv, 198-201, 203-206, 208-210
DBER	iii, 44, 48, 50, 53, 131-133, 135-139, 143-146, 148, 151-154
DBES	150-152
DP	i-iii, 5-7, 12, 13, 15, 16, 42, 62-67, 69-73, 97, 99, 100, 119, 123, 125, 221
d.school	196
FD・SD	72, 213, 214
GPA 制度	183, 188, 189
IR	iii, 46, 87, 158, 159, 170, 171, 208, 229-232
PDCA サイクル	8, 177, 215
SES	145-148
SFES	133
UNESCO	119

あ行

アカデミックアントレプレナーシップ	196
アカデミック・レジスタンス	120
アクティブ・ラーニング	83, 96, 97, 99
アメリカ（米国）	131, 133, 137, 138, 143, 145, 149, 153, 173, 174, 180, 182, 184-189, 191-193
イギリス（英国）	133-135, 180, 186
インタビュー調査	i, ii, 5-7, 10-14, 57, 58, 65, 89, 124, 139, 144, 236, 237

か行

学位授与方針	161
学士課程答申	4, 8, 10
学修者（学習者）本位	5, 9, 12, 13, 17, 72, 73, 110, 130, 135, 152, 218
学習成果の可視化	iii, 7, 12, 16, 35, 40-49, 52-54, 61, 121, 122, 192, 220, 221
学生参画	13, 15, 72, 77, 123-125
学生支援	219, 225
学生本位	45
ガクチカ	75, 102
学長リーダーシップ	111
学部等連携課程	223, 227-229
学問分野別教育研究（DBER）	44, 48
カリキュラム・ツリー	92, 98
カリキュラム・マップ	92, 98
教育改革	iv, 4, 8, 11, 22, 76, 77, 81, 82, 84-88, 90, 98, 123, 141, 142, 145, 146, 172, 175, 178, 182, 196, 199, 211-214, 220, 222
教育改善	i, iii, iv, 6-10, 14, 19, 21-23, 28, 31-33, 38, 39, 43, 44, 46, 49, 53, 72, 81, 82, 84-88, 90, 93, 95, 98, 106, 118, 120, 123, 125, 142, 148, 159, 160, 165-171, 173, 175-180, 183, 193, 196, 209, 215, 216, 219
教育専門教員	134, 135, 153
教員調査	34, 136
教員の負担感・業務負担	14, 21, 33, 45, 71, 76, 82, 88, 90, 216
教学 IR	73, 116
教学ガバナンス	223-225
教学経営	4, 10
教学マネジメント	i-iv, 4-17, 19-31, 33, 34, 48, 49, 56-58, 60, 61, 63, 65, 68-73, 75-77, 80, 82, 86, 89, 90, 92-94, 97, 98, 100, 101, 104-106, 110-112, 114, 118-120, 122, 123, 154, 158, 177, 196, 214, 224-229, 231-233, 236
「――指針」	i, 4, 6, 8, 19, 22, 42, 43, 46, 52,

53, 56, 72, 82, 83, 90, 104, 125

──2.0　　　　ii, iii, 5, 8, 9, 13, 14, 17, 77, 100, 103-107, 110, 111, 115, 119, 120, 123-126, 130, 152, 158, 236

「──に関する調査研究」　5, 6, 104, 119, 120

共通テスト　　28, 36-42, 44-46, 48, 49, 121

グランドデザイン答申　　　　　　4

クリッカー　　　137, 173, 180, 193

経常費補助金　　　　　　　121

高精度 GPA 制度　　　　188, 192

高等教育開発センター（CHE）　108

国際的単位互換　　　　　183, 192

コンピテンシー　　　　98, 99, 196

さ行

サイエンスリテラシー　　　　180

自己点検・評価　　105, 107, 112, 113, 116, 117, 171, 198, 199, 202, 203, 205-210, 215-219

──報告書　　88, 201, 202, 204, 206, 216, 219

執行部の役割　　11, 32, 33, 111, 115

質的転換答申　　　i, 4, 9, 10, 219

シラバス　　28, 44, 70, 94, 150, 166

成果指標　　199, 206, 210, 216, 217, 219

政策評価　　　　　　　　27

成績インフレーション　174, 184, 186, 192

成績評価　　8, 28, 174, 179, 183, 187, 189, 191, 214, 221

専門分野　　12, 25, 26, 29, 33, 42, 130, 161, 165, 200, 203, 223-226, 228, 230

早期卒業制度　　　　176, 179

卒業時質保証　　8, 94, 99, 160, 162, 164, 165

た行

大学間連携　　　　　199, 219

「大学基準」　　　　111-113, 115

大学・短期大学スタディー・プログラム　108, 109, 117, 118, 120

大学評価　　103-105, 107, 108, 113, 115, 117, 118,

122, 124-126

多元的現実　　　　　　　81

探求学習　　　　　　96, 97

地域連携　　199, 200, 203-205, 214

中央教育審議会　4, 56, 82, 90, 100, 104, 153

中間管理職　iv, 84, 176, 190, 194, 196, 197

中期目標・中期計画　172, 174-176, 178, 179, 183, 189, 190, 197, 207, 209, 213-216, 219

ディプロマ・ポリシー（DP）ii, 25, 33, 77, 158, 160-167, 170, 171, 220, 226, 228

デザイン思考　　　　　　196

な行

内部質保証　　iv, 4, 8, 13, 14, 17, 60, 61, 87, 104-109, 112-119, 122, 124, 153, 158, 159, 166, 167, 170, 171, 198, 199, 206, 209, 210, 216, 224, 236

日本学術会議　21, 78, 90, 136, 139, 144, 149, 222

入学者選抜改革　　　　　182

認証評価　13, 14, 21, 34, 76, 78, 82, 87, 88, 90, 103-108, 113, 118, 122, 126, 159, 198, 206, 208-210, 215

は行

ハイブリッド形式　　　　　208

非営利組織の経営　　　　　177

評価機関（認証評価機関）　ii, iii, 7, 13, 14, 23, 86, 106, 126

評価疲れ　　　　　　　87, 88

ポートフォリオ　7, 16, 40-42, 45, 46, 48, 49, 101, 121

ま行

マイクロ・マネジメント　　　14

文部科学省　ii, 7, 21, 22, 44, 45, 78, 81, 86, 101, 135, 172, 175, 177, 182, 194, 197, 198, 219

ら行

リーダーシップ（学長、執行部等の）　10, 11, 17, 111

執筆者一覧（掲載順）

大森不二雄[※]　　（東北大学高度教養教育・学生支援機構教授）

両角亜希子[※]　　（東京大学大学院教育学研究科教授）

安田淳一郎[※]　　（名古屋大学教育基盤連携本部・高等教育研究センター准教授）

森朋子[※]　　　　（桐蔭横浜大学学長・教育研究開発機構教授）

藤村正之[※]　　　（上智大学総合人間科学部特別契約教授）

松坂顕範　　　　　（公益財団法人大学基準協会評価研究部企画・調査研究課課長）

嶌田敏行　　　　　（独立行政法人大学改革支援・学位授与機構研究開発部教授）

鈴木久男[※]　　　（北海道大学理学研究院物理部門教授）

森正美　　　　　　（京都文教大学学長・総合社会学部教授）

荒木俊博　　　　　（淑徳大学学長室課長）

下山昭夫　　　　　（淑徳大学副学長・高等教育研究開発センター長・総合福祉学部
　　　　　　　　　　教授）

河本達毅　　　　　（桐蔭横浜大学副学長・事務局長）

（2024年3月末日時点）

※…本書の基礎となった大学基準協会大学評価研究所「教学マネジメントに関する調査研究」（2021
　年11月～2023年3月）の調査研究員（部会長：大森不二雄氏）

JUAA 選書　　第18巻

大学における教学マネジメント 2.0
──やらされ仕事から脱し、学びの充実のための営みへ──

2024年4月30日　　　初　版第1刷発行

〔検印省略〕
定価はカバーに表示してあります。

監修　大学基準協会
編者©大森不二雄　／発行者 下田勝司

印刷・製本／中央精版印刷

東京都文京区向丘 1-20-6　　郵便振替 00110-6-37828
〒113-0023　TEL (03)3818-5521　FAX (03)3818-5514
Published by TOSHINDO PUBLISHING CO., LTD.
1-20-6, Mukougaoka, Bunkyo-ku, Tokyo, 113-0023, Japan
E-mail : tk203444@fsinet.or.jp　http://www.toshindo-pub.com

発　行　所
株式
会社 東 信 堂

ISBN978-4-7989-1903-4　C3037 © OHMORI Fujio

「JUAA 選書」発刊の辞

　戦後間もない昭和二二年七月八日、大学が自主的にまた相互に援助し合いながら教育研究水準を高めていくという方式の確立を目指して、国立・公立・私立の大学の代表の参集を得て大学基準協会が創設された。

　この時期以降高度経済成長期を経て、わが国は、産業、経済、社会文化のあらゆる分野で飛躍的発展を遂げていったが、これに符合するかのように大学も量的拡大を果たし大学「大衆化」という状況を現出させるに至った。

　今日、世界の政治経済の動向はめまぐるしく転変し、また環境破壊・飢餓・貧困等は益々深刻の度を深めておりこうした諸課題に各国が地球規模で対処することが急務とされている。一方、わが国においては、産業の空洞化が叫ばれる中、学術研究、科学技術の発展の基盤整備の必要性がつとに指摘されるとともに、産業構造、社会構造の変化に起因する多様な価値観の対立や社会的矛盾を解決するための総合的・学際的な学問研究を創造していくことへのコンセンサスが図られつつある。こうした時代の到来をむかえ、わが国大学も、国内外に山積した様々な課題を処理し、また学術の振興と政治経済、社会文化の発展に充分寄与することのできる有能な人材を育成していく必要に迫られている。

　そのような状況を背景に、「学問の自由」という普遍的価値を基本に社会の要請等も視野に入れつつ、大学が切磋琢磨し合いながら教育研究の質を高めていくという大学基準協会の役割があらためて見直されてきている。

　そこで、大学基準協会は、こうした社会的使命を全うさせる一環として、二一世紀におけるあるべき大学像を展望し、大学評価システムとこれを取りまく諸制度や教育課程、教育方法に関わる調査研究を恒常的に行っていくとともに、その成果を大学関係者並びに大学の教育研究に関心を抱く人々に広く公表することを通じて、大学の置かれている今日的状況、協会の現在活動について理解を求めるという新たな活動に着手することとなった。「JUAA 選書」は以上のような目的に基づいて企画・発刊するものであり、これを今後とも継続的に刊行していくことにより、大学基準協会が負っている社会的付託にこたえていきたいと考えている。

平成七年五月十五日

財団法人　大学基準協会
会長　青木宗也

東信堂

大学における教学マネジメント2・0
──やらされ仕事から脱し、学びの充実のための営みへ
大学基準協会 監修　大森不二雄 編著　二九〇〇円

21世紀型リベラルアーツと大学・社会の対話
大学基準協会 監修　早田幸政 編著　三八〇〇円

「学習成果」可視化と達成度評価
大学基準協会 監修　山田礼子 編著　三一〇〇円

教学マネジメントと内部質保証の実質化
──その現状・課題・展望
大学基準協会 監修　永田恭介・山崎光悦 編著　三二〇〇円

大学評価の体系化
大学基準協会 監修　高等教育のあり方研究会　生和秀敏 編著　三二〇〇円

2040年 大学教育の展望
──21世紀型学習成果をベースに
山田礼子　二八〇〇円

2040年 大学よ甦れ
──カギは自律的改革と創造的連帯にある
田中弘允・佐藤博明・田原博人 著　二四〇〇円

検証 国立大学法人化と大学の責任
──その制定過程と大学自立への構想
田原博人・佐藤博明 著　三七〇〇円

高等教育の質とその評価──日本と世界
山田礼子 編著　二八〇〇円

大学の組織とガバナンス──高等教育研究論集第1巻
羽田貴史　三五〇〇円

科学技術社会と大学の倫理──高等教育研究論集第4巻
羽田貴史　三二〇〇円

学生参加による高等教育の質保証
山田勉　二四〇〇円

国立大学職員の人事システム
──管理職への昇進と能力開発
渡辺恵子　四二〇〇円

国立大学法人の形成
大﨑仁　二六〇〇円

国立大学・法人化の行方
──自立と格差のはざまで
天野郁夫　三六〇〇円

日本の大学経営
──自律的・協働的改革をめざして
両角亜希子　三九〇〇円

私立大学の経営と拡大・再編
──一九八〇年代後半以降の動態
両角亜希子　四二〇〇円

学長リーダーシップの条件
両角亜希子 編著　二六〇〇円

教職協働による大学改革の軌跡
村上雅人　二六〇〇円

大学経営・政策入門
東京大学 大学経営・政策コース編　二四〇〇円

大学経営とマネジメント
新藤豊久　二五〇〇円

日本の大学改革の方向
──『大学は社会の希望か』増補改訂版
江原武一　三二〇〇円

大学は社会の希望か
──大学改革の実態からその先を読む
江原武一　二〇〇〇円

※定価：表示価格（本体）＋税　　〒 113-0023　東京都文京区向丘 1-20-6　TEL 03-3818-5521　FAX03-3818-5514
Email tk203444@fsinet.or.jp　URL:http://www.toshindo-pub.com/

東信堂

ミネルバ大学の設計書
S・M・コスリン／B・ネルソン編
松下佳代監訳
五二〇〇円

アメリカの授業料と奨学金研究の展開
小林雅之
六二〇〇円

アメリカ高等教育史
—その創立から第二次世界大戦までの学術と文化
小野里拓留、五島敦子、原圭寛、間篠剛留、藤井翔太、原田早春　訳
八六〇〇円

米国シカゴの市民性教育
—子どものエンパワメントの視点から
久保園梓
四三〇〇円

アメリカ教育例外主義の終焉
—変貌する教育改革政治
青木栄一監訳
三六〇〇円

オープン・エデュケーションの本流
—ノースダコタ・グループとその周辺
橘髙佳恵
三六〇〇円

米国の特殊教育における教職の専門職性理念の成立過程
志茂こづえ
四三〇〇円

アメリカにおける協働的な学習の理論的・実践的系譜
福嶋祐貴
三六〇〇円

アメリカにおける学校認証評価の現代的展開
浜田博文編著
二八〇〇円

現代アメリカ貧困地域の市民性教育改革
—教室・学校・地域の連関の創造
古田雄一
四二〇〇円

アメリカ公民教育におけるサービス・ラーニング
唐木清志
四六〇〇円

【再増補版】現代アメリカにおける学力形成論の展開
—スタンダードに基づくカリキュラムの設計
石井英真
四八〇〇円

アメリカにおける多文化的歴史カリキュラム
桐谷正信
三六〇〇円

アメリカ　間違いがまかり通っている時代
D・ラヴィッチ著　末藤美津子訳
三八〇〇円

教育による社会的正義の実現
—公立学校の企業型改革への批判と解決法
D・ラヴィッチ著　末藤美津子訳
六四〇〇円

学校改革抗争の100年
—20世紀アメリカ教育史
（1945-1980）アメリカの挑戦
D・ラヴィッチ著　末藤・宮本・佐藤訳
五六〇〇円

アメリカ公立学校の社会史
—コモンスクールからNCLB法まで
W・J・リース著　小川佳万・浅沼茂監訳
四六〇〇円

アメリカ学校財政制度の公正化
竺沙知章
三四〇〇円

空間と時間の教育史
—アメリカの学校建築と授業時間割からみる
宮本健市郎
三九〇〇円

アメリカ進歩主義教授理論の形成過程
—教育における個性尊重は何を意味してきたか
宮本健市郎
七〇〇〇円

※定価：表示価格（本体）＋税

〒113-0023　東京都文京区向丘1-20-6　TEL 03-3818-5521　FAX03-3818-5514
Email tk203444@fsinet.or.jp　URL:http://www.toshindo-pub.com/

東信堂

高校生の学びと成長に向けた大学選び
――偏差値もうまく利用する

溝上慎一　九〇〇円

学びと成長の講話シリーズ

① アクティブラーニング型授業の基本形と生徒の身体性　溝上慎一　一〇〇〇円

② 学習とパーソナリティ――「あの子はおとなしいけど成績は
いいんですよね！」をどう見るか　溝上慎一　一六〇〇円

③ 社会に生きる個性――自己と他者・拡張的なパーソナ
リティ・エージェンシー　溝上慎一　一五〇〇円

④ インサイドアウト思考――創造的思考から個性的な
学習・ライフの構築へ　溝上慎一　一五〇〇円

⑤ 幸福と訳すな！ウェルビーイング論――自身のライフ
構築を目指して　溝上慎一　一五〇〇円

アクティブラーニング・シリーズ

① アクティブラーニングの技法・授業デザイン　安永悟 編　一六〇〇円

② アクティブラーニングとしてのPBLと探究的な学習　溝上慎一
成田秀夫 編　一八〇〇円

③ アクティブラーニングの評価　松下佳代
石井英真 編　一六〇〇円

④ 高等学校におけるアクティブラーニング：理論編（改訂版）　溝上慎一 編　一六〇〇円

⑤ 高等学校におけるアクティブラーニング：事例編　溝上慎一 編　二〇〇〇円

⑥ アクティブラーニングをどう始めるか　成田秀夫　一六〇〇円

⑦ 失敗事例から学ぶ大学でのアクティブラーニング　亀倉正彦　一六〇〇円

若者のアイデンティティ形成
――学校から仕事へのトランジションを切り抜ける　ジェームズ・E・コテ＆
チャールズ・G・レヴィン著
河井亨・溝上慎一訳　三二〇〇円

大学生白書2018
――今の大学教育では学生を変えられない　溝上慎一　二八〇〇円

学生を成長させる海外留学プログラムの設計
――「収録・緊急座談会「コロナ禍における海外留学・国際教育の現状と展望」　河合塾編著　二三〇〇円

グローバル社会における海外留学・国際教育の現状と展望　溝上慎一編著　二四〇〇円

全国大学調査からみえてきた日本の大学教育　河合塾編著　三八〇〇円

大学のアクティブラーニング
――全国大学調査からみえてきた現状と課題　河合塾編著　三二〇〇円

「学び」の質を保証するアクティブラーニング
――3年間の全国大学調査から　河合塾編著　二〇〇〇円

※定価：表示価格（本体）＋税

〒113-0023　東京都文京区向丘1-20-6　TEL 03-3818-5521　FAX03-3818-5514
Email tk203444@fsinet.or.jp　URL:http://www.toshindo-pub.com/

東信堂ブックレット

日本の大学の知図——大学再生の思想　絹川正吉　三四〇〇円

リベラル・アーツの源泉を訪ねて　絹川正吉　三二〇〇円

「大学の死」、そして復活　絹川正吉　二八〇〇円

大学教育の思想——学士課程教育のデザイン　絹川正吉　二八〇〇円

リベラルアーツで学ぶポストヒューマン　生駒夏美編著　二三〇〇円

「持続可能性」の言説分析——知識社会学の視点を中心として　山田肖子編著　一八〇〇円

企業が求める〈主体性〉とは何か——教育と労働をつなぐ〈主体性〉言説の分析　武藤浩子　三三〇〇円

①迫りくる危機『日本型福祉国家』の崩壊——北海道辺境の小規模自治体から見る　北島滋　一〇〇〇円

②教育学って何だろう——受け身を捨てて自律する　福田誠治　一〇〇〇円

③北欧の学校教育とWell-being——PISAが語る子どもたちの幸せ感　福田誠治　一〇〇〇円

④CEFRって何だ　福田誠治　九〇〇円

⑤戦後日本の大学教育の回顧と展望——インクルーシブな語学教育　絹川正吉　一〇〇〇円

⑥教養と大学スタッフ——豊かな大学の未来を　絹川正吉　一〇〇〇円

越境ブックレットシリーズ

⓪教育の理念を象る——教育の知識論序説　田中智志　一二〇〇円

①知識論——情報クラウド時代の"知る"という営み　山田肖子　一〇〇〇円

②女性のエンパワメントと教育の未来——知識をジェンダーで問い直す　天童睦子　一〇〇〇円

③他人事‖自分事——教育と社会の根本課題を読み解く　菊地栄治　一〇〇〇円

④食と農の知識論——種子から食卓を繋ぐ環世界をめぐって　西川芳昭　一〇〇〇円

※定価：表示価格（本体）＋税

〒113-0023　東京都文京区向丘1-20-6　TEL 03-3818-5521　FAX03-3818-5514
Email tk203444@fsinet.or.jp　URL:http://www.toshindo-pub.com/